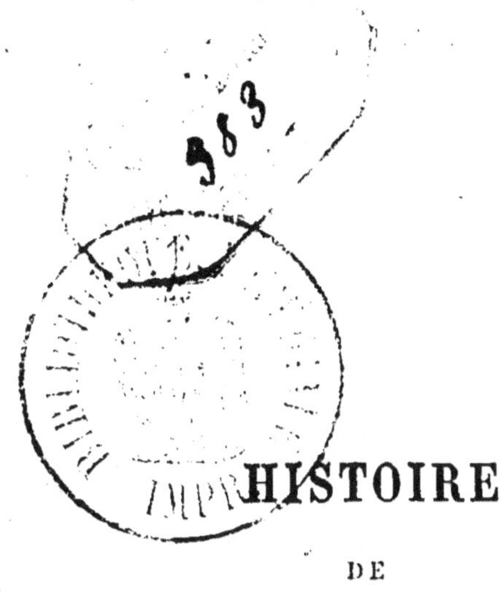

HISTOIRE

DE

MES BÊTES

HISTOIRE

DE

MES BÊTES

PAR

ALEXANDRE DUMAS

DEUXIÈME ÉDITION

PARIS

MICHEL LÉVY FRÈRES, LIBRAIRES ÉDITEURS
RUE VIVIENNE, 2 BIS, ET BOULEVARD DES ITALIENS, 15
A LA LIBRAIRIE NOUVELLE

—

1868

1867

HISTOIRE

DE

MES BÊTES

1

LE CHIEN QUE J'AI ET LES POULES QUE J'AVAIS

Peut-être êtes-vous chasseur?

Peut-être avez-vous des poules?

Peut-être vous est-il arrivé que votre chien de chasse, dans une bonne intention, et croyant avoir affaire à des faisans ou à des perdrix, étranglât vos poules?

La supposition est possible, et n'a rien de désobligeant; je me hasarde donc à la faire.

Dans ce cas, tenant à votre chien et à vos poules, vous avez dû regretter de ne pas connaître un moyen de châtier, sans que mort s'ensuivît, l'animal gallicide.

Car, tuer votre chien, ce n'était pas rendre la vie à vos poules ; et, d'ailleurs, l'Écriture dit que Dieu veut le repentir et non la mort du pécheur.

Dans cet axiome évangélique, me ferez-vous observer, Dieu ne s'est pas occupé des chiens.

Je reconnais bien, dans cette réponse, l'orgueil humain !

Je crois que Dieu s'est occupé, à l'égal de l'homme, de tout animal auquel il a donné la vie, depuis le ciron jusqu'à l'éléphant, depuis l'oiseau-mouche jusqu'à l'aigle.

D'ailleurs, je fais une concession à votre orgueil, cher lecteur, et je dis :

Peut-être Dieu a-t-il accordé une tentation particulière au chien, qui est l'animal dont l'instinct se rapproche le plus de l'intelligence de l'homme.

Peut-être même oserions-nous hasarder cette théorie, que certains chiens ont plus d'instinct que certains hommes n'ont d'intelligence.

Rappelez-vous le mot charmant de Michelet :

« Les chiens sont des candidats à l'humanité. »

Et, si ce fait était contesté, nous en donnerions cette preuve, que les chiens deviennent enragés, et mordent.

Ce point arrêté, abordons notre sujet.

J'ai un chien, et j'avais des poules.

Voyez ce que c'est que d'être auteur dramatique, et avec quel art un auteur dramatique entre en matière ! « J'ai un chien, et j'avais des poules ! » cette seule phrase, ces sept mots, vous disent toute une catastrophe ; de plus, la situation actuelle.

J'ai un chien, je l'ai toujours ; par conséquent,

mon chien vit. *J'avais* des poules, je ne les ai plus! par conséquent, mes poules sont mortes.

Vous voyez que, pour peu que vous ayez l'esprit de corrélation, quand même je ne vous l'aurais pas dit, un peu prématurément peut-être, par cette seule phrase : « J'ai un chien, et j'avais des poules, » non-seulement vous sauriez que mon chien est vivant et que mes poules sont mortes, mais encore vous devineriez que, selon toute probabilité, c'est mon chien qui a étranglé mes poules.

Il y a donc tout un drame dans ces mots : *J'ai un chien, et j'avais des poules!*

Si je pouvais espérer devenir membre de l'Académie, j'aurais la certitude qu'un jour mon éloge serait fait au moins par mon successeur, et, loué par un grand seigneur ou un grand poëte de l'avenir, un Noailles ou un Viennet futur, je pourrais m'endormir tranquille sur cette phrase : *J'ai un chien, et j'avais des poules*, certain que les *intentions* qu'elle renferme ne seraient pas perdues pour la postérité.

Mais, hélas! je ne serai jamais de l'Académie! un *confrère* ne fera jamais mon éloge après ma mort!

Il est donc tout simple que je fasse mon éloge de mon vivant.

Maintenant, vous le savez, chers lecteurs, ou vous ne le savez pas, en fait d'art dramatique, tout est dans la préparation.

Faire connaître les personnages est un des moyens les plus sûrs de forcer le lecteur de s'intéresser à eux.

Forcer, le mot est dur, je le sais, mais il est technique; il faut toujours *forcer* le lecteur de s'intéresser à quelqu'un ou à quelque chose.

Seulement, il y a plusieurs moyens d'arriver à ce résultat.

Vous rappelez-vous Walter Scott, envers qui nous commençons à être passablement ingrats ? — Après cela, peut-être notre ingratitude doit-elle être imputée à ses nouveaux traducteurs et non à nous.

Eh bien, Walter Scott avait un moyen à lui d'attirer l'intérêt sur ses personnages, moyen qui, pour être, à peu d'exceptions près, toujours le même, et pour paraître extraordinaire à la première vue, ne lui réussissait pas moins.

Ce moyen, c'était d'être ennuyeux, mortellement ennuyeux, souvent pendant un demi-volume, quelquefois pendant un volume.

Mais, pendant ce volume, il posait ses personnages; mais, pendant ce volume, il faisait une si minutieuse description de leur physique, de leur moral et de leurs habitudes; on savait si bien comment ils s'habillaient, comment ils marchaient, comment ils parlaient, que, lorsqu'au commencement du second volume, un de ces personnages se trouvait dans un danger quelconque, vous vous écriiez :

— Eh! ce pauvre monsieur qui avait un habit vert-pomme, qui boitait en marchant, qui zézeyait en parlant, comment va-t-il se tirer de là?

Et vous étiez tout étonné, après vous être ennuyé pendant un demi-volume, pendant un volume, parfois même pendant un volume et demi, vous étiez tout étonné de vous intéresser énormément à ce monsieur qui zézeyait en parlant, qui boitait en marchant, et qui avait un habit vert-pomme.

Peut-être me direz-vous, cher lecteur :

— Vous nous vantez ce procédé, monsieur le poëte : est-il le vôtre, par hasard ?

D'abord, je ne vante pas le procédé; je l'expose, je le constate, je le discute même.

Non, le mien, au contraire, est tout opposé.

— Vous avez donc un procédé? va me dire poliment et spirituellement M. P... ou M. M...

Pourquoi pas, mon cher monsieur P...? pourquoi pas, mon cher monsieur M...?

Voici donc mon procédé : je vous le donne pour ce qu'il est.

Seulement, je commence par vous dire que je le crois mauvais.

— Mais, alors, objecterez-vous, si votre procédé, est mauvais, pourquoi vous en servez-vous?

Parce qu'on n'est pas toujours maître de se servir ou de ne pas se servir d'un procédé, et que parfois, j'en ai peur, c'est le procédé qui se sert de vous.

Les hommes croient avoir les idées; j'ai bien peur moi, que ce ne soient, au contraire, les idées qui aient les hommes.

Il y a telle idée qui a usé deux ou trois générations, et qui, peut-être, avant de s'accomplir, en usera encore trois ou quatre.

En somme, que ce soit moi qui possède mon procédé ou que ce soit mon procédé qui me possède, le voici tel qu'il est :

Commencer par l'intérêt, au lieu de commencer par l'ennui; commencer par l'action, au lieu de commencer par la préparation ; parler des personnages après les avoir fait paraître, au lieu de les faire paraître après avoir parlé d'eux.

Peut-être, vous direz-vous, au premier abord :

— Je ne vois absolument rien de dangereux dans ce procédé-là.

Eh bien, vous vous trompez.

En lisant un livre, ou en regardant jouer un drame, une comédie, une tragédie, une pièce de théâtre, enfin, *schauspiel*, comme disent les Allemands, il faut toujours qu'on s'ennuie peu ou prou.

Il n'y a pas de feu sans fumée, il n'y a pas de soleil sans ombre.

L'ennui, c'est l'ombre ; l'ennui, c'est la fumée.

Or, l'expérience a prouvé que mieux valait s'ennuyer au commencement qu'à la fin.

Il y a plus : quelques-uns de mes confrères, ne sachant lequel de ces deux partis adopter, ont pris celui d'ennuyer le lecteur tout le long du roman ou le spectateur tout le long du *schauspiel*.

Et cela leur réussit.

Tandis que, moi, j'ai failli être victime de mon procédé, qui consiste à amuser en commençant.

En effet, voyez mes premiers actes, voyez mes premiers volumes : le soin que j'ai toujours pris de les rendre aussi amusants que possible a souvent nui aux quatre autres, quand il s'agissait d'un acte ; aux quinze ou vingt autres, quand il s'agissait d'un volume.

Témoin le prologue de *Caligula*, qui a tué la tragépie : témoin le premier acte de *Mademoiselle de Belle-Isle*, qui a failli tuer la comédie.

Du moment que l'on s'est amusé au premier acte ou au premier volume, on veut toujours s'amuser.

Et c'est difficile, fort difficile, presque impossible, d'être toujours amusant.

Tandis qu'au contraire, quand, au premier volume ou au premier acte, on s'est ennuyé, on désire changer un peu.

Et, alors, le lecteur ou le spectateur vous sait un gré infini de tout ce que vous faites dans ce but.

Rien qu'avec le prologue de *Caligula*, il y avait de quoi faire le succès de cinq tragédies comme *Clovis*, comme *Artaxerce*, comme *le Cid d'Andalousie*, comme *Pertinax* et comme *Julien dans les Gaules*.

Seulement, il n'en fallait mettre qu'un peu à la fois, et surtout ne pas le mettre au commencement.

Il en est d'un roman ou d'un drame comme d'un dîner.

Vos convives ont faim ; ils ont le désir de manger. Ce qu'ils mangeront, peu leur importe, pourvu que leur appétit soit satisfait.

Servez-leur une soupe à l'oignon : quelques-uns feront la grimace, peut-être ; mais tous mangeront à coup sûr ; donnez-leur ensuite du porc, de la choucroute, quelques plats grossiers quels qu'ils soient, mais en abondance, l'estomac ne demande plus rien, et ils s'en vont sans murmurer.

Ils se diront même : « Ce n'était pas exquis ; mais, ma foi, j'ai dîné. »

Voilà pourquoi réussissent souvent ceux qui ennuient toujours, depuis le commencement du roman ou de la pièce jusqu'à la fin.

Ce procédé-là est le moins usité et le moins sûr ; je ne conseille pas d'en user.

Voici les deux autres procédés.

Le procédé Walter Scott, d'abord.

Vous servez, comme au dîner précédent, la soupe à l'oignon, la choucroute, les viandes communes. Mais viennent après perdreaux et faisans, même une simple volaille ordinaire, une oie, si vous voulez, et tous vos convives d'applaudir, d'oublier le commencement du repas, et de s'écrier qu'ils ont dîné comme on dînait chez Lucullus.

Mon procédé, à moi, est le plus mauvais, je l'ai dit.

Je sers mes perdreaux et mes faisans, mes turbots, mes homards, mes ananas, que je ne garde point pour mon dessert ; et puis vous trouvez enfin le lapin sauté, le fromage de Gruyère, et vous faites la grimace ; et je suis bien heureux si vous n'allez pas crier sur les toits que ma cuisine est à six cents mètres au-dessous de la dernière gargote et du niveau de la mer.

Mais je m'aperçois, chers lecteurs, que je me suis un peu écarté du chien que j'ai et des poules que j'avais.

Je crois, que je me suis servi aujourd'hui du procédé Walter Scott.

Il faut essayer de tout.

II

DÉNOMBREMENT DE MES BÊTES

Continuons donc de procéder à la manière du grand romancier écossais, c'est-à-dire en faisant connaître nos personnages.

Mais, pour arriver à les connaître parfaitement, il faut que le lecteur ait l'obligeance de remonter à sept ou huit ans en arrière.

Ils me trouveront à Monte-Cristo.

Comment Monte-Cristo s'est-il appelé Monte-Cristo?

Ce n'est pas moi qui lui ai donné ce nom; je n'eusse pas eu cette fatuité.

J'attendais un jour à dîner Mélingue, sa femme et ses deux enfants.

Monte-Cristo était à peine sorti de terre, et n'avait pas encore de nom.

J'en avais indiqué, comme j'avais pu, le gisement à mes invités, mais pas si exactement, que toute la chère famille pût venir à pied.

Au Pecq, elle prit une voiture.

— Chez M. Dumas, dit madame Mélingue.

— Où cela, M. Dumas? demanda le cocher.

— Mais sur la route de Marly.

— Il y a deux routes de Marly : celle d'en bas, celle d'en haut.

— Diable!

1.

— Laquelle ?

— Je ne sais pas.

— Mais, enfin, est-ce que la maison de M. Dumas n'a pas un nom ?

— Si fait, c'est le château de Monte-Cristo.

On se mit en quête du château de Monte-Cristo, et on le trouva.

Madame Mélingue me raconta l'anecdote.

Depuis ce temps, la maison de M. Dumas s'est appelée le château de Monte-Cristo.

Il est bon que, quand la postérité fera des recherches là-dessus, la postérité soit renseignée.

J'habitais donc Monte-Cristo.

A part les visites que je recevais, je l'habitais seul.

J'aime fort la solitude.

La solitude, pour les gens qui savent l'apprécier, c'est non pas une maîtresse, mais une amante.

Le premier besoin de l'homme qui travaille et qui travaille beaucoup, c'est la solitude.

La société est la distraction du corps; l'amour, l'occupation du cœur; la solitude, la religion de l'âme.

Cependant, je n'aime pas la solitude seule.

J'aime la solitude du paradis terrestre, c'est-à-dire la solitude peuplée d'animaux.

Je déteste les bêtes, mais j'adore les animaux.

Tout enfant, j'étais le plus grand dénicheur de nids, le plus grand coureur de marettes, le plus grand amateur de pipées de la forêt de Villers-Cotterets.

Voir mes *Mémoires* et la vie et les aventures d'Ange Pitou.

Il en résulte donc que, dans ma solitude de Monte-Cristo, sans avoir l'ingénuité ni le costume d'Adam, j'avais une réduction du paradis terrestre.

J'avais, ou plutôt, j'eus successivement cinq chiens : *Pritchard*, *Phanor*, *Turc*, *Caro* et *Tambo*.

J'avais un vautour : *Diogène*.

J'avais trois singes, l'un qui portait le nom d'un traducteur célèbre, l'autre le nom d'un romancier illustre, et le troisième, qui était une guenon, celui d'une actrice à succès.

Vous comprendrez facilement les raisons de convenance qui me font vous taire ces sobriquets, presque tous appliqués à la suite de détails de la vie privée ou de ressemblances physiques.

Or, comme l'a dit un grand publiciste, — je vous dirais bien lequel, mais je crains de me tromper, — « la vie privée doit être murée. »

Nous appellerons, si vous le voulez, le traducteur *Potich*, le romancier, *le dernier des Laidmanoir ;* et la guenon, *mademoiselle Desgarcins*.

J'avais un grand perroquet bleu et rouge appelé *Buvat*.

J'avais un perroquet vert et jaune appelé *papa Éverard*.

J'avais un chat appelé *Mysouff*.

Un faisan doré appelé *Lucullus*.

Enfin, un coq appelé *César*.

Voilà, je crois, l'énumération exacte des animaux qui peuplaient Monte-Cristo.

Plus, un paon et sa paonne ; une douzaine de poules, et deux pintades, animaux que je ne place ici que pour mémoire, leur personnalité n'existant pas ou étant profondément médiocre.

Il va sans dire aussi que je ne parle point des chiens errants qui, passant par la route de Marly d'en haut ou de Marly d'en bas, entraient en passant, rencontraient Pritchard, Phanor, Turc, Caro, ou Tambo, faisaient ou renouvelaient connaissance avec eux, et, selon les lois de l'hospitalité arabe, — que l'on reprochait, en général, au propriétaire de Monte-Cristo de suivre trop strictement, — recevaient une hospitalité plus ou moins prolongée, mais qui n'était jamais limitée que par la fantaisie, le caprice, les besoins ou les affaires de ces hôtes à quatre pattes.

Et maintenant, comme la destinée de quelques-uns des animaux habitant, vers 1850, le paradis terrestre de Monte-Cristo se trouve enchevêtrée à celles d'autres animaux habitant la cour et le jardin de la maison que j'habite aujourd'hui rue d'Amsterdam, terminons cette longue liste de quadrupèdes, de quadrumanes et de volatiles par l'indication de mes nouveaux hôtes.

Un coq de combat nommé *Marlborough*.

Deux mouettes nommées *M. et madame Denis*.

Un héron nommé *Charles-Quint*.

Une chienne nommée *Flore*.

Un chien nommé autrefois *Catinat* et subséquemment *Catilina*.

C'est à celui-ci que se rattache cette phrase caractéristique et que je suis si fier d'avoir trouvée : « Le chien que j'ai, et les poules que j'avais. »

Mais, avant d'arriver àcette histoire, que je garde

naturellement pour la dernière, comme la plus dramatique et la plus intéressante, nous en avons pour un long temps, chers lecteurs, à causer ensemble puisqu'il s'agit tout simplement de vous exposer les biographies de Pritchard, de Phanor, de Turc, de Caro, de Tambo, de Diogène, de Potich, du dernier des Laidmanoir, de mademoiselle Desgarcins, de Mysouff, de Buvat, de papa Éverard, de Lucullus et de César.

Commençons par l'histoire de Pritchard.

A tout seigneur tout honneur

III

UN POINTER ÉCOSSAIS

Pritchard était un *pointer* écossais.

Vous savez tous, chers lecteurs, ce que c'est, en *termes* de chasse, qu'un pointer; mais, peut-être, mes belles lectrices, moins familières que nous avec les termes cynégétiques, ne le savent-elles pas.

C'est donc pour elles que nous allons donner l'explication suivante.

Un pointer est un chien qui, ainsi que l'indique son nom, fait des pointes.

Les bons pointers sont anglais, les excellents sont écossais.

Voici la manière de procéder du pointer: au lieu de chasser sous le canon du fusil, comme le braque, l'épagneul ou le barbet, il prend un grand parti et chasse à cent pas, deux cents pas, et même trois cents pas de son maître.

Mais, dès qu'il rencontre, un bon pointer tombe en arrêt et ne bouge pas plus que le chien de Céphale, jusqu'à ce que son maître lui marche sur la queue.

Pour ceux de nos lecteurs ou celles de nos lectrices qui ne seraient pas familiers ou familières avec la mythologie, nous consignerons ici que le chien de Céphale fut changé en pierre en courant le renard.

Pour ceux qui veulent tout savoir, nous ajouterons que le chien de Céphale s'appelait *Lélaps*.

— Mais comment s'appelait le renard?

Vous croyez me prendre sans vert; le mot grec *alópex* veut dire renard.

Or, celui-là était l'*alópex* par excellence, et, comme on appelait Rome *la ville, urbs*, de même on appelait ce renard-là *le renard*.

Et, en effet, il méritait bien cet honneur.

Figurez-vous un renard gigantesque, envoyé par Thémis pour se venger des Thébains, et auquel il fallait, tous les mois, sacrifier une victime humaine, douze par an, ou deux de moins seulement que le Minotaure; ce qui doit faire supposer un renard ayant seulement quatre ou cinq pouces de moins qu'un taureau.

Belle taille pour un renard!

— Mais, si Lélaps a été changé en pierre, le renard lui a échappé?

Rassurez-vous, chères lectrices: le renard a été changé en pierre en même temps que le chien.

Si par hasard vous allez à Thèbes, on vous les
montrera tous les deux, essayant depuis trois mille
ans, le renard de fuir le chien, et le chien d'atteindre
le renard.

Où en étions-nous ?

Ah ! nous en étions aux pointers, qui ne rachètent
leur défaut de faire des pointes qu'en arrêtant ferme
comme des chiens de granit.

En Angleterre, pays aristocratique, où l'on chasse
dans des parcs de trois ou quatre mille hectares en-
tourés de murs, peuplés de perdrix rouges et de faisans, bariolés de pièces de trèfle, de sarrasin, de
colza et de luzerne, — qu'on se garde bien de couper pour que le gibier ait toujours du couvert,
— les pointers peuvent arrêter tout à leur aise, et
erme comme des chiens de pierre.

Le gibier tient.

Mais, dans notre France démocratique, divisée
entre cinq ou six millions de propriétaires, où chaque paysan a un fusil à deux coups pendu à sa cheminée, où la recolte, toujours attendue impatiemment par son maître, se fait à son heure et souvent
même tout entière avant l'ouverture de la chasse,
un pointer est un animal désastreux.

Or, Pritchard, je l'ai dit, était un pointer.

Maintenant, sachant le mauvais usage d'un pointer
en France, d'où vient, me demanderez-vous, que
j'avais un pointer ?

Eh ! mon Dieu, d'où vient que l'on a une mauvaise femme ; d'où vient que l'on a un ami qui vous
trompe ; d'où vient que l'on a un fusil qui vous crève

dans les mains, quoiqu'on connaisse les femmes, les hommes et les fusils ?

Des circonstances !

Vous connaissez le proverbe : « Il n'y a qu'heur et malheur en ce monde . »

J'étais allé à Ham faire une visite à un prisonnier pour lequel j'avais un grand respect.

J'ai toujours un grand respect pour les prisonniers et les bannis.

Sophocle dit :

Honorons le malheur ; le malheur vient des dieux !

De son côté, ce prisonnier avait quelque amitié pour moi.

Depuis, nous nous sommes brouillés...

Je passai quelques jours à Ham ; pendant ces quelques jours, je m'étais trouvé naturellement en relations avec le commissaire spécial du gouvernement.

Il se nommait M. Lerat. C'est un homme charmant ; ne pas confondre avec M. Lerat de Magnitot, qui, lui aussi, cumule ou cumulait les fonctions de commissaire de police avec le titre d'homme charmant.

M. Lerat, celui de Ham, me fit toute sorte d'amitiés ; il me conduisit à la foire de Chauny, où j'achetai deux chevaux, et au château de Coucy, où je montai sur la tour.

Puis, au moment de partir, m'ayant entendu dire que je n'avais pas de chien de chasse :

— Ah ! me dit-il, que je suis heureux de pouvoir vous faire un véritable cadeau ! un de mes amis qui habite l'Écosse m'a envoyé un chien de race royale : je vous le donne.

Comment refuser un chien offert avec tant de grâce, fût-ce un pointer?

— Amenez Pritchard, ajouta-t-il en s'adressant à ses deux filles, charmantes enfants de dix à douze ans.

On introduisit Pritchard.

C'était un chien avec des oreilles presque droites, des yeux de couleur moutarde, à longs poils gris et blancs, portant un magnifique plumet à la queue.

A part ce plumet, c'était un assez laid animal.

Mais j'ai appris, dans le *Selectæ e profanis scriptoribus,* qu'il ne faut pas juger les hommes sur l'apparence; dans *Don Quichotte de la Manche,* que « l'habit ne fait pas le moine; » je me demandai donc pourquoi une règle applicable aux hommes ne serait point applicable aux chiens, et, dans ma foi pour Cervantes et Sénèque, j'ouvris mes bras au cadeau que l'on me faisait.

M. Lerat parut plus content de me donner son chien que je ne l'étais de le recevoir; c'est le propre des bons cœurs d'aimer moins à recevoir qu'à donner.

— Les enfants, me dit-il en riant, l'appellent Pritchard. Vous serez libre, si le nom ne vous convient pas, de l'appeler comme vous voudrez.

Je n'avais rien contre le nom; mon opinion était même que, si quelqu'un avait à récriminer, c'était le chien.

Pritchard continua donc de s'appeler Pritchard.

Je revins à Saint-Germain, — je n'habitais pas

encore Monte-Cristo à cette époque, — plus riche ou plus pauvre, comme on voudra, d'un chien et de deux chevaux que lorsque j'étais parti.

Je crois que plus pauvre est, dans l'espèce, préférable à plus riche, car un de mes chevaux eut le farcin, et l'autre se donna un écart; ce qui fit que je fus obligé de me défaire de tous les deux moyennant cent cinquante francs, et que le vétérinaire prétendit encore que j'avais fait une excellente affaire.

Ils m'avaient coûté deux mille francs.

Quant à Pritchard, sur lequel se reporte naturellement tout votre intérêt, vous allez voir ce qu'il advint de lui.

IV

ON A LE GEAI

D'après les données les plus probables, Pritchard pouvait avoir de neuf à dix mois.

C'est l'âge où les chiens commencent leur éducation.

Il s'agissait de lui choisir un bon professeur.

J'avais un vieil ami dans la forêt du Vésinet. On le nommait Vatrin : je puis même dire *on le nomme*, car j'espère bien qu'il vit toujours.

Notre connaissance remontait aux premiers jours de ma jeunesse ; son père avait été garde de la portion de la forêt de Villers-Cotterets où mon père avait ses permissions de chasse. Vatrin avait douze ou quinze ans alors, et il lui est toujours resté du général — c'était ainsi qu'il nommait mon père — un souvenir gigantesque.

Qu'on en juge.

Un jour que mon père avait soif, il s'arrêta devant la maison du garde Vatrin, et demanda un verre d'eau.

Le père Vatrin donna au général un verre de vin au lieu d'un verre d'eau, et, quand le général eut bu, ce brave homme mit le verre sur un piédestal en bois noir, et le recouvrit d'un globe, comme il eût fait d'une relique.

En mourant, il légua le verre à son fils.

Aujourd'hui, ce verre fait probablement encore le principal ornement de la cheminée du vieux garde; — car le fils est devenu vieux à son tour; ce qui n'empêche pas qu'il ne fût encore, la dernière fois que je le vis, un des gardes chefs les plus actifs de la forêt de Saint-Germain.

Vatrin peut avoir une quinzaine d'années de plus que moi.

Dans notre jeunesse à tous deux, la différence était plus sensible qu'elle ne l'est aujourd'hui.

Il était un grand garçon, que j'étais encore un enfant, et je le suivais, avec l'admiration naïve de l'enfance, à la marette et à la pipée.

C'est que Vatrin était un des plus habiles tendeurs de gluaux que j'aie jamais vus.

Plus d'une fois, quand je parlais à des Parisiens ou à des Parisiennes de cette chasse si pittoresque qu'on appelle la pipée, et qu'après avoir fait tout ce

que j'avais pu pour leur en expliquer le mécanisme,
quelqu'un de mes auditeurs disait :

— J'avoue que je voudrais bien voir une pareille
chasse.

Je demandais à la société de fixer un jour ; puis,
le jour fixé, j'écrivais à Vatrin :

« Mon cher Vatrin, préparez un arbre. Nous irons
coucher tel jour chez Collinet, et, le lendemain, à
cinq heures du matin, nous serons à votre disposition. »

Vous savez ce que c'est que Collinet, n'est-ce pas ?
le maître du pavillon Henri IV, le cuisinier par
excellence.

Quand vous irez à Saint-Germain, demandez-lui,
en vous recommandant de moi, des côtelettes à la
béarnaise, et vous m'en donnerez des nouvelles.

Eh bien, Vatrin arrivait chez Collinet, et, avec un
clignement d'œil qui n'appartenait qu'à lui :

— Ça y est, disait-il.

— L'arbre est fait ?

— Un peu.

— Et le geai ?

— On l'a.

— Fanfare, alors !

Puis, me retournant vers la société :

— Messieurs et mesdames, disais-je, bonne nouvelle ! on a le geai.

La plupart du temps, personne ne savait ce que
cela voulait dire.

C'était pourtant bien significatif : c'était la sécu-
rité de la chasse du lendemain. Du moment que
l'on avait le geai, on savait que la pipée serait bonne.

Expliquons donc toute l'importance de ces mots :
« On a le geai. »

La Fontaine, qu'on s'obstine à appeler *le bon-homme la Fontaine*, comme on appelle Plutarque *le bonhomme Plutarque*, a fait une fable sur le geai.

Il a intitulé cette fable : *le Geai qui se pare des plumes du paon.*

Eh bien, c'est de la calomnie pure !

Le geai, un des animaux dans la tête duquel il passe le plus de mauvaises idées, n'a jamais eu, j'en jurerais, celle que lui prête la Fontaine, de se parer des plumes du paon.

Remarquez que j'affirme non-seulement qu'il ne s'est jamais paré, mais encore qu'il y a cent à parier contre un que le malheureux n'en a jamais eu l'idée.

Il aurait bien mieux valu qu'il se parât des plumes du paon que de faire ce qu'il fait : il ne se fût point amassé tant d'ennemis.

Que fait donc le geai ?

Vous connaissez l'histoire de Saturne, qui dévorait ses enfants ? Eh bien, le geai est meilleur père que Saturne : il ne mange que les enfants des autres.

Dès lors, vous comprenez quelle haine ont vouée au geai, les mésanges, les tarins, les pinçons, les chardonnerets, les rossignols, les fauvettes, les linottes, les bouvreuils et les rouges-gorges, dont se geai gobe les œufs ou mange les petits.

C'est une haine à mort.

Seulement, aucun de ces oiseaux n'est de force à lc mesurer avec le geai.

Mais, qu'il arrive un malheur, un accident, une catastrophe à un geai, tous les oiseaux de la contrée sont en jubilation.

Or, c'est un malheur, un accident, une catastrophe terrible pour un geai, que de tomber entre les mains d'un pipeur, en même temps que c'est une véritable chance au pipeur que d'attraper un geai; car, lorsque le pipeur a préparé son arbre, c'est-à-dire qu'il l'a effeuillé, qu'il a pratiqué des entailles aux branches, et que, dans ces entailles, il a planté des gluaux; quand, sous cet arbre, il a bâti sa hutte, recouverte de genêts et de fougère; quand, seul ou avec sa société, il est entré dans cette hutte, au lieu d'être obligé d'imiter, avec une feuille de chiendent ou un morceau de soie, le chant ou plutôt le cri des différents oiseaux, il n'a, s'il possède un geai, qu'à tirer le geai de sa poche et à lui arracher une plume de l'aile.

Le geai pousse un cri, *coing!*

Ce cri retentit par la forêt.

A l'instant même, tout ce qu'il y a de mésanges, de pinsons, de tarins, de bouvreuils, de fauvettes, de rouges gorges, de rossignols, de chardonnerets, de linots rouges ou gris, tressaille et prête l'oreille.

Le pipeur arrache une seconde plume de l'aile du geai.

Le geai pousse un second *coing!*

Alors, c'est fête parmi toute la gent volatile : il est évident qu'il est arrivé quelque malheur à l'ennemi commun.

Que peut-il lui être arrivé?

Il faut voir cela! Où est-il? de quel côté? C'est par ici, c'est par là.

Le pipeur arrache une troisième plume de l'aile du geai.

Le geai pousse un troisième *coing!*

— C'est là! c'est là! crient en chœur tous les oiseaux.

Et ils se précipitent en vol, par bande, par masse, sur l'arbre du pied duquel sont partis les trois *coing!*

Or, comme l'arbre est garni de gluaux, tout oiseau qui s'abat sur l'arbre est un oiseau pris.

Voilà pourquoi je disais à mes invités en leur présentant Vatrin : « Mesdames et messieurs, bonne nouvelle! on a le geai. »

Vous voyez, chers lecteurs, qu'avec moi tout s'explique; — seulement, il faut me donner le temps, surtout quand j'emploie le procédé Walter Scott.

Ce fut donc chez ce brave Vatrin — auquel j'ai amicalement emprunté son nom pour en doter le héros principal de mon roman de *Catherine Blum,* — que je conduisis Pritchard.

V

VATRIN ET SA PIPE

Vatrin regarda Pritchard d'un air méprisant.

— Bon! encore un *Englishman!* dit-il.

Il faut d'abord que vous connaissiez Vatrin.

Vatrin est un homme de cinq pieds six pouces,

maigre, osseux, coupant. Il n'y a pas de buisson de ronces que ne taillent ses jambes, garnies de longues guêtres de cuir; il n'y a pas de coupe de dix ans que ne fende son coude, pointu comme une équerre.

Il est silencieux d'habitude, comme les gens accoutumés aux rondes de nuit; quand il a affaire à ses gardes, qui le tiennent pour un oracle, il se contente de leur faire un signe de l'œil ou un geste de la main : ils comprennent.

Un des ornements, je dirai presque un des appendices de son visage, c'est sa pipe.

Je ne sais si cette pipe a jamais eu un tuyau; moi, je l'ai toujours vue à l'état de brûle-gueule.

Et c'est tout simple : Vatrin fume sans cesse.

Or, pour passer dans les fourrés, il faut une pipe particulière, une pipe qui ne dépasse pas la longueur du nez, afin que la pipe et le nez travaillent d'un effort égal au passage de la figure.

A force de presser le tuyau de la pipe, les dents de Vatrin, celles qui pressent le tuyau, se sont arrondies en haut et en bas; de sorte que ce tuyau est pris comme dans une pince, d'où il ne bouge, une fois qu'il y est enserré. La pipe de Vatrin ne quitte sa bouche que pour s'incliner gracieusement sur les bords de sa blague, et se remplir, comme faisait l'amphore de la princesse Nausicaa à la fontaine, ou l'urne de Rachel au puits.

Aussitôt bourrée, la pipe de Vatrin reprend sa place dans sa pince; le vieux garde chef tire de sa poche son briquet, sa pierre, son amadou; — Vatrin ne donne pas dans les idées nouvelles et dédaigne la *chimique*; — puis il allume sa pipe, et, jusqu'à ce qu'elle soit complétement épuisée, la fumée sort de sa bouche avec la régularité et presque avec l'abondance de la fumée d'une machine à vapeur.

— Vatrin, lui disais-je un jour, quand vous ne pourrez plus marcher, vous n'aurez qu'à vous faire adapter deux roues, et votre tête servira de locomotive à votre corps.

— Je marcherai toujours, me répondit simplement Vatrin.

Et Vatrin disait vrai : le Juif errant n'était pas mieux traité que lui pour la course.

Il va de soi que Vatrin répond sans avoir besoin de quitter sa pipe ; sa pipe est une espèce de végétation de sa mâchoire, un corail noir enté sur ses dents ; seulement, il parle avec une sorte de sifflement qui n'appartient qu'à lui, et qui provient du peu d'espace que les dents laissent au son pour passer.

Vatrin a trois manières de saluer.

Pour moi, par exemple, il se contente de lever son chapeau et de le remettre sur sa tête.

Pour un supérieur, il ôte son chapeau et parle son chapeau à la main.

Pour un prince, il ôte son chapeau de sa tête et sa pipe de sa bouche.

Oter sa pipe de sa bouche est le plus haut signe de considération que puisse donner Vatrin.

Toutefois, sa pipe ôtée, il n'en desserre pas pour cela les dents d'une ligne ; au contraire : les deux mâchoires, n'ayant plus rien qui les sépare, se rejoignent comme sous l'impulsion d'un ressort, et, au lieu que le sifflement diminue, le sifflement augmente, le son n'ayant plus, pour passer, la petite ouverture pratiquée par le tuyau de sa pipe.

Avec tout cela, rude chasseur au poil et à la plume, manquant rarement son coup, tirant la bécassine comme vous et moi pouvons tirer le faisan; connaissant ses passées, ses brisées, ses traces; vous disant, à la première inspection, à quel sanglier vous avez affaire, si c'est une bête rousse, un tiéran, un ragot, un solitaire ou un quartanier; reconnaissant la laie du sanglier, vous disant, à l'élargissement de sa pince, si la laie est pleine et de combien elle est pleine; enfin, tout ce que la curiosité du chasseur désire savoir avant l'attaque de l'animal.

Vatrin regarda donc Pritchard, et dit : « Bon! encore un *Englishman !* »

Pritchard était toisé.

Vatrin n'admettait pas beaucoup plus le progrès pour les chiens que pour les briquets. Toute la concession qu'il avait pu faire aux progrès cynégétiques, c'était de passer du braque national, de l'honnête braque de nos pères, gris et marron, à la chienne anglaise à deux nez, blanc et feu.

Mais il n'admettait pas le pointer.

Aussi fit-il toute sorte de difficultés pour se charger de l'éducation de Pritchard.

Il alla jusqu'à m'offrir de me donner un chien à lui, un de ces vieux serviteurs dont un chasseur ne se sépare que pour son père ou pour son fils.

Je refusai : c'était Pritchard que je voulais, et pas un autre.

Vatrin poussa un soupir, m'offrit un verre de vin dans le verre du général, et garda Pritchard.

Il le garda ; pas si bien cependant, que, deux heures après, Pritchard ne fût de retour à la villa Médicis

J'ai déjà dit qu'à cet époque je n'habitais pas encore Monte-Cristo ; mais j'ai oublié de dire que j'habitais la villa Médicis.

Pritchard fut le malvenu ; il reçut une volée de coups de fouet, et Michel, mon jardinier, concierge, homme de confiance, fut chargé de le reconduire chez Vatrin.

Michel reconduisit Pritchard, et s'informa des détails de la fuite. Pritchard, enfermé avec les autres chiens du garde chef, avait sauté par-dessus la palissade, et il était revenu à la maison de son choix.

La palissade avait quatre pieds ; Vatrin n'avait jamais vu de chien faire un pareil saut.

Il est vrai que jamais Vatrin n'avait eu de pointer.

Le lendemain, lorsqu'on ouvrit la porte de la villa Médicis, on trouva Pritchard assis sur le seuil.

Pritchard reçut une seconde volée de coups de fouet, et Michel fut une seconde fois chargé de le reconduire à Vatrin.

Vatrin passa un vieux collier au cou de Pritchard, et mit Pritchard à la chaîne.

Michel revint, m'annonçant cette mesure acerbe mais nécessaire. Vatrin promettait que je ne reverrais Pritchard que lorsque son éducation serait fiuie.

Le lendemain, pendant que j'étais en train de travailler dans un petit pavillon situé au plus profond du jardin, j'entends des abois furieux

C'était Pritchard qui se battait avec un grand chien des Pyrénées, dont venait de me faire cadeau un de mes voisins, M. Challamel.

J'ai oublié, chers lecteurs, de vous parler de celui-là (le chien des Pyrénées); vous me permettrez de revenir sur son compte dans l'un des chapitres suivants. Cet oubli, du reste, serait calculé, qu'il pourrait passer pour une adresse ; car il mettrait au jour une de mes vertus prédominantes : le pardon des injures.

Pritchard, tiré par Michel des dents de Mouton... — on appelait le chien des Pyrénées *Mouton*, non pas à cause de son caractère : il eût été, sous ce rapport, fort mal nommé; mais à cause de son poil blanc, fin comme de la laine ; — Pritchard, disais-je, tiré des dents de Mouton par Michel, reçut une troisième volée, et fut reconduit pour la troisième fois chez Vatrin.

Pritchard avait mangé son collier !

Vatrin s'est demandé bien des fois comment Pritchard avait fait pour manger son collier, et jamais il n'est parvenu à trouver la réponse.

On enferma Pritchard dans une espèce de bûcher; de là, à moins qu'il ne mangeât la muraille ou la porte, Pritchard ne pouvait s'enfuir.

Il essaya de l'une et de l'autre, et, trouvant sans doute la porte plus digestible que la muraille, il mangea la porte, comme le père de *la Captive* de M. d'Arlincourt :

Mon père, en ma prison, *seul à manger m'apporte.*

Le surlendemain, à l'heure du dîner, on vit entrer, dans la salle à manger, Pritchard, avec son plumet au vent et ses yeux moutarde, pleurant de satisfaction.

Cette fois, on ne battit point Pritchard, on ne le reconduisit point.

On attendit que Vatrin arrivât, pour établir un conseil de guerre qui jugeât Pritchard déserteur pour la quatrième fois.

VI

CHASSE AUX COTELETTES.

Le lendemain, je vis apparaître Vatrin sur les pas de l'aurore.

— Avez-vous jamais vu un *guerdin!*... me dit-il.

Vatrin avait la tête tellement montée, qu'il avait oublié de me dire bonjour ni bonsoir.

— Vatrin lui dis-je, je remarque une chose ; c'est que votre brûle-gueule est beaucoup plus court qu'il ne l'a jamais été.

— Je crois bien, dit Vatrin, ce *guerdin* de Pritchard me met dans de telles colères, que voilà trois fois que j'en écrase le tuyau de ma pipe entre mes dents, que ma femme a été obligée de l'entortiller avec du fil ; sans quoi, qu'il me ruinerait en tuyaux de pipe, ce va-nu-pieds-là !

— Entendez-vous, Pritchard, ce que l'on dit de vous ? fis-je à Pritchard assis sur le parquet.

Pritchard entendait ; mais sans doute ne comprenait-il pas l'importance de l'accusation, car il me regardait de son œil le plus tendre, tout en balayant le parquet avec sa queue.

— Ah ! continua Vatrin, si le général avait eu un chien pareil !...

— Qu'aurait-il fait, Vatrin ? demandai-je. Nous ferons ce qu'il aurait fait.

— Il aurait, dit Vatrin, il aurait...

Puis, s'arrêtant et réfléchissant :

— Il n'aurait rien fait, continua-t-il ; car le général voyez-vous, c'était la bête du bon Dieu.

— Eh bien, que ferons-nous, nous, Vatrin ?

— Le diable m'emporte si je le sais ! dit Vatrin. M'entêter à garder ce *guerdin-là*, il démolira la maison ; vous le rendre... je ne veux cependant pas avoir le dernier avec un chien ; c'est humiliant pour un homme, savez-vous ?

Vatrin avait tellement la tête montée, que, pareil au Bourgeois gentilhomme, qui faisait de la prose sans s'en douter, Vatrin, sans le savoir, parlait belge. Je vis qu'il était arrivé au dernier degré de l'exaspération, et je résolus de faire une proposition conciliatrice.

— Écoutez, Vatrin, lui dis-je, je vais mettre mes souliers de chasse et mes guêtres. Nous allons descendre au Vésinet, nous ferons un tour sur votre garderie, et nous verrons bien à nous deux si c'est la peine qu'on s'occupe davantage de ce *guerdin*-là, comme vous l'appelez.

— Je l'appelle par son nom. C'est pas Pritchard

qu'il fallait l'appeler : c'est Cartouche, c'est Mandrin, c'est Poulailler, c'est l'Artifaille !

Vatrin venait de dire les noms des quatre plus grands bandits dont les histoires aventureuses eussent bercé sa jeunesse.

— Bah ! dis-je à Vatrin, continuons de l'appeler Pritchard, allez ! M. Pritchard avait bien aussi son mérite, sans compter qu'il l'a encore.

— Bon ! fit Vatrin, je dis cela parce que je n'ai pas connu Pritchard, et que je connais les autres.

J'appelai Michel.

— Michel, faites-moi donner mes guêtres et mes souliers de chasse; nous allons aller voir au Vésinet ce que Pritchard sait faire.

— Eh bien, dit Michel, monsieur verra qu'il n'en sera pas si mécontent qu'il croit.

Michel a toujours eu un faible pour Pritchard.

C'est que Michel est tant soit peu braconnier, et que Pritchard, comme on le verra plus tard, était un vrai chien de braconnier.

Nous descendîmes au Vésinet, Michel tenant Pritchard en laisse, Vatrin et moi devisant, non pas comme Amadis, de faits de guerre et d'amour, mais de faits de chasse.

Au tournant de la descente :

—Regardez donc, Michel, dis-je, comme voilà un chien qui ressemble à Pritchard.

— Où donc ?

— Là-bas, sur le pont, à cinq cents pas en avant de nous.

— C'est ma foi vrai, dit Vatrin.

La ressemblance parut si frappante à Michel, qu'il regarda derrière lui.

Pas plus de Pritchard que sur la main.

Pritchard avait coupé délicatement sa laisse avec ses incisives, et, par un détour, avait pris les devants.

C'était Pritchard qui se pavanait sur le pont du Pecq, regardant couler l'eau par les ouvertures du parapet.

— Fichtra ! s'écria Michel.

— Bon ! dis-je, voilà que vous parlez auvergnat, vous. Vatrin, si nous ne savons que faire de Pritchard, nous en ferons un maître de langues.

— Vous en ferez un vagabond, voilà tout, dit Vatrin, et pas autre chose. Voyez-vous où il va ! tenez, tenez.

— Vatrin, n'incriminez pas Pritchard pour ses bonnes qualités; vous aurez, croyez-moi, assez à faire avec les mauvaises. Où il va, je vais vous le dire : il va dire bonjour à mon ami Corrége, et lui manger son déjeuner, si la servante n'y fait pas attention.

En effet, un instant après, Pritchard sortit de la station du Pecq, poursuivi par une femme armée d'un balai.

Il tenait à la gueule une côtelette qu'il venait de prendre sur le gril.

— Monsieur Dumas, criait la femme, monsieur Dumas, arrêtez votre chien !

Nous barrâmes le passage à Pritchard

— Arrêtez ! arrêtez ! criait la femme.

Ah oui ! autant eût valu essayer d'arrêter Borée enlevant Orithye.

Pritchard passa entre Michel et moi comme un éclair.

— Il paraît, dit Michel, que le gueusard aime la viande saignante.

— Mouton bêlant, veau saignant, porc pourri, dit sentencieusement Vatrin en suivant des yeux Pritchard, qui disparut au tournant de la montée.

— Eh bien, dis-je à Vatrin, vous ne savez pas encore s'il rapporte, mais vous savez déjà qu'il emporte.

La femme nous avait rejoints et voulait s'obstiner à la poursuite de Pritchard.

— Oh! ma bonne femme, lui dis-je, je crois que vous perdrez votre temps: quand vous rejoindrez Pritchard, si vous le rejoignez, il est probable que la côtelette sera loin.

— Vous croyez? dit la femme en s'appuyant sur son balai pour reprendre haleine.

— J'en suis sûr.

— Alors, vous pouvez vous vanter de nourrir là un fier voleur.

— Ce matin, ma bonne femme, c'est vous qui le nourrissez, et non pas moi.

— C'est-à-dire... c'est moi, c'est moi... c'est M Corrége. Eh bien, par exemple, qu'est-ce qu'il va dire, M. Corrége?

— Il va dire ce que disait Michel : « Il paraît que Pritchard aime la viande saignante. »

— Oui; mais il ne sera pas content, et cela retombera sur moi.

— Ecoutez, je vais le prévenir que je l'emmène déjeuner à la villa Médicis.

— C'est égal, s'il continue, il lui arrivera malheur, à votre chien... je ne vous dis que cela, il lui arrivera malheur.

Et elle étendit son balai dans la direction où avait disparu Pritchard.

Comme on le voit, rien ne manquait à la prédiction de la sorcière pas même le balai.

VII

LE VIN DU LOIRET

Nous étions restés sur le pont du Pecq, Vatrin, Michel et moi, les yeux fixés vers le point de l'horizon où Pritchard avait disparu ; la femme, le balai étendu vers lui et dans l'attitude de la malédiction.

Si un peintre avait jamais l'idée de puiser un sujet de tableau dans la narration que j'ai l'honneur de vous faire, je crois que c'est le point juste où nous en sommes qu'il devrait choisir.

Il aurait, au premier plan, quatre personnages groupés pittoresquement ; au lointain , Pritchard fuyant, sa côtelette à la gueule ; — car il faudrait montrer Pritchard, pour rendre la scène compréhensible ; — enfin, au fond et fermant l'horizon, cette belle ville de Saint-Germain, bâtie en amphithéâtre et présentant tout d'abord, aux yeux du voyageur, comme ce qu'elle a de mieux à nous offrir, le pavillon où accoucha Anne d'Autriche, et la fenêtre de laquelle Louis XIII, tout radieux, montra son fils Louis XIV au peuple.

Vatrin fut le premier à qui revint la parole.

— An ! le guerdin ! ah ! le guerdin ! dit-il.

— Mon cher Vatrin, lui répondis-je, je crois que notre chasse est finie pour aujourd'hui.

— Pourquoi cela ? dit Michel.

— Mais parce que nous chassions avec Pritchard, et, puisque nous n'avons plus Pritchard...

— Monsieur croit donc qu'il ne va pas revenir ?

— Dame, Michel, j'en juge par moi-même ; je sais bien, moi, qu'à sa place, je ne reviendrais pas.

— Monsieur ne connaît pas Pritchard. C'est un effronté.

— Alors, votre avis, Michel ?

— Allons-nous-en tout tranquillement chez M. Vatrin ; mangeons-y un morceau de pain et de fromage, et buvons-y un verre de vin, et vous verrez si, dans dix minutes, vous ne sentez pas la queue de Pritchard vous fouailler les mollets.

— Ça y est-il ? dit Vatrin. Justement, la femme a fait cuire un morceau de veau hier, et il y a un petit vin du Loiret — voyez-vous, c'est le pays de ma femme — il y a un petit vin du Loiret dont vous me direz des nouvelles... Je me rappelle que vous aimez le veau.

— Vous m'avez connu si jeune, mon cher Vatrin, que je ne saurais vous cacher aucun de mes défauts. Mais Corrége ?

— Nous le prendrons en passant, donc ; quand il y en a pour deux, il y en a pour trois.

— Oui, quand on est déjà quatre !

— Eh bien, mais, et les poules! est-ce que vous croyez qu'elles ont le derrière cousu? On fera une omelette.

— Soit, Vatrin, je me donne un jour de bon temps; va pour le vin du Loiret, le veau et l'omelette.

— Sans compter une bonne tasse de café. Ah! vous allez en goûter, du lait.

— Eh bien, allons, Vatrin.

— Allons!... Guerdin de Pritchard, va!

— Qu'y a-t-il encore?

— J'en ai laissé éteindre ma pipe! Un second élève comme lui, et, foi de Vatrin, ils m'abrutiraient à eux deux!

Vatrin tira sa pierre à feu, son amadou, battit le briquet et ralluma sa pipe.

Nous nous remîmes en route.

Michel me toucha le coude avant que nous eussions fait vingt pas.

Je le regardai : il me fit signe de jeter les yeux derrière moi.

La moitié du corps de Pritchard dépassait l'angle du mur derrière lequel il avait disparu.

Il regardait ce que nous faisions, et, probablement, cherchait à deviner ce que nous pensions.

— N'ayez pas l'air de le voir, dit Michel, et il va nous suivre.

Effectivement, j'eus l'air de ne pas voir Pritchard et Pritchard nous suivit.

En passant, je recrutai Corrége à la station du Vésinet.

Voulez-vous, chers lecteurs, voir un beau nageur

et connaître un bon garçon ? Prenez, au chemin de fer de Saint-Germain, un billet pour la station du Vésinet; arrivés à la station, demandez Corrége.

Comme bon garçon, il se mettra, je vous en réponds, à votre service pour quelque chose que ce soit.

Comme beau nageur, il remontera la Seine avec vous jusqu'à Saint-Cloud, et, si vous le pressez un peu, jusqu'à Paris.

Nous arrivâmes chez Vatrin. Avant d'entrer, je me retournai, et j'aperçus Pritchard, qui se tenait prudemment à une distance de deux cents pas.

Je fis un signe de satisfaction à Michel, et nous entrâmes.

— Femme, dit Vatrin, à déjeuner !

Madame Vatrin jeta un regard d'effroi de notre côté.

— Ah ! mon Dieu ! dit-elle.

— Après?... fit Vatrin ; nous sommes quatre ? Eh bien, quatre bouteilles de vin, une omelette de douze œufs, le morceau de veau, et chacun une bonne tasse de café, on en verra le jeu.

Madame Vatrin poussa un soupir, non point qu'elle trouvât, l'excellente femme, que nous fussions trop, mais elle craignait de n'avoir point assez

— Allons, allons, nous soupirerons demain, dit Vatrin; vite la table ! nous sommes pressés.

En un tour de main, la table fut mise, et les quatre bouteilles de vin du Loiret s'alignèrent sur la table.

On entendit le beurre qui commençait à frire dans la pcêle.

— Goûtez-moi ce petit vin-là, dit Vatrin en me versant un plein verre de liquide.

— Vatrin, Vatrin, lui dis-je, que diable faites-vous ?

— C'est vrai, j'oubliais que vous êtes comme le général : lui, il ne buvait que de l'eau ; quelquefois, par hasard, dans les grandes débauches, un verre de vin rougi ; cependant, une fois, mon père lui a fait boire un verre de vin pur, tenez, dans le verre doré qui est sur la cheminée. Monsieur Corrége, vous ne l'avez pas encore vu, ce verre-là, n'est-ce pas ? Eh bien, c'est le verre du général. Pauvre général !

Puis, se tournant vers moi :

— Áh ! s'il vous voyait faire des livres comme vous en faites et tirer comme vous tirez, il serait bien content.

Ce fut à moi de pousser un soupir à mon tour.

— Allons, dit Vatrin, voilà que j'ai fait une bêtise ; je sais cependant que cela vous fait cet effet-là quand je parle du général ; mais, que voulez-vous ! je ne peux pas m'empêcher d'en parler. C'était un homme... cré nom !... Bon ! voilà ma pipe cassée.

En effet, Vatrin avait voulu, pour ajouter plus d'expression à ses paroles, faire craquer ses dents, et il avait pour cette fois coupé le tuyau de sa pipe au ras du four.

Le four était tombé à terre et s'était brisé en mille morceaux.

— Cré nom !... répéta Vatrin, une pipe si bien culottée !

— Eh bien, Vatrin, vous en culotterez une autre.

— On voit bien que vous ne fumez pas, vous, dit Vatrin ; si vous fumiez, vous sauriez qu'il faut six mois à une pipe pour avoir un peu de goût. Vous fumez, monsieur Corrége ?

— Je crois bien ! seulement, je fume le cigare.

— Ah ! dit Vatrin ; alors, vous ne savez pas ce que c'est qu'une pipe.

Vatrin ouvrit une armoire, et y prit une pipe presque aussi culottée que celle qu'il venait d'avoir le malheur de perdre.

— Bon ! fis-je, mais vous avez une réserve, mon cher Vatrin.

— Oui, dit-il, j'en ai comme cela dix ou douze à des degrés différents ; mais, c'est égal, celle-là, c'était la favorite !

— Bah ! n'en parlons plus, Vatrin : ce sont les malheurs irréparables qu'il faut surtout oublier.

— Vous avez raison. Goûtez-moi ce petit vin-là, et regardez-le au jour : c'est clair comme du rubis. A votre santé !

— A votre santé, Vatrin.

Et je vidai le verre pour lui faire raison.

VIII

NOUVEAUX MÉFAITS DU POINTER PRITCHARD

A peine venais-je de vider le verre, que nous entendîmes des cris féroces.

— Ah! voleur! ah! brigand! ah! misérable! criait la voix de madame Vatrin dans la cuisine.

— Feu! dit Michel.

Michel n'avait pas dit feu, que le verre de Vatrin était parti de tout ce que j'avais de force dans le biceps et dans le deltoïde.

On entendit un cri de douleur.

— Ah! cette fois-ci, dit Michel en riant, monsieur ne t'a pas manqué, hein?

— Qu'y a-t-il donc? demanda Corrége.

— Je parie que c'est encore ce guerdin de Pritchard, dit Vatrin.

— Pariez, Vatrin, pariez! vous gagnerez, lui dis-je en m'élançant dans la cour.

— Pourvu que ce ne soit pas le veau, s'écira Vatrin en pâlissant.

— Justement, c'est que c'est le veau, dit madame Vatrin en paraissant sur le seuil de la porte; je l'avais mis sur le rebord de la fenêtre, et ce gueux de Pritchard l'a emporté.

— Eh bien, dis-je en rentrant, le morceau de veau à la main, je vous le rapporte.

— C'est donc après lui que vous avez jeté le verre?

— Oui, dit Michel, et le verre n'est pas cassé! Ah bien, monsieur, en voilà un fameux coup d'adresse.

En effet, le verre avait atteint Pritchard au défaut de l'épaule, et était retombé sur l'herbe sans se casser.

Seulement, le choc avait été assez violent pour faire jeter un cri à Pritchard.

Pour jeter son cri, Pritchard avait été obligé d'ouvrir la gueule.

En ouvrant la gueule, il avait lâché le morceau de veau.

Le morceau de veau était tombé sur l'herbe fraîche.

Je l'avais ramassé et je le rapportais.

— Allons, allons, dis-je, consolez-vous, madame Vatrin, nous déjeunerons...

J'allais ajouter comme Ajax : « Malgré les dieux ! »

Mais je trouvai la phrase un peu bien prétentieuse.

— Malgré Pritchard, me contentai-je de dire.

— Comment, demanda madame Vatrin, vous allez manger ce veau-là ?

— Je crois bien ! répliqua Michel. Il n'y a que l'endroit de la dent à enlever ; rien n'a la gueule saine comme un chien.

— C'est vrai, dit Vatrin.

— Comment, si c'est vrai ! mais c'est-à-dire, monsieur, que, si vous êtes blessé par hasard, vous n'avez qu'à faire lécher la blessure à votre chien : il n'y a pas d'emplâtre qui vaille la langue d'un chien.

— A moins qu'il ne soit enragé.

— Ah ! ça, c'est une autre affaire ; mais, si jamais monsieur était mordu par un chien enragé, il faudrait prendre le train de derrière d'une grenouille, le foie d'un rat, la langue...

— Bien, Michel ! si jamais je suis mordu, je vous promets de recourir à votre recette.

— C'est comme si monsieur était jamais piqué par une vipère... En avez-vous jamais vu dans la forêt du Vésinet, monsieur Vatrin ?

— Jamais.

— Tant pis, parce que, si jamais vous êtes mordu d'une vipère, vous n'avez...

Je l'interrompis.

— Qu'à frotter la blessure avec de l'alcali et en boire cinq ou six gouttes étendues dans de l'eau.

— Oui ; et si, monsieur est à trois ou quatre lieues d'une ville, où trouverait-il de l'alcali ? dit Michel.

— Ah! dit Corrége, où en trouverez-vous?

— C'est vrai, fis-je en baissant la tête, écrasé que j'étais sous le poids de l'argumentation, je ne sais pas où j'en trouverais.

— Eh bien, que ferait monsieur ?

— Je ferais comme les anciens psylles, je commencerais par sucer la plaie.

— Et si c'était à un endroit que monsieur ne pût sucer... au coude, par. exemple?

— Je ne répondrais pas que ce fût au coude que dit Michel; mais ce dont je suis sûr, c'est que c'était à un endroit que je n'eusse pu sucer, de quelque souplesse de corps que m'eût doué la Providence.

Je fus encore plus écrasé que la première fois.

— Eh bien, monsieur n'aurait qu'à attraper la vipère, lui écraser la tête, lui ouvrir le ventre, prendre son amer, et s'en frotter... l'endroit ; deux heures après, il serait guéri.

— Vous êtes sûr, Michel?

— Bon! je crois bien que j'en suis sûr : c'est M. Isidore Geoffroy Saint-Hilaire qui me l'a dit, la dernière fois que j'ai été chercher des œufs au jardin des Plantes; vous ne direz pas que ce n'est pas un savant, celui-là!

— Oh! non, Michel, vous pouvez être tranquille, je ne dirai pas cela.

Michel a une foule de recettes, toutes plus efficaces les unes que les autres et qu'il puise à différentes sources. Je dois dire que toutes les sources où puise Michel ne sont pas aussi respectables que la dernière qu'il venait de citer.

— La! dit Corrège.

Cela signifiait que le veau avait subi son opération, et offrait sur ses quatre faces une chair rosée et appétissante de laquelle avait disparu toute trace de la dent de Pritchard.

. .Après le veau vint l'omelette ; une omelette épaisse, bien colorée, un peu baveuse.

Pardonnez-moi, belles lectrices, mais votre cuisinière, si elle sait faire les omelettes, ce dont je doute, vous dira que c'est là le mot, et que le dictionnaire de Bescherelle, qui contient dix mille mots de plus que celui de l'Académie, n'en connaît pas d'autre.

Puis ne vous fâchez pas si je doute que votre cuisinière sache faire les omelettes.

Vous avez un cordon bleu?

Raison de plus ! L'omelette est un plat de femme de ménage, de fermière, de paysanne, et non pas un plat de cordon bleu ! Une omelette et une fricassée de poulet, c'est ce que je fais d'abord exécuter à mon cuisinier ou à ma cuisinière quand je les essaye.

— Mais aussi qui mange des omelettes?

Oh! quelle erreur, belles lectrices! Ouvrez Brillat-Savarin, article Omelette, et lisez le paragraphe intitulé : *Omelette aux laitances de carpe.*

Une omelette! demandez aux vrais gourmands ce que c'est qu'une omelette.

J'aurais fait faire dix lieues à mon maître de violon pour manger une omelette au court bouillon d'écrevisses et une salade au lard.

— Vous avez donc eu un maître de violon?

— Comment! si j'ai eu un maître de violon?... pendant trois ans; voyez mes *Mémoires*.

—Mais je n'ai jamais entendu dire que vous jouiez du violon.

— Je n'en joue pas non plus; mais cela n'empêche pas que je n'aie appris à jouer du violon; voyez mes *Mémoires*.

— Il fallait vous entêter.

—Oh! je ne suis ni M. Ingres ni Raphaël pour avoir de ces entêtements-là.

Enfin, pour en revenir à l'omelette de madame Vatrin, elle était excellente. Nous appelâmes la brave femme pour lui en faire notre compliment; mais elle écouta d'un air distrait et tout en regardant autour d'elle.

— Qu'est-ce que tu cherches? dit Vatrin

— Ce que je cherche... ce que je cherche..., dit madame Vatrin; c'est étonnant!

— Dis ce que tu cherches?

— Je cherche... enfin, je l'ai vu, je l'ai tenu, quoi! n'y a pas dix minutes.

— Qu'as-tu vu? qu'as-tu tenu? Parle.

— Puisque je l'ai rempli de sucre.

— C'est ton sucrier que tu cherches?

— Oui, c'est mon sucrier.

— Bon! dit Corrége, il y a tant de souris cette année!

— Ça ne leur est pourtant pas bon, aux souris, de manger du sucre, dit Michel.

— Vraiment, Michel?

— Dame, monsieur sait qu'une souris qu'on ne nourrit qu'avec du sucre devient aveugle.

— Oui, Michel, je sais cela; mais ce n'est pas le cas d'accuser les souris. En supposant que les souris aient mangé le sucre, elles n'auraient pas mangé le sucrier.

— On ne sait pas, dit Corrége.

— En quoi était le sucrier? demanda Michel.

— En porcelaine, répondit madame Vatrin, en porcelaine, donc! un sucrier superbe, que j'avais gagné à la foire des Loges.

— Quand cela?

— L'an dernier.

— Madame Vatrin, dit Corrége, j'ai gagné un autre meuble; si vous voulez, je vous en ferai cadeau en place de votre sucrier; on ne s'en est pas encore servi.

— C'est bel et bien, dit madame Vatrin; mais, avec tout cela, que peut être devenu mon sucrier?

— Mais où l'avais-tu mis? dit Vatrin.

— Je l'avais mis sur la tablette de la croisée.

— Ah!... fit Michel comme éclairé d'une idée subite.

Et il sortit.

Cinq minutes après, il rentra, chassant devant lui Pritchard, qui avait le sucrier en guise de muselière.

3.

— En voilà un, dit-il, qui est puni par où il a péché.

— Comment ! c'était lui qui avait emporté le sucrier?

— Vous voyez bien, puisqu'il l'a encore. Oh! il ne se contente pas d'un morceau de sucre, lui : il lui faut le sucrier avec.

— Vous lui avez attaché le sucrier au museau, je comprends...

— Non, il tient tout seul.

— Tout seul?

— Oui, regardez plutôt.

— Il a donc le bout du nez aimanté, le brigand?

— Ce n'est pas cela : vous comprenez, il a fourré son nez dans le sucrier, qui est plus large au fond qu'à son ouverture, puis il a ouvert la gueule, puis il a empli sa gueule de sucre; je suis arrivé sur ce moment-là; il a voulu refermer la gueule, les morceaux de sucre s'y sont opposés; il a voulu retirer son museau, il n'a pas pu, la gueule était ouverte. M. Pritchard a été pris comme un corbeau dans un cornet; il en a jusqu'à ce que le sucre fonde

— Oh! c'est égal, monsieur Dumas, dit madame Vatrin, vous conviendrez que vous avez là un chien terrible, et que celui qui vous l'a donné aurait aussi bien fait de le garder pour lui

— Voulez-vous que je vous avoue une chose, chère madame Vatrin, lui répondis-je, c'est que je commence à être de votre avis.

— Eh bien, c'est étonnant, dit Vatrin, tout cela, au contraire, m'attache à lui; j'ai idée que nous en ferons quelque chose, moi,

— Et vous avez raison, père Vatrin, dit Corrége ; tous les grands hommes ont eu de grands défauts, et, une fois sortis du collége, ce ne sont pas les prix d'honneur qui font parler d'eux.

Pendant ce temps, le sucre avait fondu, et, selon la prédiction de Michel, Pritchard s'était démuselé tout seul.

Seulement, de peur de nouveaux accidents, Michel avait noué un bout de son mouchoir autour du cou de Pritchard, et enroulé l'autre bout de sa main droite.

— Allons, allons, dit Vatrin, d'autre sucre ! prenons notre café et allons essayer ce gaillard-là.

Nous prîmes notre café, qui dépassait en excellence tout ce que Vatrin avait pu nous dire, et nous répétâmes d'après lui :

— Allons essayer ce gaillard-là !

IX

OU PRITCHARD DÉJOUE LA FORCE PAR LA RUSE

Seulement, avant de partir, Vatrin prit le soin de substituer au mouchoir de Michel un collier de force.

Savez-vous ce que c'est qu'un collier de force ?

Ce n'est pas à vous, chers lecteurs, que je demande cela, c'est à mes belles lectrices.

— Non.

— Avez-vous vu au cou de certains chiens de boucher, hargneux et querelleurs, un collier garni de clous, portant les pointes en dehors, et qui a pour but d'empêcher les adversaires des susdits chiens de les empoigner par la peau du cou?

— Oui.

— Eh bien, voilà le collier de défense vu à l'endroit.

Maintenant, pour faire du collier de défense un collier de force, vous n'avez qu'à le retourner et mettre la pointe des clous en dedans.

A ce collier, le dresseur de chiens adapte une corde par laquelle il maintient le chien à une vingtaine de pas de lui.

C'est ce qu'on appelle chasser sous le canon du fusil.

Tant que la corde ne se tend pas, les pointes des clous se contentent de chatouiller agréablement le cou de l'animal.

Mais, si l'animal s'emporte, alors la corde se tend violemment, et, comme les clous lui entrent immédiatement dans la gorge, l'animal s'arrête en poussant un cri plus ou moins accentué, selon que les clous entrent plus ou moins avant.

Il est rare que, quand l'animal a été arrêté ainsi une centaine de fois, il ne comprenne pas que cette correction a pour but de l'empêcher de pointer.

D'abord, on le déshabitue peu à peu.

On commence par laisser traîner la corde derrière lui avec un bâton de huit ou dix pouces lié en travers; le bâton, en traînant lui-même à travers les broussailles, le trèfle ou la luzerne, oppose à la course de l'animal un certain obstacle qui lui fait comprendre qu'il est dans son tort.

Puis on laisse traîner la corde sans bâton.

C'est la seconde période de l'éducation. L'obstacle étant moins grand, la douleur qu'éprouve l'animal est moins vive.

Puis on enlève la corde pour ne laisser que le collier, lequel procure à l'animal ce chatouillement dont nous avons parlé, chatouillement qui, sans être désagréable, lui rappelle seulement que le collier existe, que le collier est là, que son épée de Damoclès continue de le menacer.

Enfin, quitte à le remettre à l'animal dans les grandes occasions, on finit par enlever le collier; l'éducation est faite ou à peu près.

C'était par cette terrible épreuve que devait passer Pritchard.

Jugez quelle humiliation pour un pointer, habitué à battre la campagne à trois cents pas de son maître, d'être obligé de chasser sous le canon du fusil!

J'étais convaincu, dans mon for intérieur, que Pritchard ne s'y soumettrait jamais.

Vatrin prétendait qu'il en avait réduit de plus indociles.

Michel disait prudemment ·

— Il faudra voir.

Ce fut bientôt vu.

Au premier arbre qu'il rencontra, Pritchard fit trois tours autour du tronc, et demeura arrêté.

— Avez-vous vu une brute pareille? dit Vatrin.

Et, faisant autant de tours qu'en avait fait Pritchard, il le dégagea.

On se remit en route.

Au second arbre qu'il rencontra, Pritchard fit trois autres tours autour du tronc, et se retrouva engagé de nouveau.

Seulement, au lieu de faire les trois tours à droite, comme la première fois, Pritchard avait fait les trois tours à gauche.

Un sergent instructeur dans la garde nationale n'aurait pas commandé la manœuvre avec plus de régularité.

Il est vrai que ses hommes, selon toute probabilité, l'eussent exécutée moins adroitement.

— En voilà une double brute! dit Vatrin.

Et Vatrin fit à gauche, autour du second arbre, autant de tours qu'il en avait fait à droite autour du premier, et dégagea Pritchard.

Au troisième arbre qu'il rencontra, Pritchard en fit autant.

— En voilà une triple brute! dit Vatrin.

Michel se mit à rire.

— Eh bien, quoi? demanda Vatrin.

— Mais vous voyez bien qu'il le fait exprès, dit Michel.

Je commençais à le croire, comme Michel.

— Comment! il le fait exprès?

Vatrin me regarda.

— Ma foi, lui dis-je, j'en ai peur.

— C'est pas malin! s'écria Vatrin; eh bien, tu vas voir.

Vatrin tira son fouet de sa poche.

Pritchard se coucha, résigné, comme un serf russe condamné au knout.

— Que faut-il faire? faut-il le rouer de coups, ce guerdin-là?

— Non, Vatrin, ce serait inutile, répondis-je.

— Mais alors! mais alors! mais alors! s'écria Vatrin exaspéré.

— Alors, il faut abandonner l'animal à son instinct; vous ne donnerez pas à un pointer les qualités d'un braque.

— Vous êtes donc d'avis de le laisser aller?

— Laissez-le aller, Vatrin.

— Allons, trotte, vagabond! dit Vatrin en enlevant la corde.

A peine Pritchard se sentit-il libre, que, sans tourner autour d'aucun arbre, il disparut dans le fourré, le nez bas et le plumet au vent.

— Eh bien, dis-je, le voilà parti, le drôle.

— Cherchons-le, dit Michel.

— Cherchons-le, dit Vatrin en secouant la tête comme un homme médiocrement convaincu de la vérité de la maxime évangélique : « Cherche et tu trouveras. »

Nous ne nous en mîmes pas moins à la recherche de Pritchard.

X

LA POCHE AUX LAPINS

Il n'y avait rien de mieux à faire, en effet, que de chercher Pritchard, et il est probable que, sur ce point, vous serez de l'avis de Michel.

Nous cherchâmes donc Pritchard, tout en appelant, tout en sifflant le vagabond, comme le nommait le digne forestier.

Cette recherche dura une bonne demi-heure, Pritchard se gardant bien de répondre à nos sifflements et à nos appels.

Enfin, Michel, qui marchait en ligne à une trentaine de pas de moi, s'arrêta.

— Monsieur! fit-il, monsieur!

— Eh bien, qu'y a-t-il, Michel?

— Venez voir, oh! mais venez voir.

Je n'avais probablement pas de si bonnes raisons à donner de mon silence ou de mon immobilité que Pritchard; aussi ne fis-je aucune difficulté de répondre à l'appel de Michel.

J'allai donc à lui.

— Eh bien, lui demandai-je, qu'y a-t-il?

— Rien; seulement, regardez.

Et Michel étendit le bras devant lui.

Je suivis la direction indiquée, et j'aperçus Pritchard aussi immobile que le fameux chien de Céphale dont j'ai eu l'honneur de vous entretenir.

Sa tête, son dos et sa queue faisaient une ligne droite d'une parfaite rigidité.

— Vatrin, dis-je à mon tour, venez donc.

Vatrin arriva.

Je lui montrai Pritchard.

— Bon! dit-il, je crois qu'il arrête.

— Pardieu! dit Michel.

— Qu'arrête-t-il? demandai-je.

— Allons-y voir, dit Vatrin.

Nous nous approchâmes. Vatrin décrivit autour

de Pritchard autant de cercles que Pritchard en avait décrit autour des arbres.

Pritchard ne bougea point.

— C'est égal, dit Vatrin, voilà un rude arrêt.

Puis, me faisant signe de la main :

— Arrivez, me dit-il.

J'arrivai.

— Regardez là... Voyez-vous quelque chose?

— Je ne vois rien.

— Comment! vous ne voyez pas un lapin au gîte?

— Si fait.

— Cré nom! dit Vatrin; si j'avais mon bâton, c'est-à-dire que je l'assommerais, et ce serait pour vous faire une gibelotte.

— Oh! dit Michel, qu'à cela ne tienne, coupez-en un, de bâton!

— Bon! pendant ce temps-là, Pritchard forcera son arrêt.

— Il n'y a pas de danger : je réponds de lui, à moins que le lapin ne file cependant.

— J'en vais couper un, dit Vatrin, quand ce ne serait que pour voir.

Et Vatrin se mit à couper un bâton.

Pritchard ne bougeait pas; seulement, de temps en temps, il tournait de notre côté son œil moutarde, qui brillait comme une topaze.

— Patience, patience, disait Michel, tu vois bien que M. Vatrin coupe un bâton.

Et Pritchard, regardant Vatrin, semblait comprendre; puis, ramenant sa tête dans la ligne droite, rentrait dans son immobilité.

Vatrin avait coupé son bâton.

— Ah ! dit Michel, vous avez le temps de tailler les branches.

Vatrin tailla les branches.

Puis, quand les branches furent taillées, il s'approcha avec précaution, prit ses mesures et envoya son coup de bâton au milieu de la touffe d'herbe où gîtait le lapin.

On vit à l'instant le ventre blanc de la pauvre bête, laquelle battait l'air de ses quatre pattes

Pritchard voulait se précipiter sur le lapin ; mais Vatrin était là, et, après une lutte d'un instant force resta à la loi.

— Mettez-moi ce gaillard-là dans votre poche, Michel ; c'est la gibelotte promise.

— Il a un fier râble, dit Michel en l'engouffrant entre la doublure et le drap de sa redingote.

Dieu sait combien de lapins cette poche avait déjà vus !

Vatrin chercha Pritchard pour le féliciter.

Pritchard avait disparu.

— Où diable est-il donc ? demanda Vatrin.

— Où il est ? dit Michel. Ce n'est pas difficile à deviner : il en cherche un autre.

C'était vrai ; nous nous mîmes en quête de Pritchard.

Au bout de dix minutes, nous tombâmes sur lui.

— Un roc, quoi ! dit Michel ; voyez.

Effectivement, Pritchard arrêtait avec la même conscience que la première fois.

Vatrin s'approcha.

— Voilà le lapin, dit-il.

— Allons, Vatrin, cette fois-ci, vous avez votre bâton tout coupé.

Le bâton se leva, et, retombant presque aussitôt, fendit en sifflant un roncier.

Puis Vatrin plongea sa main dans le roncier et en tira un second lapin pendu à sa main par les oreilles.

—Tenez, Michel, dit-il, mettez celui-là dans votre autre poche.

Michel ne se fit pas prier ; seulement, il le mit dans la même poche.

— Eh bien, Michel, pourquoi pas dans l'autre, comme vous dit Vatrin ?

— Ah ! monsieur, fit Michel, il peut en tenir cinq dans chacune.

— Eh ! eh ! Michel, on ne dit pas de ces choses-là devant un fonctionnaire public.

Puis, me retournant vers Vatrin :

— Allons, Vatrin, le nombre trois plaît aux dieux.

— C'est possible, dit Vatrin, mais il pourrait ne pas plaire à M. Guérin.

M. Guérin, c'était l'inspecteur.

— Au reste, c'est inutile, lui dis-je : vous connaissez Pritchard ?

— Comme si je l'avais fait, dit Vatrin.

— Eh bien, qu'en dites-vous ?

— Dame, je dis que, si ça chassait sous le canon du fusil, ça ferait un crâne chien ; mais, pour arrêter, il arrête dur.

— Où est-il encore ? dis-je à Michel.

— Oh ! il aura trouvé un troisième lapin.

Nous cherchâmes, et, en effet, nous trouvâmes Pritchard en arrêt.

— Ma foi, dit Vatrin, je serais curieux de savoir combien de temps il y restera.

Vatrin tira sa montre.

— Eh bien, Vatrin, lui dis-je, vous qui êtes ici dans l'exercice de vos fonctions, passez-vous cette fantaisie ; mais, moi qui attends du monde, trouvez bon que je retourne chez moi.

— Allez, allez, dit Vatrin.

Michel et moi, nous reprîmes le chemin de la villa Médicis.

En me retournant une dernière fois, je vis Vatrin qui passait son collier de force au cou de Pritchard, sans que celui-ci parût même remarquer à quelle occupation se livrait le garde.

Une heure après, Vatrin entrait à la maison.

— Vingt-sept minutes, me cria-t-il du plus loin qu'il me vit, et, si le lapin n'était point parti, le chien y serait encore.

— Alors, Vatrin, qu'en dites-vous?

— Dame, je dis qu'il arrête dur.

— Oui, c'est connu ; mais que vous reste-t-il à lui apprendre?

— Une chose que vous lui apprendrez aussi bien que moi, une bêtise, quoi : à rapporter. Vous lui apprendrez cela en jouant. Il n'y a pas besoin de moi pour cela.

— Vous entendez, Michel?

— Oh! monsieur, dit Michel, c'est fait.

— Comment, c'est fait?

— Eh! oui, il rapporte comme un ange.

Cela ne me donnait pas une idée bien positive de la manière dont Pritchard rapportait.

Mais Michel lui jeta son mouchoir, et Pritchard rapporta le mouchoir de Michel.

Mais Michel lui jeta un des deux lapins de Vatrin, et Pritchard rapporta le lapin de Vatrin.

Enfin, Michel alla au poulailler, y prit un œuf et le posa à terre.

Pritchard rapporta l'œuf comme il avait rapporté le lapin et le mouchoir.

— Mais, dit Vatrin, l'animal sait tout ce qu'il peut savoir, il ne lui manque plus que de la pratique.

— Eh bien, Vatrin, le 2 septembre prochain, je vous donnerai des nouvelles de Pritchard.

— Et quand on pense, dit Vatrin, que, si un guerdin comme cela consentait à chasser sous le canon du fusil, il vaudrait cinq cents francs comme un liard.

— C'est vrai, Vatrin, lui dis-je ; mais il faut en faire votre deuil, il n'y consentira jamais.

En ce moment, les personnes que j'attendais arrivèrent, et, comme une des principales qualités de Vatrin est la discrétion, il se retira, et, en se retirant, mit fin à notre conversation, si intéressante qu'elle fût.

XI

CE QUE C'ÉTAIT QUE MOUTON

Disons quel était ce monde qui arrivait, et qui mettait fin à l'importante conversation qui se tenait entre Michel, Vatrin et moi, à l'endroit de Pritchard.

C'était Maquet, qui venait d'augmenter les locataires de mon palais des singes du *dernier des Laidmanoir*, et avec lequel je faisais, à cette époque, *le Chevalier de Maison-Rouge*.

C'était de Fiennes, c'est-à-dire un des plus excellents cœurs que je connaisse, quand son esprit ne se croit pas obligé d'avoir une opinion en littérature.

C'était Atala Beauchêne, qui avait joué avec tant de grâce Anna Damby dans *Kean*, et qui devait jouer avec tant de sentiment Geneviève dans *les Girondins*.

Enfin, c'était mon fils.

Je reçus mes hôtes ; je leur livrai la maison depuis la cave jusqu'au grenier, l'écurie avec les quatre chevaux, les remises avec les trois voitures, le jardin avec son poulailler, son palais des singes, sa volière, sa serre, son jeu de tonneau et ses fleurs.

Je ne me réservai qu'un petit pavillon à verres de couleur, à la muraille duquel j'avais fait adapter une table, et qui, l'été, me servait de cabinet de travail.

Je prévins mes visiteurs qu'il y avait dans la maison un nouveau commensal nommé Mouton, et les avertis qu'ils n'eussent pas trop à se fier à son nom, son nom m'étant familier, mais ses mœurs m'étant inconnues.

Je le leur montrai, assis dans une allée, et dodelinant, à la manière des ours blancs, une tête où deux yeux phosphorescents jetaient une flamme rouge comme le reflet de deux escarboucles.

Au reste, pourvu qu'on ne lui cherchât point querelle, Mouton restait parfaitement inoffensif.

Je chargeai Alexandre de faire les honneurs du tout.

Quant à moi, il ne s'agissait pas de m'amuser, il s'agissait de fair mes trois feuilletons.

Je ne dis point que mes feuilletons ne m'amusent pas à faire; mais, en les faisant, je ne m'amuse pas à la façon dont s'amusent ceux qui n'en font pas.

On se répandit dans le jardin, et chacun choisit, selon son caprice, qui les singes, qui la volière, qui la serre, qui les poules.

Moi qui étais vêtu en chasseur, je montai à ma chambre, afin de me vêtir à la fois en hôte et en travailleur.

Vous saurez, autant que la chose peut vous intéresser, qu'été comme hiver, je travaille sans gilet et sans redingote, en pantalon à pieds, en pantoufles et en manches de chemise.

La seule différence que la succession des saisous

amène dans mon costume est de changer l'étoffe de mon pantalon à pieds et de ma chemise.

L'hiver, mon pantalon à pieds est de drap; l'été, mon pantalon à pieds est de basin. L'hiver, ma chemise est de toile; l'été, ma chemise est de batiste.

Je descendis donc, dix minutes après, avec une chemise de batiste et un pantalon de basin.

— Qu'est-ce que c'est que cela? demanda Atala Beauchêne.

— C'est un père que j'ai voué au blanc, répondit Alexandre.

Je passai à travers une haie d'acclamations, et je gagnai mon pavillon de travail.

J'étais en train de faire *le Bâtard de Mauléon*, et, comme mon voisin Challamel venait de me donner Mouton, juste au moment où je commençais le roman, j'avais eu l'idée d'illustrer Mouton, en lui faisant jouer un rôle dans mon nouveau livre.

Procédant toujours à la manière de Walter Scott, j'avais commencé par faire le portrait de Mouton, sous le nom d'Allan et en en faisant cadeau à don Frédéric, frère de don Pèdre.

Voici le portrait d'Allan, ce qui me dispensera de vous faire le portrait de Mouton :

« Derrière eux s'élança un chien bondissant.

» C'était un de ces vigoureux mais sveltes chiens de la sierra, à la tête pointue comme celle de l'ours, à l'œil étincelant comme celui du lynx, aux jambes nerveuses comme celles du daim.

» Tout son corps était couvert de soies fines et longues qui faisaient chatoyer au soleil leurs reflets d'argent.

» Il avait au cou un large collier d'or incrusté de rubis, avec une petite sonnette du même métal.

» La joie se trahissait par ses élans, et ses élans avaient un but visible et un but caché : le but visible était un cheval blanc comme la neige, couvert d'une grande housse de pourpre et de brocart, qui recevait ses caresses en hennissant comme pour y répondre ; le but caché était sans doute quelque noble seigneur retenu sous la voûte dans laquelle le chien s'enfonçait impatient pour reparaître bondissant et joyeux quelques instants après.

» Enfin, celui pour lequel hennissait le cheval, celui pour lequel bondissait le chien, celui pour lequel le peuple criait : *Viva !* parut à son tour, et un seul cri retentit répété par mille voix ·

» — Vive don Frédéric ! »

Si vous voulez savoir, chers lecteurs, ce que c'était que don Frédéric, il faut lire *le Bâtard de Mauléon*.

Je ne me suis engagé à vous dire qu'une chose : c'est ce qu'était Mouton.

Vous le savez maintenant.

Suivons donc le nouveau personnage qui nous croise, sans savoir même où il nous conduira.

C'est ce qu'on appelle, en matière de chemin de fer, un *embranchement*, et, en matière de poésie et de roman, un *épisode*.

L'Arioste est le créateur de l'épisode.

Je voudrais pouvoir vous dire quel est l'inventeur de l'embranchement.

Malheureusement, je ne le sais pas.

VII

OU L'AUTEUR LAISSE ENTREVOIR UNE CA A-STROPHE

Je vous ai dit tout à l'heure : « Vous savez maintenant ce qu'était Mouton. »

Je me trompais, vous ne le savez pas.

Vous connaissez son physique, c'est vrai ; mais qu'est-ce que le physique des gens !

C'est le moral qui importe.

Si, pour connaître les gens, il suffisait de connaître leur physique, alors, quand Socrate disait à ses disciples : « Le premier précepte de la sagesse est celui-ci : *Connais-toi toi-même*, ses disciples se seraient tout simplement regardés dans un miroir d'acier ; ils auraient vu qu'ils avaient les cheveux roux ou châtains, les yeux bleus ou noirs, le teint blanc ou brun, les joues maigres ou grasses, la taille fine ou épaisse, et, une fois qu'ils eussent vu cela, ils se seraient connus !

Mais ce n'était point cela que voulait dire Socrate, par ce fameux γνωθι σεαυτον ; il voulait dire : « Descends dans ton for intérieur, examine ta conscience, et sache ce que tu vaux moralement. Le corps n'est que l'enveloppe de l'âme, le fourreau de l'épée. »

Or, jusqu'à présent, vous ne connaissez que l'enveloppe de Mouton, vous ne connaissez que le fourreau du descendant d'Allan.

Et encore vous le connaissez mal.

Je vous ai montré Allan avec un collier d'or incrusté de rubis et une sonnette du même métal au cou; ce luxe, vous le comprenez bien, était bon pour le chien d'un frère de roi; mais le chien d'un romancier ou d'un auteur dramatique n'a pas droit à pareille distinction.

Mouton n'avait donc aucun collier d'or incrusté de rubis; il n'avait pas même un collier de fer, pas même un collier de cuir.

Ce point rectifié, passons au caractère de Mouton.

Son caractère était assez difficile à définir. Au premier aspect, Mouton paraissait plutôt sympathique que bilieux, sanguin ou nerveux; il était lent dans ses mouvements, sombre dans ses actes. J'avais voulu interroger Challamel sur ses antécédents, et il s'était contenté de me répondre :

— Tâchez d'abord qu'il s'attache à vous, et vous verrez ensuite ce qu'il peut faire.

Cela m'avait donné quelque défiance sur le passé de Mouton; mais, par malheur, rien n'est plus loin de mon caractère que la défiance; je ne songeai donc qu'à faire en sorte de m'attacher Mouton.

En conséquence, à déjeuner et à dîner, je lui mettais mes os de côté, et, après chaque repas, je les lui portais moi-même.

Mouton mangeait ses os avec un appétit féroce et lugubre à la fois; mais toutes mes attentions ne me valaient pas, de sa part, la plus petite caresse.

Le soir, quand, par hasard, j'allais faire un tour sur la proverbiale terrasse de Saint-Germain, afin de distraire le spleenétique Mouton, je l'emmenais avec moi ; mais, au lieu de courir et de gambader comme les autres chiens, Mouton me suivait par derrière, la tête et la queue basses, comme le chien du pauvre suivant le corbillard de son maître.

Seulement, lorsque quelqu'un me venait parler, Mouton poussait un grognement sourd.

— Oh ! oh ! me disait l'interlocuteur, qu'a donc votre chien ?

— Ne faites pas attention : il est en train de s'habituer à moi.

— Oui ; mais il n'a pas l'air de s'habituer aux autres.

Les plus physionomistes ajoutaient :

— Prenez garde ! ce gaillard-là a l'œil mauvais.

Puis, quand à la science physiognomonique ils ajoutaient la prudence, ils s'éloignaient rapidement en demandant :

— Comment l'appelez-vous, votre chien ?

— Mouton.

— Eh bien, adieu, adieu... Prenez garde à Mouton !

Je me retournais et disais :

— Entends-tu, Mouton, ce que l'on dit de toi ?

Mais Mouton ne répondait pas.

Du reste, depuis huit jours qu'il était mon commensal, je n'avais pas entendu une seule fois aboyer Mouton.

Quand, au lieu d'un interlocuteur, c'était le chien d'un interlocuteur qui s'approchait de moi, ou plutôt de Mouton, dans l'intention courtoise de lui dire bonjour à la manière des chiens, Mouton grognait comme pour un homme, mais ce grognement était

immédiatement suivi d'un coup de gueule envoyé
avec la rapidité d'un coup droit.

Si le chien contre lequel était dirigé le coup de
gueule, se trouvait à la portée de Mouton, malheur
à lui ! c'était un chien écloppé pour le reste de ses
jours.

S'il avait le bonheur, par un mouvement rapide,
par une feinte, par la fuite, d'échapper à la gueule
terrible, et que cette gueule n'eût mordu que le vide,
alors on entendait les mâchoires de Mouton se refermer avec un bruit de dents, qui rappelait celui
des lions de M. Martin, attendant leur nourriture.

Le lendemain de ma troisième sortie avec Mouton, je reçus un avis officieux du maire de Saint-
Germain.

Il m'invitait à faire emplette d'une chaîne et à la
mettre au cou de Mouton quand je sortirais avec
lui.

J'avais aussitôt fait acheter cette chaîne, afin de
me soumettre, en bon administré, à l'avis munici-
pal.

Seulement, Michel oublia constamment d'acheter
un collier.

Or, vous allez voir comment l'oubli de Michel me
sauva probablement la vie.

XIII

COMMENT JE FUS SÉDUIT PAR UNE GUENON VERTE
ET UN ARA BLEU

De tout ce qu'on a lu dans le chapitre précédent, il résulte que le caractère de Mouton m'était resté, sinon inconnu, du moins ténébreux, et que ce qu'il en avait laissé transparaître n'était pas couleur de rose.

C'était dans cette situation que les choses se présentaient vers deux heures de l'après-midi : Mouton s'amusant à déterrer un dahlia de Michel, — qui, en sa qualité de jardinier, était à la recherche du dahlia bleu ; — mon fils fumant sa cigarette dans un hamac, et Maquet, de Fiennes et Atala, agaçant Mysouff, condamné à cinq ans de singe pour crime d'assassinat, avec circonstances atténuantes.

Nous demandons pardon à nos lecteurs de reculer la catastrophe que nous avons fait pressentir ; mais nous croyons que le moment est venu de dire quelques mots de mademoiselle Desgarcins, de Potich, du dernier des Laidmanoir, et du forçat Mysouff.

Mademoiselle Desgarcins était un guenon macaque de la plus petite espèce. Le lieu de sa naissance était inconnu ; mais, en s'en rapportant à la classification de Cuvier, elle devait être née sur le vieux continent.

La façon dont elle était passée entre mes mains était des plus simples.

J'étais allé faire un petit voyage au Havre; — dans quel but? je serais fort embarrassé de le dire; — j'étais allé au Havre, peut-être bien pour voir la mer. Une fois arrivé au Havre, j'avais éprouvé le besoin de revenir à Paris.

Seulement, on ne revient pas du Havre sans en rapporter quelque chose.

Il s'agissait de savoir ce que je rapporterais du Havre.

J'avais le choix entre les joujoux d'ivoire, les éventails chinois et les trophées caraïbes.

Rien de tout cela ne me séduisait absolument.

Je me promenais donc sur le quai comme Hamlet.

> Triste et les bras pendants dans mon rôle et ma vie,

lorsque je vis, à la porte d'un marchand d'animaux, une guenon verte et un ara bleu.

La guenon avait passé sa patte à travers les barreaux de sa cage et m'avait attrappé par le pan de ma redingote.

Le perroquet bleu tournait la tête et me regardait amoureusement avec son œil jaune, dont la prunelle se rétrécissait et se dilatait avec une expression des plus tendres.

Je suis fort accessible à ces sortes de démonstrations, et ceux de mes amis qui disent me connaître le mieux prétendent, pour mon honneur et celui de ma famille, qu'il est bien heureux que je ne sois pas né femme.

Je m'arrêtai donc, serrant, d'une main, la patte de la guenon et grattant, de l'autre, la tête de l'ara, au risque qu'il m'en arrivât autant qu'avec l'ara du colonel Bro. Voir mes *Mémoires*.

Mais, loin de là, la guenon tira doucement ma main à la portée de sa gueule, passa sa langue à travers les barreaux de sa cage, et me lécha tendrement les doigts.

Le perroquet inclina sa tête jusqu'entre ses deux pattes, ferma à demi et béatement ses yeux, et fit entendre un petit râle de volupté qui ne laissait aucun doute sur la sensation qu'il éprouvait.

— Ah! par ma foi! me dis-je, voilà deux charmants animaux, et, si je ne les soupçonnais pas de valoir la rançon de Duguesclin, je demanderais leur prix.

— Monsieur Dumas, dit le marchand en sortant de sa boutique, vous accommoderai-je de ma guenon et de mon perroquet?

Monsieur Dumas! c'était une troisième flatterie qui mettait le comble aux deux autres.

Un jour, je l'espère, quelque sorcier m'expliquera comment il se fait que mon visage, un des moins répandus qu'il y ait par la peinture, la gravure ou la lithographie, soit connu aux antipodes, de façon que, partout où j'arrive, le premier commissionnaire venu me demande :

— Monsieur Dumas, où faut-il porter votre malle?

Il est vrai qu'à défaut de portrait ou de buste, j'ai été grandement illustré par mes amis Cham et Nadar ; mais alors les deux traîtres me trompaient donc, et, au lieu de faire ma caricature, c'était donc mon portrait qu'ils faisaient ?...

Outre l'inconvénient de ne pouvoir aller nulle part incognito, cette popularité de mon visage en a encore un autre : c'est que tout marchand, ayant lu dans mes biographies que j'ai l'habitude de jeter mon argent par les fenêtres, ne me voit pas plus tôt approcher de son magasin, qu'il prend la vertueuse résolution de vendre trois fois plus cher à M. Dumas qu'il ne vendrait au commun des martyrs, résolution qu'il met tout naturellement à exécution.

Enfin, le mal est fait, il n'y a plus à y remédier.

Le marchand me dit donc de cet air onctueux du marchand qui est bien décidé à vous vendre quand même vous ne seriez pas décidé à lui acheter : « Monsieur Dumas, vous accommoderai-je de ma guenon et de mon perroquet ? »

Il n'y avait que deux lettres du mot à changer pour lui donner sa véritable signification, qui était : « Monsieur Dumas, vous *incommoderai*-je de ma guenon et de mon perroquet ? »

— Bon ! répondis-je, du moment où vous me connaissez, vous allez me vendre votre perroquet et votre singe deux fois ce qu'ils valent.

— Oh ! monsieur Dumas, pouvez-vous dire ! Non, ce n'est pas à vous que je voudrais surfaire. Vous me donnerez... voyons...

Le marchand eut l'air de chercher à se rappeler le prix d'achat.

— Vous me donnerez cent francs.

Je dois dire que je tressaillis d'aise. Je n'ai pas une connaissance bien exacte du prix courant de la place à l'égard des singes et des perroquets, mais cent francs, pour deux créatures pareilles, me parurent un bon marché inouï.

— Seulement, je dois vous dire en honnête homme, continua le marchand, que le perroquet ne parlera probablement jamais.

Cela doublait son prix à mes yeux. J'aurais donc un perroquet qui ne me bredouillerait pas éternellement aux oreilles son inévitable « As-tu déjeuné Jacquot? »

— Ah! diable! repris-je, voilà qui est fâcheux.

Mais à peine eus-je dit ce mot, que j'eus honte de moi-même : j'avais menti, — et menti dans l'espérance d'obtenir une diminution, tandis que le marchand avait dit la vérité, au risque de déprécier sa marchandise.

Aussi, emporté par le remords :

— Tenez, lui dis-je, je ne veux pas marchander avec vous, je vous en donne quatre-vingts francs.

— Prenez-les, dit sans la moindre hésitation le marchand.

— Ah! mais entendons-nous, fis-je en voyant que j'étais volé, quatre-vingts francs avec la cage de la guenon et le bâton du perroquet.

— Dame, fit le marchand, ce n'étaient pas nos conventions, mais je ne peux rien vous refuser. Ah! vous pouvez vous vanter de m'avoir amusé, vous, avec votre *Capitaine Pamphile*. Allons, allons, il n'y a rien à dire, vous connaissez les animaux, et j'espère que ceux-là ne seront pas malheureux chez vous. Prenez la cage et le bâton.

La cage et le bâton valaient bien quarante sous.

Selon l'invitation du marchand, je pris la cage et le bâton, et je rentrai à l'hôtel de l'*Amirauté* avec un faux air de Robinson Crusoe.

Le même soir, je partais pour Paris, ayant pris pour moi tout seul le coupé de la diligence jusqu'à Rouen.

Quand je dis pour moi tout seul, c'est-à-dire pour moi, ma guenon et mon perroquet.

De Rouen à Poissy, je vins en chemin de fer, et, de Poissy à la villa Médicis, dans un berlingot que je louai dans la capitale de la comté du roi saint Louis.

XIV

DE QUELLE FAÇON JE SUS QUE LES PERROQUETS SE REPRODUISENT EN FRANCE

Je n'ai pas besoin de vous dire que mademoiselle Desgarcins et Buvat n'étaient point encore baptisés, mon habitude étant d'appuyer les noms, surnoms et sobriquets de mes commensaux sur des qualités ou des infirmités physiques ou morales.

Ils s'appelaient tout simplement la *guenon* et l'*ara*.

— Eh vite! eh vite! Michel! dis-je en entrant, voilà de la pratique pour vous.

Michel accourut, et reçut de mes mains la cage
de la guenon et le sabot du perroquet, d'où la queue
sortait comme un fer de lance.

J'avais substitué un sabot qui m'avait coûté
trois francs, au perchoir, qui me revenait à vingt
sous.

— Tiens, dit Michel, c'est la guenon callitriche
du Sénégal, — *cercopithecus sabœa.*

Je regardai Michel avec le plus profond étonnement.

— Que venez-vous de dire là, Michel?

— *Cercopithecus sabœa.*

— Vous savez donc le latin, Michel? Mais il faut
me le montrer dans vos moments perdus, alors.

— On ne sait pas le latin, mais on connaît son
Dictionnaire d'histoire naturelle.

— Ah! sapristi! et cet animal-là, le connaissez-
vous? lui demandai-je en tirant le perroquet de son
sabot.

— Celui-là, dit Michel, je crois bien que je le
connais! c'est l'ara bleu, — *macrocercus ararauna.*
Ah! monsieur, pourquoi n'avez-vous pas rapporté
la femelle en même temps que le mâle?

— Pour quoi faire Michel, puisque les perroquets
ne se reproduisent pas en France?

— C'est justement là que monsieur se trompe, dit
Michel.

— Comment, l'ara bleu se reproduit en France?

— Oui, monsieur, en France.

— Dans le Midi, peut-être?

— Non, monsieur, il n'y a pas besoin que ce soit
dans le Midi.

— Où cela, alors?

— A Caen, monsieur.

— Comment, à Caen?

— A Caen, à Caen, à Caen !

— J'ignorais que Caen fût sous une latitude qui permît aux aras de se reproduire. Allez me chercher mon Bouillet, Michel.

Michel m'apporta le dictionnaire demandé.

— *Cacus*, ce n'est pas cela... *Cadet de Gassicourt*, ce n'est pas cela... *Caducée*, ce n'est point cela... *Caen...*

— Vous allez voir, dit Michel.

Je lus :

— « *Cadomus*, chef-lieu du département du Calvados, sur l'Orne et l'Odon, à 223 kilomètres ouest de Paris, 41,876 habitants. Cour royale, tribunal de 1re instance et de commerce... »

— Vous allez voir, dit Michel, les perroquets vont venir.

— « Collége royal ; faculté de droit ; académie... »

— Vous brûlez !

— « Grand commerce de plâtre, sel, bois du Nord... — Pris par les Anglais en 1346 et 1417. — Repris par les Français, etc. — Patrie de Malherbe, T. Lefebvre, Choron, etc. —9 cantons : Bourguebus, Villers-Bocage, etc., plus Caen, qui compte pour deux ; 205 communes et 140,435 hab. — Caen était la capitale de la basse Normandie. » Voilà tout, Michel.

— Comment ! il n'est pas dit dans votre dictionnaire que l'*ararauna*, autrement dit l'ara bleu, se reproduit à Caen ?

— Non, Michel, cela n'y est pas dit.

— Eh bien, voilà un joli dictionnaire! Attendez, attendez : moi, je vais aller vous en chercher un, et vous verrez.

En effet, cinq minutes après, Michel revint avec son *Dictionnaire d'histoire naturelle*.

— Vous allez voir, vous allez voir, dit Michel en ouvrant son dictionnaire à son tour. *Péritoine*, ce n'est pas cela... *Pérou*, ce n'est pas cela... *Perroquet* c'est cela! « Les perroquets sont monogames... »

— Vous qui savez si bien le latin, Michel, savez-vous ce que cela veut dire, *monogame?*

— Ça veut dire qu'ils peuvent chanter sur tous les tons, je présume.

— Non, Michel, non, pas tout à fait; cela veut dire qu'ils n'ont qu'une épouse.

— Ah! ah! fit Michel, c'est parce qu'ils parlent comme nous, probablement... Voyons, j'y suis! « Longtemps on avait cru que les perroquets ne se reproduisaient point en Europe, mais les résultats, ont fait preuve du contraire, etc., etc., sur une paire d'aras bleus qui vivait à Caen... » A Caen, vous voyez bien, monsieur...

— Ma foi, oui, je vois.

— « M. Lamouroux nous fournit les détails de ces résultats. »

— Voyons les détails de M. Lamouroux, Michel.

Michel continua :

— « Ces aras, depuis le mois de mars 1818 jusqu'au mois d'août 1822, ce qui comprend un espace de quatre ans et demi, ont pondu soixante-deux œufs en neuf pontes... »

— Michel, je n'ai point dit que les aras ne pondaient point; j'ai dit...

— « Dans ce nombre, continua Michel, vingt-cinq œufs ont produit des petits dont dix seulement sont morts. Les autres ont vécu et se sont parfaitement acclimatés... »

— Michel, j'avoue que j'avais de fausses notions à l'endroit des aras...

— « Ils pondaient indifféremment dans toutes les saisons, continua Michel, et leurs pontes ont été plus productives dans les dernières années que dans les premières... »

— Michel, je n'ai plus rien à dire...

— « Le nombre des œufs, dans le nid, variait. Il y en avait jusqu'à six ensemble... »

— Michel, je me rends, secouru ou non secouru...

— Seulement, dit Michel refermant son livre, monsieur sait qu'il ne faudra lui donner ni amandes amères, ni persil?

— Les amandes amères, je comprends cela, répondis-je ; elles contiennent de l'acide hydrocyanique; mais le persil?

Michel, qui avait laissé son pouce enfermé dans le livre, rouvrit le livre :

— « Le persil et les amandes amères, lut-il, sont, pour les perroquets, un poison violent. »

— C'est bien, Michel, je ne l'oublierai pas.

Je l'oubliai si peu, que, quelque temps après, comme on m'apprit que M. Persil était mort subitement, je m'écriai :

— Ah! mon Dieu! il aura peut-être mangé du perroquet?

Par bonheur, la nouvelle fut démentie le lendemain.

XV

UN COCHER GÉOGRAPHE M'APPREND QUE JE SUIS NÈGRE

J'étais confondu de la science de Michel; Michel
savait par cœur le *Dictionnaire d'histoire naturelle*.

Un jour, je faisais, avec un de mes amis, des
courses en cabriolet.

C'était du temps des vieux cabriolets, dans lesquels on se trouvait côte à côte avec le cocher.

Je ne sais comment il se fit que j'eus l'occasion
de dire à cet ami que j'étais du département de
l'Aisne.

— Ah! vous êtes du département de l'Aisne? fit le
cocher.

— Oui. Y a-t-il quelque chose là dedans qui vous
désoblige?

— Non, monsieur, tout au contraire.

La question du cocher et sa réponse étaient égale-
ment obscures pour moi.

Pourquoi ce cocher s'était-il écrié en apprenant
que j'étais du département de l'Aisne? et pourquoi
lui était-il plus agréable, — son *tout au contraire*
me portait à le croire, — pourquoi lui était-il plus
agréable que je fusse de ce département-là que d'un
des quatre-vingt-cinq autres?

C'étaient là des questions que je lui eusse bien certainement faites si j'eusse été seul avec lui ; mais, tout préoccupé de ce que me disait mon voisin, je laissai ma curiosité partir au galop, et, comme notre cheval ne marchait que le pas, elle prit une telle avance sur nous, que je ne la rejoignis point.

Huit jours après, je repris un cabriolet à la même station.

— Ah ! ah ! fit le cocher, c'est monsieur qui est du département de l'Aisne.

— Justement ! et c'est vous qui m'avez conduit il y a huit jours ?

— En personne. Où faut-il vous mener aujourd'hui, notre bourgeois ?

— A l'Observatoire.

— Chut ! monsieur, ne parlez pas si haut.

— Pourquoi cela ?

— Si mon cheval vous entendait !... Hue ! Bijou ! Ah ! monsieur, en voilà un qui, s'il a jamais dix mille livres de rente, n'achètera pas de cabriolet !

Je regardai l'homme.

— Pourquoi m'avez-vous demandé si j'étais du département de l'Aisne ?

— Parce que, si monsieur avait été seul et en train de causer, nous aurions causé du département de l'Aisne.

— Vous le connaissez donc ?

— Ah ! je crois bien ! un fier département ! Le département du général Foy, de M. Méchin, de M. Lherbette et de M. Demoustier, l'auteur des *Lettres à Émilie sur la mythologie.*

Comme vous le voyez, chers lecteurs, j'étais complétement oublié dans la nomenclature des hommes illustres du département.

Cela me disposa assez mal en faveur du cocher.

— Que connaissez-vous dans ce département de l'Aisne?

— Je connais tout.

— Comment, vous connaissez tout?

— Tout.

— Connaissez-vous Laon?

Je prononçais *Lan.*

— Laon, vous voulez dire?

Et il prononçait *La-on.*

— Laon ou Lan, c'est la même chose; seulement, on écrit Laon et l'on dit Lan.

— Dame, je prononce comme on écrit.

— Vous êtes pour l'orthographe de M. Marle?

— Je ne connais pas l'orthographe de M. Marle; mais je connais Laon, — le *Bibrax* des anciens et le *Laudanum* du moyen âge... Eh bien, qu'est-ce que vous avez à me regarder comme cela?

— Je ne vous regarde pas : je vous admire!

— Oh! gouaillez tant que vous voudrez : vous n'empêcherez pas que je ne connaisse Laon et tout le département de l'Aisne, avec sa préfecture. A preuve qu'il y a une tour bâtie par Louis d'Outre-Mer, et qu'on y fait un immense commerce d'artichauts.

— Je n'ai rien à dire contre cela, c'est la vérité du bon Dieu, mon ami. Et Soissons? connaissez-vous Soissons?

— Soissons, — *Noviodunum* — si je connais Noviodunum, je le crois bien !

— Je vous en fais mon compliment ; je connaissais Soissons, mais je ne connaissais pas Noviodunum.

— Mais c'est la même chose, — verjus vert. — C'est là qu'il y a la cathédrale de Saint-Médard-grand-Pissard. Vous savez, notre bourgeois, que, quand il pleut le jour de la Saint-Médard, il pleut quarante jours. Ça devrait être le patron des cochers de cabriolet. Si je connais Soissons !... bon, bon, bon, vous demandez si je connais Soissons, patrie de Louis d'Héricourt, de Collot d'Herbois, de Quinette ; où Clovis a vaincu Siagrius, où Charles Martel a battu Chilpéric, où le roi Robert est mort ; chef-lieu d'arrondissement ; six cantons : Braisne-sur-Vesle, Oulchy-le-Château, Soissons, Vailly-sur-Aisne, Vic-sur-Aisne, Villers-Cotterets...

— Ah ! et Villers-Cotterets, le connaissez-vous ? m'écriai-je espérant le prendre sans vert à l'endroit de mon pays natal.

— *Villerii ad Cotiam retiæ*. — Si je connais cela, Villers-Cotterets, ou Coste de Retz, gros bourg.

— Oh ! petite ville, réclamai-je.

— Gros bourg, je le répète.

Et, en effet, mon homme le répétait avec tant d'assurance, que je vis que je ne gagnerais rien à essayer de lutter contre lui. D'ailleurs, j'avais la conscience que je pouvais bien avoir tort.

— Gros bourg, soit, repris-je.

— Oh ! il n'y a pas de *soit*, ça est. Si je connais Villers-Cotterets : forêt de 25,000 hectares ; 2,692 habitants; vieux château du temps de François Ier, aujourd'hui dépôt de mendicité, patrie de Charles-Albert Demoustier, auteur des *Lettres à Emilie sur la mythologie...*

— Et d'Alexandre Dumas, ajoutai-je timidement.

— D'Alexandre Dumas, l'auteur de *Monte-Cristo*, des *Mousquetaires?*

Je fis un signe d'assentiment.

— Non fit le cocher.

— Comment, non?

— Je dis non.

— Vous dites qu'Alexandre Dumas n'est pas né à Villers-Cotterets?

— Je dis qu'il n'y est pas né.

— Ah! par exemple, voilà qui est un peu fort!

— Tant que vous voudrez. Alexandre Dumas n'est pas de Villers-Cotterets; d'ailleurs, il est nègre.

J'avoue que je restai abruti. Cet homme me paraissait si fort sur tout le département de l'Aisne, que j'eus peur de me tromper. Puisqu'il affirmait si positivement la chose, cet homme qui connaissait le département sur le bout de son doigt, il était possible, à tout prendre, que je fusse nègre et né au Congo ou au Sénégal.

— Mais, lui dis-je, vous y êtes donc né, vous, dans le département de l'Aisne?

— Moi, je suis de Nanterre.

— Vous l'avez donc habité, le département de l'Aisne?

— Jamais.

— Vous y avez été au moins?

— Jamais, au grand jamais.

— Alors, comment diable connaissez-vous le département de l'Aisne?

— La belle malice ! tenez.

Il me présenta un livre en lambeaux.

— Qu'est-ce que ce livre-là?

— C'est toute ma bibliothèque du grenier à la cave.

— Diable ! il paraît que vous la consultez souvent?

— Je ne lis que cela depuis vingt ans.

— Mais vous le lisez beaucoup, à ce qu'il paraît?

— Que voulez-vous que l'on fasse quand on ne marche pas ? et les temps sont si durs, qu'on est la moitié du temps à la station.

J'ouvris le livre, curieux de savoir quel titre pouvait porter un volume qui avait eu le privilége de suffire pendant vingt ans à la distraction d'un homme.

Et je lus :

Statistique du département de l'Aisne.

XVI

J'ACHÈTE UN MARI A MADEMOISELLE DESGARCINS

Michel était comme mon cocher; seulement, il avait choisi une lecture sinon plus instructive, du moins plus amusante.

— Michel, lui dis-je, vous voyez : il faut fair-
faire chez Laurent un bâton au macrocercus arae
rauna, et une cage chez Trouille, à la cercopithecus
sabœa.

— Monsieur, dit Michel, pour le bâton, je ne dis
pas, mais pour la cage, c'est inutile.

— Comment, c'est inutile ? mais la pauvre bête ne
restera jamais dans celle-ci ; c'est une cage de char-
donneret ou de bouvreuil. Elle serait morte d'une
crampe au bout de huit jours.

— En l'absence de monsieur, il est arrivé un malheur.

— Bon ! quel malheur ?

— Une belette a étranglé le faisan ; monsieur le
mangera à son dîner.

Je laissai échapper une exclamation qui n'était ni
un refus, ni un assentiment. J'aime fort à manger
le gibier tué par moi, mais je suis moins ardent au
gibier étranglé par un animal quelconque qui n'est
pas un chien de chasse.

— Alors, dis-je, la cage est libre ?

— Depuis ce matin.

— Emménageons-y la guenon, alors.

Nous portâmes la petite cage près de la grande
cage ; nous mîmes les deux portes ouvertes en face
l'une de l'autre. La guenon se précipita dans son nouveau logement, bondit de bâton en bâton et finit par
s'accrocher aux barreaux en me grinçant des dents,
en jetant des cris plaintifs et en me montrant la
langue.

— Monsieur, dit Michel, voilà une bête qui veut
un mâle.

— Vous croyez, Michel ?

— J'en suis sûr.

— Vous pensez donc que les singes se reproduisent comme les perroquets ?

— Il y en a au jardin des Plantes qui y sont nés.

— Si nous lui donnions le perroquet ?

— Monsieur, il y a un petit Auvergnat qui vient
ici avec son singe demander de temps en temps un
sou. A la place de monsieur, je lui achèterais son
singe.

— Pourquoi plutôt celui-là qu'un autre ?

— Parce qu'il est doux comme un agneau et qu'il
a reçu une excellente éducation. Il a une toque
avec une plume, et il salue quand on lui donne une
noix ou un morceau de sucre.

— Sait-il faire encore autre chose ?

— Il se bat en duel.

— Est-ce tout ?

— Non, il cherche les poux à son maître.

— Et vous croyez, Michel, que ce jeune Allobroge
se défera d'un animal qui lui est si utile ?

— Dame, vous comprenez, c'est à lui demander.

— Eh bien, Michel, nous lui demanderons, et, s'il
est raisonnable, nous ferons deux heureux.

— Monsieur ! dit Michel.

— Eh bien ?

— Le voilà justement.

— Qui ?

— L'Auvergnat au singe.

Effectivement, la porte de la cour s'entr'ouvrait
et une grosse figure, douce et placide, se montrait
par l'ouverture.

—Entra! entra! dit Michel, qui, on le sait, a quelques notions de la langue auvergnate.

Le bonhomme ne se le fit pas dire à deux fois. Il entra en tendant sa casquette.

Son singe, posé sur une boîte que l'enfant portait sur son dos, se crut obligé de saluer comme son maître et prit à la main sa toque de troubadour.

C'était un singe de la même famille que la macaque, mais de la plus petite espèce.

Autant qu'on en pouvait juger sous son costume de fantaisie, il avait une charmante petite figure d'une douceur et d'une finesse parfaites!

— Oh! dis-je à Michel, comme il ressemble à...

Je prononçai le nom d'un célèbre traducteur.

— Eh bien, dit Michel, voilà le nom tout trouvé.

— Oui; seulement, Michel, nous en ferons l'anagramme.

— Comment, l'anagramme?

— C'est-à-dire, lui expliquai-je, qu'avec les mêmes lettres, nous lui composerons un autre nom. Prenons garde aux procès en diffamation, Michel.

Michel me regarda.

— Oh! monsieur peut appeler son singe comme il veut.

— Je puis appeler mon singe comme je veux?

— Monsieur en a le droit.

— Je ne crois pas, Michel.

— Monsieur en a le droit.

— Eh bien, en supposant que j'aie le bonheur de devenir propriétaire de ce charmant animal, nous l'appellerons *Potich*.

— Appelons-le Potich.

— Nous ne l'avons pas encore, Michel.

— Que monsieur me donne carte blanche.

— Vous avez mes pleins pouvoirs, mon ami.

— Jusqu'à quelle somme puis-je aller ?

— Jusqu'à quarante francs.

— Que monsieur me laisse avec le gamin, j'en fais mon affaire, dit Michel.

Je laissai Michel avec le gamin, et rentrai à la villa Médicis, d'où j'étais absent depuis quatre jours.

XVII

LE CHAT QUI DORT

Ce que je trouve d'admirable dans les voyages longs ou courts, c'est qu'il y a toujours deux plaisirs certains : le plaisir du départ et le plaisir du retour.

Je ne parle pas de celui du voyage : c'est le moins certain des trois.

Je rentrais donc le visage souriant, laissant errer mon regard bienveillant et satisfait d'un meuble à l'autre.

Il y a toujours dans les meubles qui vous entourent quelque chose de vous-même.

D'abord, il y a votre caractère, votre goût, votre intimité.

Les meubles en acajou, s'ils pouvaient parler,

ne raconteraient certes pas la même histoire que les meubles sculptés ; les meubles en palissandre, les mêmes anecdotes que les meubles en bois de rose ; les meubles de Boule, que les meubles en noyer.

Je laissais donc, comme je le disais, aller mon regard bienveillant et satisfait d'un meuble à l'autre.

Tout à coup, j'aperçus, sur une causeuse placée en retour de la cheminée, quelque chose comme un manchon blanc et noir qui n'était pas de ma connaissance.

Je m'approchai.

Le manchon ronronnait de la façon la plus sensuelle.

C'était un jeune chat qui dormait.

— Madame Lamarque! criai-je, madame Lamarque !

Madame Lamarque était la cuisinière.

— Je savais bien que monsieur était arrivé, dit madame Lamarque, et, si j'ai tardé à présenter mes devoirs à monsieur, c'est que je faisais une sauce blanche, et monsieur, qui est cuisinier, sait avec quelle facilité ça tourne, ces damnées blanquettes.

— Oui, je sais cela, madame Lamarque; mais ce que je ne sais pas, c'est d'où me vient ce nouvel hôte.

Et je montrai le chat.

— Monsieur, dit madame Lamarque d'un ton sentimental, c'est un Antony.

— Comment! un Antony, madame Lamarque?

— Autrement dit, un enfant trouvé, monsieur.

— Ah ! ah ! pauvre bête !

— Je savais bien que cela intéresserait monsieur.

— Et où l'avez-vous trouvé, madame Lamarque ?

— Dans la cave, monsieur.

— Dans la cave ?

— Oui. J'entendais : « Mïaou mïaou mïaou ! » je me suis dit : « Ça ne peut-être qu'un chat. »

— Vraiment, vous vous êtes dit cela ?

— Oui, et je suis descendue, monsieur, et, derrière les fagots, j'ai trouvé le pauvre animal. Alors, je me suis rappelé que monsieur avait dit une fois : « Madame Lamarque, il faudra avoir un chat. »

— J'ai dit cela, moi ? Je crois que vous vous trompez, madame Lamarque.

— Monsieur l'a dit pour sûr. Alors, je me suis dit : « Puisque monsieur désire un chat, c'est la Providence qui nous envoie celui-ci. »

— Vous vous êtes dit cela, chère madame Lamarque ?

— Oui, et je l'ai recueilli, comme monsieur voit.

— Si vous éprouvez absolument le besoin de partager votre tasse de café avec un convive, vous êtes parfaitement libre.

— Seulement, comment l'appellerons-nous, monsieur ?

— Nous l'appellerons Mysouff, si vous voulez bien.

— Comment, si je veux ? Monsieur est le maître.

— Seulement, madame Lamarque, vous ferez attention qu'il ne mange pas mes becs de corail, mes cous-coupés, mes calfats, mes veuves et mes bengalis.

— Ah! si monsieur a peur, dit Michel en entrant, il y a un moyen.

— Un moyen de quoi, Michel?

— Un moyen d'empêcher les chats de manger les oiseaux.

— Voyons le moyen, cher ami.

— Monsieur, vous avez un oiseau dans une cage, vous la cachez de trois côtés, vous faites rougir un gril, vous mettez le gril du côté de la cage qui n'est pas caché, vous lâchez le chat, et vous sortez de la chambre. Le chat prend ses mesures, il s'accroupit, et, d'un bond, il retombe les quatre pattes et le nez sur le gril. Plus le gril est rouge, mieux il est guéri.

— Merci, Michel... Et le troubadour?

— Ah! c'est vrai! moi qui oubliais que je venais pour cela. Eh bien, monsieur, c'est fait : il donne Potich pour quarante francs; seulement, il demande en retour deux souris blanches et un cochon d'Inde.

— Mais, Michel, où voulez-vous que je me procure deux souris blanches et un cochon d'Inde?

— Si monsieur veut me charger de cela, je sais où il y en a, moi.

— Comment, si je veux vous en charger, mais c'est-à-dire que vous me rendrez le plus grand service en vous en chargeant.

— Alors, donnez-moi quarante francs.

— Voici quarante francs? Michel.

Michel sortit avec les quarante francs.

— Sans indiscrétion, dit la mère Lamarque, je

voudrais demander à monsieur ce que veut dire Mysouff?

— Mais, ma chère madame Lamarque, Mysouff veut dire Mysouff.

— C'est donc un nom de chat, Mysouff?

— Sans doute, puisque Mysouff s'appelait comme cela.

— Quel Mysouff?

— Mysouff Ier. Ah! c'est vrai, vous, madame Lamarque, vous n'avez pas connu Mysouff.

Et je tombai dans une si profonde rêverie, que madame Lamarque eut la discrétion d'attendre à un autre moment pour savoir ce que c'était que Mysouff, premier du nom.

XVIII

MISOUFF, PREMIER DU NOM

Vous êtes entré plus ou moins souvent dans un magasin de bric-à-brac.

Là, après avoir admiré un stippo hollandais, un bahut de la renaissance, une vieille potiche du Japon; après avoir levé à la hauteur de votre œil un verre de Venise ou un vidrecome allemand; après avoir ri au nez d'un magot chinois qui dodelinait latête et qui tirait la langue, vous êtes resté tout à coup dans un coin, les pieds fichés en terre et l'œil rivé sur un petit tableau à moitié perdu dans l'ombre.

Au milieu de cette ombre resplendissait l'auréole d'une Madone avec un enfant Jésus sur les genoux.

La Madone vous rappelait quelque souvenir d'enfance, et vous sentiez tout à coup votre cœur inondé d'une douce mélancolie.

Alors, vous redescendiez pas à pas et à reculons en vous-même, vous oubliiez ceux qui étaient là, l'endroit où vous vous trouviez, ce que vous étiez venu faire ; l'aile du souvenir vous emportait, vous franchissiez l'espace comme si vous aviez le manteau enchanté de Méphistophélès, et vous vous retrouviez enfant, plein d'espoir et d'avenir, en face de ce rêve du passé que la vue de la Madone sainte venait d'éveiller dans votre mémoire.

Eh bien, en ce moment, il en était ainsi de moi ; ce nom de Mysouff m'avait reporté à quinze ans en arrière.

Ma mère vivait. J'avais encore, dans ce temps-là, le bonheur d'être grondé de temps en temps par une mère.

Ma mère vivait et j'avais, chez M. le duc d'Orléans, une place de quinze cents francs.

Cette place m'occupait de dix heures du matin à cinq heures de l'après-midi.

Nous demeurions rue de l'Ouest, et nous avions un chat qui s'appelait Mysouff.

Ce chat avait manqué sa vocation : il aurait dû naître chien.

Tous les matins, je partais à neuf heures et demie, — il me fallait une demi-heure pour aller de la rue de l'Ouest, à mon bureau, situé rue Saint-Honoré, n° 216, — tous les matins, je partais à neuf heures et demie, et, tous les soirs, je revenais à cinq heures et demie.

Tous les matins, Mysouff me conduisait jusqu'à la rue de Vaugirard.

Tous les soirs, Mysouff m'attendait rue de Vaugirard.

C'étaient là ses limites, son cercle de Popilius. Je ne me rappelle pas le lui avoir jamais vu franchir.

Et ce qu'il y avait de curieux, c'est que, les jours où, par hasard, une circonstance quelconque m'avait distrait de mon devoir de fils, et où je ne devais pas rentrer pour dîner, on avait beau ouvrir la porte à Mysouff : Mysouff, dans l'attitude du serpent qui se mord la queue, ne bougeait pas de son coussin.

Tandis qu'au contraire, les jours où je devais venir, si on oubliait d'ouvrir la porte à Mysouff, Mysouff grattait la porte de ses griffes jusqu'à ce qu'on la lui ouvrît.

Aussi, ma mère adorait-elle Mysouff : elle l'appelait son baromètre.

— Mysouff marque mes beaux et mes mauvais jours, me disait-elle, l'adorable femme : les jours où tu viens, c'est mon beau fixe ; les jours où tu ne viens pas, c'est mon temps de pluie.

Pauvre mère ! Et quand on pense que ce n'est que le jour où l'on a perdu ces trésors d'amour qu'on s'aperçoit combien on les appréciait mal quand on les possédait ; que c'est quand on ne peut plus voir les êtres bien-aimés que l'on se souvient que l'on aurait pu les voir davantage, et qu'on se repent de ne pas les avoir vus assez !...

Je retrouvais donc Mysouff au milieu de la rue de

l'Ouest, à l'endroit où elle confine à la rue de Vaugirard, assis sur son derrière, les yeux fixés au plus profond de la rue d'Assas.

Du plus loin qu'il m'apercevait, il frottait le pavé de sa queue; puis, à mesure que j'approchais, il se levait, se promenait transversalement sur toute la ligne de la rue de l'Ouest, la queue en l'air et faisant le gros dos.

Au moment où je mettais le pied dans la rue de l'Ouest, il me sautait aux genoux comme eût fait un chien; puis, en gambadant et en se retournant de dix en dix pas, il reprenait le chemin de la maison.

A vingt pas de la maison, il se retournait une dernière fois et rentrait au galop. Deux secondes après, je voyais apparaître ma mère à la porte.

Bienheureuse apparition, qui a disparu pour toujours, et qui, je l'espère cependant, m'attend à une autre porte.

Voilà à quoi je pensais, chers lecteurs, voilà tous les souvenirs que ce nom de Mysouff faisait rentrer dans ma mémoire.

Vous voyez bien qu'il m'était permis de ne pas répondre à la mère Lamarque.

XIX

CE QUE DORVAL CACHAIT SOUS LES FLEURS

Une fois baptisé, Mysouff II jouit, dans la maison, de tous les priviléges de Mysouff Ier.

Le dimanche suivant, on était réuni dans le jardin, Giraud, Maquet, Alexandre et deux ou trois habitués de la maison, lorsqu'on m'annonça un second Auvergnat et un second singe.

— Faites entrer, dis-je à Michel.

Cinq minutes après, l'Auvergnat fit son apparition.

Il avait sur son épaule une figure fantastique, tout enrubannée, portant un chapeau de satin vert sur l'oreille, et une houlette à la main.

— Naiche pa ichi que l'on acheta les chinges? demanda-t-il.

— Hein? fîmes-nous.

— Il demande si ce n'est pas ici que l'on achète les singes, dit Michel.

— Mon bonhomme, dis-je, tu t'es trompé de porte; tu vas reprendre le chemin de fer, gagner le boulevard, suivre toujours tout droit jusqu'à la colonne de la Bastille. Là, tu prendras à droite ou à gauche, à ton choix, tu traverseras le pont d'Austerlitz, tu te trouveras en face d'une grille et tu demanderas le palais des singes de M. Thiers. Voilà quarante sous pour faire ton voyage.

— C'est que chai décha fu deux chinges dans une hache, insista l'Auvergnat, et que le fils à Chan-Pierre m'avait dit qu'il avait fendu son chinge à monsiou Doumache. Alors, chai dit : « Si monsiou Doumache veut aussi mon chinge, che lui fendrai tout de même, et pas plus cher que le fils de Chan-Pierre ne lui a fendu le chien. »

— Mon cher ami, je te remercie de la préférence; voilà un franc pour la préférence; mais j'ai assez de deux quadrumanes. Si j'en avais davantage, il me faudrait un domestique rien que pour eux.

— Monsieur, dit Michel, il y a Soulouque qui ne veut rien faire ; monsieur pourrait le mettre à la tête des singes ?

Ceci m'ouvrait de nouvelles perspectives à l'endroit de Soulouque.

Alexis dit Soulouque était un jeune nègre de treize à quatorze ans, du plus beau noir, et qui devait venir originairement du Sénégal ou du Congo.

Il était déjà à la maison depuis cinq ou six ans.

Dorval, un jour qu'elle venait dîner avec moi, me l'avait apporté dans un grand panier.

— Tiens, avait-elle dit en découvrant le panier voilà quelque chose que je te donne.

J'avais enlevé toute une jonchée de fleurs, et j'avais vu quelque chose de noir avec deux gros yeux blancs qui grouillait au fond du panier.

— Eh ! lui avais-je dit, qu'est-ce que c'est que cela ?

— N'aie pas peur, ça ne mord pas.

— Mais, enfin, qu'est-ce que c'est ?

— C'est un nègre.

— Tiens, un nègre !

Et j'avais plongé mes deux mains dans le panier, j'avais attrapé le nègre par les deux épaules, et je l'avais planté sur ses jambes.

Là, il me regardait avec un bon sourire étoilé, outre ses deux yeux, de trente-deux dents blanches comme la neige.

— D'où diable cela vient-il ? demandais-je à Dorval.

— Des Antilles, mon cher; un de mes amis, qui en arrive, me l'a rapporté. Depuis un an, il est à la maison.

— Je ne l'ai jamais vu.

— Je crois bien, tu ne viens jamais. Pourquoi donc ne te voit-on plus? Viens donc déjeuner ou dîner.

— Oh! ma foi, non; tu es entourée d'un tas de parasites qui te mangent toute vivante.

— Tu as bien raison; seulement, cela ne durera plus longtemps. A cette heure, mon pauvre ami, ils en sont aux os.

— Pauvre créature du bon Dieu que tu fais, va!

— De sorte que je me suis dit, en regardant Alexis : « Va, mon garçon, je vais te conduire à un endroit où tu ne seras peut-être pas payé plus régulièrement qu'ici, mais où tu mangeras tous les jours, au moins. »

— Mais que veux-tu que je fasse de ce gaillard-là?

— Il est très-intelligent, je t'assure, et la preuve, c'est que, les jours où le dîner est court, les jours où le rôti manque, je fais comme madame Scarron, je conte des histoires. Eh bien, je me retourne quelquefois de son côté, et je le vois pleurer ou rire, selon que l'histoire est triste ou gaie. Alors, j'allonge l'histoire; ils croient que c'est pour eux, pas du tout, c'est pour Alexis. Je me dis : « Pauvre enfant, ils te mangent ton dîner, mais ils ne peuvent pas te manger ton histoire. » N'est-ce pas, Alexis?

Alexis fit de la tête un signe affirmatif.

— Tu es bien le meilleur cœur que je connaisse, va!

— Après toi, mon grand chien. Ainsi, tu prends Alexis ?

— Je prends Alexis.

Je me retournai vers mon nouveau commensal.

— Ainsi, lui dis-je, tu viens de la Havane ?

— Oui, monsieur.

— Et quelle langue parle-t-on à la Havane, mon garçon ?

— On parle créole.

— Ah ! Et comment dit-on, en créole : « Bonjour, monsieur ? »

— On dit : *Bonjour, monsieur.*

— Et : « Bonjour, madame ? »

— On dit : *Bonjour, madame.*

— Alors, cela va tout seul, mon garçon ; nous parlerons créole. — Michel ! Michel !

Michel entra.

— Tenez, Michel, voilà un citoyen qui fait partie de la maison ; je vous le recommande.

Michel le regarda.

— Qui est-ce qui t'a blanchi, mon garçon ? lui demanda-t-il.

— Plaît-il ? fit Alexis.

— Je te demande le nom de ta blanchisseuse, afin de lui réclamer la monnaie de ta pièce. En voilà une qui t'a volé. Allons, viens, Soulouque.

Et Michel emmena Alexis, qui fut Alexis pour tout le monde, mais qui, pour Michel, demeura éternellement Soulouque.

XX

DU DANGER QUE PEUT AVOIR UN TROP BON CERTIFICAT

Alexis, à partir de ce moment-là, fit donc partie de la maison.

J'ai bien envie, contre mon habitude, de vous finir tout de suite l'histoire d'Alexis.

Alexis resta à mon service jusqu'à la révolution de février.

Le lendemain de la proclamation de la République, il entra dans mon cabinet et se planta en face de mon bureau.

Ma page finie, je relevai la tête.

Alexis avait la figure épanouie.

— Eh bien, Alexis, lui demandai-je, qu'y a-t-il ?

Nous avions, dans nos dialogues, continué de parler créole.

— Monsieur sait qu'il n'y a plus de domestiques, dit Alexis.

— Non, je ne savais pas cela.

— Eh bien, monsieur, je vous l'apprends.

— Ah ! mon Dieu, mon garçon ! mais il me semble que voilà une bien mauvaise nouvelle pour toi !

— Non, monsieur ; au contraire.

— Tant mieux, alors ! que vas-tu devenir ?

— Monsieur, je voudrais être marin.

— Ah ! comme cela tombe ! tu peux te vanter d'être né sous une fière nébuleuse, toi. J'ai justement un de mes amis qui doit être quelque chose au ministère de la marine.

— M. Arago?

— Peste! comme tu y vas, mon drôle! le ministre, tout bonnement! il est vrai que c'est aussi un de mes amis; mais ce n'est pas de lui qu'il s'agit : il s'agit d'Allier.

— Eh bien?

— Eh bien, je vais te donner un mot pour Allier; Allier t'engagera ou te fera engager dans la marine.

Je pris un morceau de papier, et j'écrivis :

« Mon cher Allier, je t'envoie mon domestique, qui veut absolument devenir amiral; je ne doute pas qu'avec ta protection il n'arrive à ce grade éminent. Mais, comme il faut commencer par le commencement, engage-le d'abord comme mousse.

» Tout à toi,

» A. D. »

— Tiens, dis-je à Alexis, voilà ton brevet.

Et je lui tendis la lettre.

— Monsieur a mis l'adresse? demanda Alexis, qui parlait créole, mais qui n'écrivait ni ne lisait même le créole.

— J'ai mis le nom, Alexis; quant à l'adresse, c'est à toi de la trouver.

— Comment monsieur veut-il que je la trouve?

— Il y a une phrase de l'Évangile qui te servira de lanterne : « Cherche et tu trouveras. »

— Je vais chercher, monsieur.

Et Alexis sortit.

Deux heures après, il rentra radieux; il avait l'air d'un soleil vu à travers un verre noirci.

— Eh bien, Allier?

— Eh bien, monsieur, je l'ai trouvé.

— T'a-t-il bien reçu?

— A merveille... Il dit beaucoup de choses à monsieur.

— Tu lui as expliqué que tu ne voulais plus servir, et que tu sacrifiais à la patrie les trente francs que je te donne par mois?

— Oui, monsieur.

— Et il t'a dit?

— Il m'a dit : « Apporte-moi un certificat de Dumas constatant que tu faisais bien ton service. »

— Ah! ah!

— Et, si monsieur veut me donner ce certificat, eh bien...

— Eh bien?

— Je crois que ma position près de M. Allier est fameuse.

— Réfléchis, Alexis.

— A quoi, monsieur?

— Tu renonces à une bonne place.

— Mais, monsieur, puisqu'il n'y a plus de domestiques.

— Tu feras exception... C'est toujours bon d'être rangé dans les exceptions, va !

— Monsieur, je veux être marin.

— Si c'est ta vocation, Alexis, je ne m'y opposerai pas. Tiens, mon garçon, voici les trente francs de ton mois, — et ton certificat. Il va sans dire que j'ai menti, Alexis, et que le certificat est excellent.

— Merci, monsieur.

Et Alexis disparut comme une muscade.

Quinze jours après, le successeur d'Alexis m'annonça un marin.

— Un marin! qu'est-ce que cela? Je ne connais personne dans la marine.

— Monsieur, c'est un marin nègre.

— Ah! c'est Alexis!... Faites-le entrer, Joseph.

Alexis entra en costume de mousse, son chapeau de toile cirée à la main.

— C'est toi, mon garçon! Cela te va très-bien, le costume de mousse.

— Oui, monsieur.

— Eh bien, voilà tes vœux exaucés, tes souhaits réalisés, tes désirs accomplis?

— Oui, monsieur.

— Tu as l'honneur de servir la République.

— Oui, monsieur.

— Oh! oh! pourquoi me dis-tu cela d'un air si mélancolique? La première condition d'un marin, c'est d'être joyeux.

— C'est que je ne suis marin que dans mes moments perdus, monsieur.

— Comment cela?

— Je ne sers la République qu'après avoir servi M. Allier.

— Tu sers M. Allier?

— Hélas! oui.

— En quelle qualité, Alexis?

— En qualité de domestique, monsieur.

— Mais je croyais qu'il n'y avait plus de domestiques?

— Il paraît que si, monsieur.

— Mais, toi, je croyais que tu ne voulais plus être domestique.

— C'est vrai, je ne le voulais plus.

— Eh bien, alors?

— C'est la faute de monsieur si je le suis.

— Comment, c'est ma faute?

— Oui, monsieur m'a donné un trop bon certificat.

— Alexis, tu parles comme le sphinx, mon ami.

— M. Allier a lu le certificat.

— Ensuite?

—Alors, il a dit : « C'est vrai, tout le bien que ton maître dit de toi? —Oui, monsieur, lui ai-je répondu. — Eh bien, en considération du certificat, je te prends à mon service... »

— Ah! oui!... de sorte que te voilà domestique d'Allier?

— Oui, monsieur.

— Et combien te donne-t-il par mois?

— Rien du tout, monsieur.

— Mais tu attrapes bien, de temps en temps, quelque coup de pied au derrière, quelque taloche sur l'oreille? Je connais Allier ; il n'est pas homme à lésiner sur ce chapitre-là.

— Ah! là-dessus, c'est vrai, monsieur; il ne compte pas, et les appointements sont fameux.

—Eh bien, Alexis, je te fais mon compliment.

— Il n'y a pas de quoi, monsieur.

— Et voilà cent sous pour boire à la santé d'Allier.

— Si cela était égal à monsieur, j'aimerais mieux boire à sa santé, à lui.

— Bois à la santé de qui tu voudras, mon garçon; et dis bien des choses de ma part à Allier.

—Je n'y manquerai, pas, monsieur.

Et Alexis s'en alla moins mélancolique de cinq francs, mais encore bien battu de l'oiseau.

Le pauvre garçon était plus domestique que jamais; seulement, il l'était gratis; — à moins qu'on ne veuille estimer, comme équivalent des trente francs que je lui donnais, les coups de pied au derrière et les taloches sur l'oreille que lui donnait Allier.

XXI

UN NÈGRE MOBILE

Vous croyez peut-être que nous en avons fini avec Alexis?

Point!

Huit jours après les émeutes de juin, je vis entrer Alexis dans mon cabinet.

Il avait le sabre au côté, le chapeau sur l'oreille.

— Oh! oh! lui dis-je, te voilà Alexis!

— Oui, monsieur.

— Tu me sembles tout gaillard, mon ami?

— Oui, monsieur, dit Alexis produisant ses trente-deux dents par un sourire.

— Il s'est donc fait un changement dans ta fortune?

— Oui, monsieur, un grand.

— Et lequel, mon garçon?

— Monsieur, je ne suis plus au service de M. Allier.

— Bon! mais tu es toujours au service de la République?

— Oui, monsieur ; mais...

— Mais quoi, Alexis ?

— Monsieur, je voudrais bien ne plus être marin.

— Comment, tu voudrais ne plus être marin? que veux-tu donc être, inconstant ?

— Monsieur, je voudrais passer dans la mobile

— Dans la mobile, Alexis?

— Oui, monsieur.

— Tu as une raison pour cela ?

— Monsieur, dans la mobile, on est décoré!

— Quand on s'est battu.

— Monsieur, je me battrai, s'il le faut.

— Ah! diable, mais c'est tout un changement de front, cela, mon garçon.

— Monsieur connaît-il le colonel de la mobile.

— Certainement que je le connais, c'est Clary.

— Si monsieur voulait me donner une lettre pour lui...

— Je ne demande pas mieux.

— Seulement..., dit Alexis, et il s'arrêta hésitant.

— Quoi?

— Pas de certificat, s'il vous plaît, monsieur.

— Sois tranquille.

Je lui donnai une lettre pour Clary, cette fois avec une adresse bien en règle.

— Et, maintenant, dit Alexis du même ton que le centurion de Pharsale avait dit à César : « Maintenant, tu ne me verras que mort ou vainqueur! » maintenant, dit Alexis, monsieur ne me reverra pas, ou il ne me reverra qu'avec l'uniforme de la mobile.

Six semaines après, je revis Alexis avec l'uniforme de la mobile.

— Eh bien, Alexis, lui dis-je, tu n'es pas encore décoré?

— Ah! monsieur, ai-je du malheur! depuis que je suis dans la mobile, c'est comme un fait exprès, plus d'émeutes!

— C'est fait pour toi, ces choses-là, mon pauvre Alexis.

— Puis avec cela qu'on va licencier la mobile et nous faire passer dans l'armée.

Et cette nouvelle fut suivie d'un soupir, et Alexis roula ses gros yeux tendres en me regardant.

Ces gros yeux tendres et ce soupir signifiaient : « Oh! si monsieur voulait me reprendre comme domestique, j'aimerais bien mieux servir monsieur que de servir M. Allier, et même que de servir la République. »

Je fis semblant de ne pas voir les yeux, de ne pas entendre le soupir.

— Après cela, lui dis-je, si tu veux rentrer dans la marine...

— Merci, monsieur, dit Alexis; imaginez-vous que le bâtiment sur lequel j'aurais été transporté,

si je n'étais point passé dans la mobile, a fait naufrage; tout a été perdu, corps et biens.

— Que veux-tu, mon garçon! les naufrages, c'est
le pourboire des marins.

— Brrrrou! et moi qui ne sais pas nager; j'aime
encore mieux passer dans l'armée de terre. Mais
c'est égal, si monsieur connaissait une condition,
quand même on ne serait pas si bien que chez monsieur, eh bien, ça me serait encore égal.

— Eh! mon pauvre garçon, huit jours après la
révolution de février, tu me disais : « Il n'y a plus
de domestiques, » et tu te trompais. Mais, huit
mois après la République, je te dis : « Il n'y a plus
de maîtres, » et je crois que je ne me trompe pas.

— Alors, monsieur, vous me conseillez de rester
soldat?

— Non-seulement je te le conseille, mais je ne
sais même pas comment tu pourrais faire autrement.

Alexis poussa un soupir double du premier.

— Je vois bien qu'il faut que je me résigne, dit
Alexis.

— Je crois, en effet, mon garçon, que c'est ce que
tu as de mieux à faire.

Et Alexis sortit, mais mal résigné.

Trois mois après, je reçus une lettre timbrée
d'Ajaccio.

Je ne connaissais âme qui vive à Ajaccio. Qui
donc pouvait m'écrire de la patrie de Napoléon?

Le moyen de me répondre à moi-même sur cette
question était d'ouvrir la lettre.

Je l'ouvris et courus à la fin de l'épître.

Elle était signée : « Alexis. »

Comment Alexis, que j'avais quitté à Paris ne sachant pas écrire, m'écrivait-il d'Ajaccio?

C'est ce que la lettre allait probablement m'apprendre.

Je lus :

« Monsieur et ancien maître,

» J'emprunte la main du fourrier pour vous écrire ces lignes et pour vous dire que je suis dans un chien de pays où il n'y a rien à faire ; excepté les jeunes filles, qui sont jolies, mais auxquelles il n'y a pas moyen de parler, attendu que tout le monde est parent les uns des autres dans l'endroit et que, quand on n'épouse pas à la suite de la chose, on est assassiné.

» Cela s'appelle la vendetta.

» Si donc, monsieur, vous pouviez me retirer de ce chien de pays, où l'on n'ose pas passer près des buissons et où l'on est rongé de vermine, vous rendriez bien service à votre pauvre Alexis, qui vous demande cette faveur au nom de la bonne madame Dorval que vous aimiez tant, et que j'ai appris par les gazettes que nous avions eu le malheur de perdre.

» Je crois, si vous vouliez vous en occuper un peu, que cela ne serait pas bien difficile, attendu que, ne faisant pas un bien bon soldat, je crois que mes supérieurs ne tiennent pas beaucoup à moi. Il faudrait vous adresser en ce cas, monsieur et ancien maître, à mon colonel, dont vous trouverez l'adresse ci-dessous.

» On n'aura pas beaucoup de peine à me reconnaître sur votre désignation. Je suis le seul nègre du régiment.

» Quant à ma manière de retourner à Paris, ne vous en inquiétez pas. Une fois ayant mon congé, on me donnera gratis passage sur un bâtiment jusqu'à Toulon ou jusqu'à Marseille. Une fois à Toulon ou à Marseille, j'irai à Paris, *cum pedibus et jambibus.*

» Mon fourrier m'explique que cela veut dire sur mes pieds et mes jambes.

» Maintenant, monsieur et ancien maître, si j'étais assez heureux de rentrer chez vous, je m'engage solennellement à vous servir pour rien s'il le faut, et à vous mieux servir, je m'en vante, que quand vous me donniez trente francs par mois.

» Si, cependant, dans votre désir de me revoir plus vite, vous vouliez m'envoyer quelque monnaie, afin de ne pas prendre congé de mes camarades comme un pleutre, elle serait la bienvenue, pour boire à votre santé et faciliter le voyage.

» Je suis et serai toujours, mon bon et ancien maître, votre dévoué domestique,

» ALEXIS. »

Suivait l'adresse du colonel.

XXII

RENTRÉE D'ALEXIS

Vous avez déjà deviné ce que je fis, n'est-ce pas?

J'allai trouver, au ministère de la guerre, mon bon et cher ami Charras; je le priai d'appuyer ma demande auprès du colonel, à qui j'écrivis à l'instant même sur du papier du ministère, dans lequel j'introduisis un bon de cinquante francs destiné partie à être bue à ma santé, partie à faciliter le voyage.

Puis j'attendis avec le calme du juste.

Six semaines après, je vis apparaître Alexis.

— Eh bien, lui dis-je, te voilà donc?

— Oui, monsieur.

— Décidé à rentrer à mon service pour la nourriture, le logement et l'habit?

— Oui, monsieur.

— Et tu ne me demanderas jamais un sou?

— Non, monsieur.

— Je te reprends à ces conditions.

— Ah! je savais bien que monsieur me reprendrait, s'écria Alexis tout joyeux.

— Un instant, mon garçon, ne te figure pas que je te reprends parce que tu me manques; tu te tromperais énormément, Alexis.

— Je sais que monsieur me reprend par bonté, voilà tout.

— Bravo! Qu'as-tu appris là-bas?

— A faire de la cire à giberne, à astiquer les buf-fleteries et à tenir les fusils propres. Si monsieur veut me confier ses fusils, il verra.

— Je te confierai mieux que cela, Alexis ; je te confierai ma personne.

— Comment! je vais rentrer chez monsieur comme valetde chambre?

— Oui, Alexis, attendu qu'il y a peut-être encore des valets de chambre; mais je n'en ai plus, moi. Mets-toi à la recherche de ton ancienne livrée, et reprends ton service.

— Où peut-elle être, monsieur, mon ancienne livrée?

— Oh! je n'en sais rien; cherche, mon garçon, cherche. C'est comme l'adresse d'Allier, il n'y a que l'Évangile, toujours, qui puisse te donner de l'espoir là-dessus.

Alexis sortit pour se mettre à la recherche de son ancienne livrée.

Il rentra, la tenant à la main.

— Monsieur, dit-il, d'abord elle est mangée des vers, et puis je ne peux plus entrer dedans.

— Diable! Alexis, que faire?

— Est-ce que monsieur n'a pas toujours son même tailleur? demanda Alexis.

— Non, il est mort, et je ne lui ai pas encore donné de successeur.

— Diable ! comme dit monsieur, que faire?

— Va demander à mon fils l'adresse de son tailleur, et cherche dans ma garde-robe quelque chose à ta guise.

— Merci, monsieur.

— En attendant, sers-moi en tourlourou, mon garçon. Seulement, débarrasse-toi de cette espèce de carquois en fer-blanc que tu portes sur l'épaule ou laisses-en sortir les flèches au moins, afin que l'on te prenne pour l'Amour.

—Ce ne sont point des flèches qu'il y a dedans, monsieur : c'est mon congé.

— C'est bien, débarrasse-toi de ton congé.

Trois ou quatre jours après, je vis entrer une espèce de fashionable en pantalon vert-chou, à carreaux gris, avec une redingote noire, un gilet de piqué blanc, une cravate de batiste.

Le tout était surmonté de la tête d'Alexis.

J'eus quelque peine à le reconnaître.

— Qu'est-ce que c'est que cela ? demandai-je.

— C'est moi, monsieur.

— Mais tu es donc entretenu par une princesse russe ?

— Non, monsieur.

— D'où te vient tout cela ?

— Dame, monsieur m'a dit : « Cherche dans ma garde-robe quelque chose à ta guise. »

— Et tu as cherché ?

— Oui, monsieur.

— Et tu as trouvé ?

— Oui, monsieur.

— Approche donc.

— Me voilà, monsieur.

— Mais, Dieu me pardonne, c'est mon pantalon neuf, Alexis !

— Oui, monsieur.

— Mais, le diable m'emporte, c'est ma redingote neuve, Alexis !

— Oui, monsieur.

— Ah çà ! mais tu as donc le diable au corps ?

— Pourquoi cela, monsieur ?

— Comment ! tu me prends tout ce que j'ai de mieux ? Eh bien, mais... et moi ?

— Dame, j'ai pensé que, comme monsieur travaille du matin jusqu'au soir...

— Oui.

— Que, comme monsieur ne sort jamais...

— Non.

— Il ne tiendrait pas à être bien mis.

— Voyez-vous !

— Tandis que moi, qui cours la ville...

— Bon !

— Qui fais toutes ses commissions...

— Après ?

— Qui vais chez les femmes...

— Faquin !

— Monsieur tiendrait à ce que je fusse bien mis.

— Un imparfait du subjonctif, il ne te manquait plus que cela !

— Mettez-lui vos croix tout de suite, monsieur, dit Michel en entrant ; ça fait qu'on le prendra pour le fils de Sa Majesté Faustin Ier, et tout sera dit.

— Et, en attendant, je n'ai plus de pantalon ni de redingote, moi.

— Si fait, monsieur, dit Alexis, vous avez les vieux.

Alexis avait fait raison.

Il y a tant de gens en ce monde qui m'ont pris

mes hardes neuves et qui ne m'ont pas même laissé
les vieilles !

XXIII

FIN MARTIALE D'ALEXIS

D'ailleurs, n'ayant plus ma redingote neuve et mes
pantalons neufs, j'eus un double motif de rester à la
maison, et le travail s'en ressentit.

Puis je me dis : « Le pauvre Alexis *croit* qu'il me
sert gratis ; il est trop juste que son orgueil soit satisfait, son intérêt étant lésé. »

J'ai souligné le mot *croit* ; car j'espère que vous
n'avez pas supposé un instant, chers lecteurs, qu'A-
lexis me servait gratis.

Je voulais voir quelle différence il y avait entre
Alexis touchant trente francs par mois et Alexis me
servant gratis.

Je dois lui rendre cette justice de dire qu'il n'y en
avait aucune.

Mais je comptais, à un moment donné, faire à
Alexis *un rappel*, comme on dit en matière de bu-
reaucratie.

Maintenant, vous savez, ou vous ne savez pas que
le 7 décembre 1852, je partis pour Bruxelles.

Alexis me suivit.

Je descendis à l'hôtel de l'*Europe*.

Là, j'avais tous les garçons de l'hôtel pour faire
mon service.

Ce fut ce qui perdit Alexis.

Je connaissais Bruxelles et n'avais aucune curiosité pour la ville.

Je me mis donc au travail à peine débarqué.

Mais Alexis ne connaissait pas la ville et désirait la connaître.

Il en résulta que, n'ayant rien à faire, il fit des études comparatives sur la langue française, la langue belge et la langue créole.

Au milieu de ces études, il me vint l'idée, au lieu de rester à l'hôtel, de louer et de meubler une petite maison.

Je louai et je meublai une petite maison.

Or, il arriva ceci, que, lorsque j'entrai dans la petite maison que je venais de louer, Alexis avait contracté un tel besoin de continuer ses études, qu'il sortait à huit heures du matin, rentrait à onze pour déjeuner, ressortait à midi, rentrait à six heures, ressortait à sept et rentrait à minuit.

Si bien qu'un jour, je l'attendis à une de ses rentrées et lui dis :

— Alexis, je vais t'annoncer une nouvelle qui te fera plaisir : mon garçon, je viens d'engager un domestique pour nous servir. Seulement, ne l'emmène pas avec toi quand tu sors.

Alexis me regarda avec ses gros yeux, où il n'y avait pas un grain de méchanceté.

— Je vois bien, dit-il, que monsieur me renvoie.

— Remarque bien, Alexis, que je n'ai pas dit un mot de cela.

— Au fait, j'avoue une chose...

— Laquelle, Alexis?

— C'est que je reconnais moi-même que je ne fais pas l'affaire de monsieur.

— Si tu le reconnais, Alexis, je suis trop bon maître pour te démentir.

— Et puis ma résolution est prise.

— C'est déjà beaucoup que d'avoir pris une résolution.

— Décidément, monsieur, ma vocation est d'être soldat!

— Je te répondrai comme Louis-Philippe à M. Dupin : « Je le pensais comme vous, mon cher monsieur; seulement, je n'osais pas vous le dire. »

— Quand monsieur veut-il que je parte?

— Fixe ton départ toi-même, Alexis.

— Aussitôt que monsieur m'aura donné de quoi faire mon voyage.

— Voici cinquante francs.

— Combien la place pour Paris, monsieur?

— Vingt-cinq francs, Alexis ; car je présume que tu ne t'en iras pas en premières.

— Oh! non, bien certainement... Il me restera donc vingt-cinq francs!

— Il te restera bien plus que cela, Alexis.

— Combien me restera-t-il donc?

— Il te restera quatre cent cinquante francs, plus vingt-cinq francs, total quatre cent soixante-quinze francs.

— Je ne comprends pas, monsieur.

— Tu me sers depuis quinze mois; quinze mois à trente francs font juste quatre cent cinquante francs.

— Mais, dit Alexis rougissant sous sa couche de noir, je croyais que je servais monsieur pour rien.

— Eh bien, tu te trompais, Alexis. C'était un moyen de te faire une caisse d'épargne ; si tu veux t'en aller à pied et acheter de la rente avec les quatre cent soixante-quinze francs que tu possèdes, tu as vingt-trois francs soixante-quinze centimes de revenu.

— Et monsieur va me donner quatre cent soixante-quinze francs ?

— Sans doute.

— Ça ne se peut pas

— Comment ! cela ne se peut pas, Alexis ?

— Non, monsieur ; car, enfin, puisque monsieur ne me devait rien, même quand je l'aurais bien servi, pour l'avoir mal servi, monsieur ne peut pas me devoir quatre cent soixante-quinze francs.

— C'est cependant comme cela, Alexis. Seulement, je te préviens que les lois belges sont très-sévères, et que, si tu refuses, je puis te forcer.

— Je ne voudrais pas faire un procès à monsieur, bien certainement ; je sais que monsieur ne les aime pas.

— Alors, fais des concessions, Alexis : prends tes quatre cent soixante-quinze francs.

— Je proposerai un arrangement à monsieur.

— Lequel ? Voyons, Alexis, je ne demande pas mieux que de nous arranger.

— Si monsieur me donne les quatre cent soixante-quinze francs d'un coup, je les dépenserai d'un coup.

— C'est probable.

— Tandis qu'au contraire, si monsieur a la bonté de me donner une autorisation de toucher cinquante francs par mois sur M. Cadot, son éditeur...

— Cela va, Alexis.

— J'en aurai pour huit mois à vivre comme un prince, et, le neuvième mois, avec les soixante-quinze francs restants, je m'engagerai.

— Sapristi ! Alexis, je ne te savais pas si fort en économie politique.

Je donnai à Alexis vingt-cinq francs argent pour payer sa place, et une délégation sur Cadot.

Après quoi, il me demanda ma bénédiction et partit pour Par's.

Pendant huit mois, on ne vit qu'Alexis sur les boulevards, où il était connu sous le nom du prince Noir.

Puis, le neuvième mois, comme il l'avait résolu, il s'engagea.

Hâtons-nous de dire que, cette fois, Alexis avait trouvé sa véritable vocation, comme l'indique la lettre suivante, que je reçus de lui deux ans après son départ :

« Monsieur et cher maître,

» La présente est pour m'informer d'abord de votre santé et ensuite pour vous dire que je suis on ne peut plus satisfait. J'ai fait de grands progrès dans les armes, et je viens d'être reçu prévôt de salle. Il n'est pas que monsieur sache que, lorsqu'on obtient ce grade, il est d'habitude que l'on traite les camarades.

» Je connais monsieur et ne lui dis que cela : *il est d'habitude que l'on traite les camarades.*

» Recevez, monsieur, l'assurance de mes sentiments éternels d'affection et de reconnaissance.

» ALEXIS. »

Alexis traita ses camarades; je ne veux pas vous dire qu'il leur donna le festin de Trimalcion ou le dîner de Monte-Cristo, mais enfin il les traita.

Alexis jouit aujourd'hui de l'amitié de ses camarades et de l'estime de ses chefs, auxquels je le recommande comme le plus honnête garçon et le meilleur cœur que je connaisse.

Par malheur, il y a une chose qui s'opposera toujours à l'avancement d'Alexis : c'est qu'il ne sait ni lire ni écrire; autrefois, l'empereur avait créé pour les braves dans sa position un grade tout particulier, dans lequel il n'était pas besoin de littérature.

Il les faisait gardes du drapeau : c'était leur bâton de maréchal.

Voilà, chers lecteurs, l'histoire d'Alexis.

Maintenant, revenons au second Auvergnat et à son second *chinge*.

XXIV

MAQUET PAYE UN SECOND MARI A MADEMOISELLE DESGARCINS

Vous vous rappelez que l'Auvergnat insistait pour me vendre son second singe, et qu'à ses instances je répondais qu'il me faudrait, si je faisais cette acquisition, un domestique rien que pour les singes.

Ce fut à cette occasion que Michel, homme de ressources, me proposa de faire Soulouque surintendant des quadrumanes ; lequel nom de Soulouque m'a forcé de donner sur Alexis les indications que vous venez de lire.

Ces indications données, je reprends le fil de ma narration.

— Et combien vendrais-tu ton singe? demandai-je à l'Auvergnat.

— Monchieur chait bien le prix qu'il a paya l'autre.

— J'ai payé l'autre quarante francs, un cochon d'Inde et deux souris blanches.

— Eh bien, ça chera quarante francs, un cochon d'Inde et deux chouris blanches.

— Achetez donc ce charmant animal, dit Giraud.

— Achète donc ce malheureux singe, dit à son tour Alexandre.

— Écoutez donc! écoutez donc! vous êtes charmants, vous! quarante francs, c'est une somme! et un cochon d'Inde et deux souris blanches, ça ne se trouve pas sous le pas d'un cheval.

— Messieurs, dit Alexandre, il y a une chose que je prouverai un jour, c'est que mon père est l'être le plus avare qui existe au monde.

On se récria.

— Je le prouverai, dit Alexandre.

— C'est malheureux, dit Giraud, vois donc l'aimable bête!

Et il tenait entre ses bras le singe, qui l'embrassait à pincettes.

— Avec cela, dit Michel, qu'il ressemble comme deux gouttes d'eau à votre voisin, monsieur...

— Oh! comme c'est vrai! s'écria tout le monde.

— Bon! reprit Giraud, et moi qui ai un portrait à faire de lui pour Versailles... Ma foi, tu devrais bien l'acheter, je le ferais poser pour la tête, et ça avancerait diablement ma besogne.

— Voyons, achetez-le, dirent les assistants.

— Eh bien, l'avarice de mon père est-elle prouvée? s'écria Alexandre.

— Mon cher Dumas, dit Maquet, sans me ranger à l'avis de votre fils, voulez-vous me permettre de vous offrir le dernier des Laidmanoir?

— Bravo, Maquet! bravo, Maquet! cria la société; donnez une leçon à ce pingre-là.

Je m'inclinai.

— Mon cher Maquet, lui dis-je, vous savez que tout ce qui vient de vous est le bienvenu ici.

— Il accepte! s'écria Alexandre, vous le voyez, messieurs.

— Certainement que j'accepte. — Voyons, jeune Auvergnat, embrasse ton *chinge* pour la dernière fois, et, si vous avez des larmes à répandre, répandez-les tout de suite.

— Et mes quarante francs, mon cochon d'Inde et mes chouris blanches?

— Toute la société t'en répond.

— Voyons, rendez-moi mon chinge, dit l'Auvergnat en tendant les deux bras vers Giraud.

— Tu vois, dit Alexandre, la jeunesse est confiante.

Maquet tira deux pièces d'or de sa poche.

— Tiens, dit-il, voici d'abord le principal.

— Et le cochon d'Inde et les chouris blanches? fit l'Auvergnat.

— Ah! quant à cela, dit Maquet, je ne peux que t'en offrir l'équivalent. A combien estimes-tu un cochon d'inde et deux souris blanches?

— Je crois que cha coûte dix francs.

— Veux-tu te taire, jeune môme, cria Michel : un franc le cochon d'Inde et un franc vingt-cinq centimes chaque souris blanche, total trois francs cinquante centimes; donnez-lui cinq francs, monsieur Maquet, et, s'il n'est pas content, je me charge de lui faire son compte, moi.

— Oh! monsieur le chardinier, vous n'êtes pas raichonnable.

— Tiens, dit Maquet, voilà cinq francs.

— Maintenant, dit Michel, frottez vos deux museaux l'un contre l'autre, et que tout soit dit.

L'Auvergnat se rapprocha de Giraud, les bras ouverts; mais, au lieu de sauter dans les bras de son ex-propriétaire, le dernier des Laidmanoir se cramponna à la barbe de Giraud et poussa des cris de terreur en faisant la grimace à l'Auvergnat.

— Bon! dit Alexandre, il ne manquait plus aux singes que d'être ingrats. Payez vite, Maquet, payez vite, il finirait par vous le vendre pour un homme.

Maquet donna les derniers cinq francs, et l'Auvergnat prit le chemin de la porte.

Au fur et à mesure que l'Auvergnat disparaissait,

le dernier des Laidmanoir donnait des signes manifestes de satisfaction.

Lorsqu'il eut disparu tout à fait, le singe se livra à une danse qui était évidemment le cancan des singes.

— Mais regardez donc ! dit Giraud, regardez donc !

. — Nous regardons, parbleu !

— Mais non : dans la cage, voyez donc mademoiselle Desgarcins.

Et, en effet, la guenon, qui ne s'était pas laissé imposer par le costume de bergère du nouveau venu, mademoiselle Desgarcins lui faisait, de l'intérieur de la cage, vis-à-vis de toutes ses forces.

— Ne retardons pas le bonheur de ces intéressants animaux, dit Maquet.

Et la chaîne fut détachée, et la porte fut ouverte, et le dernier des Laidmanoir fut introduit dans la cage.

Alors, à la façon dont se précipitèrent l'un vers l'autre les deux corps de mademoiselle Desgarcins et du dernier des Laidmanoir, on eut une nouvelle preuve que le système des âmes errantes de Platon n'est pas si défectueux que voudraient le faire croire les gens qui ne croient à rien.

XXV

COMMENT MADEMOISELLE DESGARCINS FAIT SAUTER LE BOUCHON

Je vous déclare qu'il n'y avait rien de plus grotesque au monde que les noces de mademoiselle Desgarcins, dans sa simple tenue de guenon, avec le dernier des Laidmanoir, habillé en bergère, présidées par Potich, vêtu en troubadour.

Potich, hâtons-nous de le dire, paraissait fort maussade de cette union, et, s'il avait eu encore la fameuse épée avec laquelle il espadonnait contre son maître le jour où je fis sa connaissance, il est probable que, profitant du bénéfice de l'article 324 du Code pénal, il eût, en sa qualité d'époux outragé dans le domicile conjugal, lavé son affront dans le sang du dernier des Laidmanoir.

Mais, par bonheur, Potich n'avait point d'arme, et, la démonstration hostile qu'il fit ayant été suivie d'une épouvantable volée que lui donna le dernier des Laidmanoir, les choses en restèrent là.

Non pas que Potich fût de ces époux commodes qui ferment les yeux sur ce qui se passe autour d'eux : tout au contraire, et les chagrins que Potich éprouva dans son intérieur le conduisirent, dix-huit mois plus tard, à la mort.

Sur ces entrefaites, Alexis apparut, apportant sur un plateau trois ou quatre verres, une bouteille de vin de Chablis et une bouteille d'eau de Seltz.

— Tiens, dit Alexandre, j'ai une idée.

— Laquelle ?

— C'est de faire déboucher la bouteille d'eau de Seltz par mademoiselle Desgarcins.

Et, sans même attendre que son idée fût approuvée, Alexandre prit la bouteille d'eau de Seltz et la déposa sur le plancher de la cage dans la position d'un canon couché sur son affût.

On dit : « Curieux comme un singe. »

Alexandre avait à peine retiré sa tête et son bras de la cage, que mes trois drôles, la drôlesse comprise, entouraient la bouteille et la regardaient avec curiosité.

La guenon comprit la première que la mécanique, quelle qu'elle fût, se trouvait dans les quatre ficelles en croix qui maintenaient le bouchon.

En conséquence, elle attaqua la ficelle avec ses doigts ; mais ses doigts, si nerveux et si adroits qu'ils fussent, n'y pouvaient rien.

Alors, elle eut recours aux dents.

Cette fois, ce fut autre chose.

Au bout de quelques secondes de travail, une ficelle se rompit.

Il en restait trois.

Mademoiselle Desgarcins se remit immédiatement à la besogne et en attaqua une seconde.

Les deux acolytes, assis sur leur derrière, à sa droite et à sa gauche, la regardaient faire avec une curiosité croissante.

La seconde ficelle céda.

Les deux autres étaient tournées du côté de la terre.

Potich et le dernier des Laidmanoir, momentanément raccommodés, en apparence du moins, prirent
la bouteille avec une adresse merveilleuse, et lui
firent faire un demi-tour sur elle-même.

Les deux dernières ficelles se trouvèrent en l'air.

La guenon, sans perdre de temps, attaqua la troisième ficelle.

Puis, la troisième rompue, elle passa à la quatrième.

Plus l'opération approchait du dénoûment, plus
l'attention était grande.

Il va sans dire que les spectateurs étaient aussi
intéressés que les acteurs.

Bêtes et gens retenaient leur souffle.

Tout à coup, une détonation terrible se fit entendre. Mademoiselle Desgarcins fut jetée à la renverse
par le bouchon et couverte d'eau de Seltz, tandis
que Potich et le dernier des Laidmanoir bondis-
saient jusqu'au plafond de leur cage en poussant des
cris perçants.

Il y avait dans toutes ces singeries, côtoyant les
émotions humaines, un *vis comica* dont on ne sau-
rait se faire une idée.

— Oh! s'écria Alexandre, je donne ma part d'eau
de Seltz pour voir mademoiselle Desgarcins déboucher une seconde bouteille.

Mademoiselle Desgarcins s'était relevée, s'était
secouée, et était allée rejoindre au plafond de la
cage ses deux congénères, qui, la tête en bas, sus-
pendus par la queue comme deux lustres, continuaient de pousser des cris inhumains.

— Et le petit Dumas qui croit qu’elle s’y laissera reprendre ! dit Giraud.

— Ma foi, dit Maquet, je n’en serais pas étonné : je crois que la curiosité est encore plus forte que la peur.

— Eux, dit Michel, autant vous leur donnerez d’eau de Seltz, autant ils en déboucheront; c’est entêté comme des mulets, ces animaux-là.

— Vous croyez, Michel?

— Monsieur sait comment on les prend dans leur pays?

— Non, Michel.

— Comment ! monsieur ne sait pas cela? dit Michel du ton d’un homme plein de miséricorde pour mon ignorance.

— Dites-nous cela, Michel.

— Monsieur sait que les singes sont très-friands de blé de Turquie ?

— Oui.

— Eh bien, monsieur, on met du blé de Turquie dans une bouteille, dont le goulot est large tout juste pour laisser passer la patte du singe.

— Bon, Michel.

— Au travers de la bouteille, ils voient le blé de Turquie.

— Allez, Michel, allez.

— Ils fourrent leur patte par le goulot et prennent, dans cette patte, une poignée de blé de Turquie. Dans ce moment-là, le chasseur se montre. Ils sont si entêtés — eux, — les singes...

— J’entends bien.

— Ils sont si entêtés, qu’ils ne veulent pas lâcher

ce qu'ils tiennent; mais, comme la patte qui a passé ouverte ne peut pas repasser fermée, on les prend, monsieur, la main dans le sac.

— Eh bien, Michel, si jamais nos singes se sauvent, vous savez la manière de les rattraper.

— Oh! monsieur peut être tranquille, je n'en ferai pas d'autre.

— Alexis, cria Michel, une seconde bouteille d'eau de Seltz!

Nous devons dire, pour rendre hommage à la vérité, que l'expérience fut renouvelée une seconde fois, et même une troisième, exactement dans les mêmes conditions, et à la glorification de Michel.

Alexandre voulait continuer, mais je fis observer que la pauvre mademoiselle Desgarcins avait le nez enflé, les gencives en sang et les yeux hors de la tête.

—Ce n'est pas cela, dit Alexandre, c'est ton eau de Seltz que tu veux épargner. Je vous l'avais bien dit, messieurs, que mon père, tout en ayant l'air d'un prodigue, était, au fond, l'homme le plus avare de la terre.

XXVI

INFAME CONDUITE DE POTICH, DU DERNIER DES LAIDMANOIR, DE MADEMOISELLE DESGARCINS ET DE MISOUFF II

Pardon de la digression, mais nous arrivons enfin à Mysouff II.

Un matin qu'après avoir travaillé jusqu'à trois heures, j'étais encore dans mon lit à huit, j'entendis ma porte s'ouvrir doucement.

J'ai déjà dit que, si doucement que s'ouvre ma porte et si profondément que je dorme, je me réveille immanquablement à la seconde même où ma porte s'ouvre.

J'ouvris donc les yeux avant même que la porte fût ouverte, et, comme il faisait grand jour, à travers l'entre-bâillement de la porte, je reconnus la tête de Michel.

Michel était visiblement bouleversé.

— Eh bien, monsieur, dit-il, en voilà un malheur!

— Qu'y a-t-il donc, Michel?

— Il y a que ces canailles de singes, je ne sais pas comment ils s'y sont pris, mais ils ont détortillé une maille, puis deux, puis trois, enfin ils ont fait un trou assez grand pour sortir et ils se sont sauvés.

— Eh bien, mais, Michel, le cas était prévu. Il n'y a qu'à prendre trois bouteilles et acheter du blé de Turquie.

— Ah! oui, fit Michel, monsieur rit, mais il ne rira pas tout à l'heure.

— Mais, mon Dieu, Michel, qu'est-il donc arrivé?

— Il est arrivé, monsieur, qu'ils ont ouvert la volière...

— Et que les oiseaux sont envolés? Tant pis pour nous, Michel, mais tant mieux pour eux.

— Il y a, monsieur, que vos six paires de colombes, vos quatorze cailles, et tous vos petits oiseaux,

bengalis, sous-coupés, calfats, damiers, becs-de-co-
rail, cardinaux et veuves, tout est mangé.

— Oh! Michel, les singes ne peuvent pas avoir
mangé les oiseaux.

— Non; mais ils ont été chercher un monsieur
qui les a mangés, lui : — M. Mysouff.

— Ah! diable! il faut voir cela.

— Oui, c'est joli à voir, allez, un vrai champ de
bataille!

Je sautai à bas de mon lit, je passai mon pantalon
à pieds, et m'apprêtai à sortir.

— Attendez, dit Michel, et voyons un peu où ils
sont, les brigands.

Je m'approchai de la fenêtre qui donnait sur le
jardin et je regardai.

Potich se balançait gracieusement, suspendu par
la queue aux branches d'un érable.

Mademoiselle Desgarcins était encore dans la volière, et bondissait joyeusement de l'est à l'ouest et
du sud au septentrion.

Quant au dernier des Laidmanoir, il faisait de la
gymnastique sur la porte de la serre.

— Eh bien, Michel, il s'agit de rattraper tout cela.
Je me charge du dernier des Laidmanoir, chargez-
vous de mademoiselle Desgarcins. Quant au petit
Potich, quand il n'y aura plus que lui, il viendra
tout seul.

— Oh! que monsieur ne s'y fie pas : c'est un hypocrite. Il est raccommodé avec l'autre.

— Comment! avec l'amant de mademoiselle Desgarcins?

— Oui, oui, oui!

— Oh! voilà qui m'attriste pour la race simiane ; je croyais que ces choses-là ne se faisaient que chez les hommes.

— Il ne faut pas regarder ces gaillards-là comme des singes, dit Michel, ils ont fréquenté la société.

— Des Auvergnats, Michel.

— Mais monsieur n'a donc pas lu un procès en adultère qu'il y a eu dernièrement entre un Auvergnat et une Auvergnate?

— Non.

— Eh bien, monsieur, exactement dans la même situation. Le mari a dissimulé, il a fait semblant de partir pour l'Auvergne ; la même nuit, il est revenu, et, ma foi, pincée l'Auvergnate!

— Que voulez-vous, Michel! et quand on pense que ce sont nos pièces et nos romans, à Hugo et à moi, qui sont cause de tout cela. Enfin, il adviendra ce qu'il pourra de nos singes, mais il faut d'abord les rattraper.

— Monsieur est dans le vrai.

— Allons donc, Michel.

Et nous allâmes.

Il y avait certaines précautions à prendre pour arriver jusqu'aux délinquants.

Ces précautions, nous les prîmes, Michel et moi, en vrais chasseurs ; et, quand l'innocent Potich, qui paraissait placé en sentinelle par ses deux complices, donna le signal, il était trop tard. J'étais maître de la porte de la serre et Michel était maître de celle de la volière.

J'entrai dans la serre et je refermai la porte derrière moi.

Voyant la porte fermée, le dernier des Laidmanoir n'essaya pas même de fuir, mais se prépara à la défense.

Il s'accula dans un angle pour avoir ses flancs et ses derrières en sûreté et commença par agiter ses mâchoires d'une façon menaçante.

Je me croyais assez versé dans les trois grands. arts de l'escrime, de la boxe et de la savate pour qu'un duel avec un singe capucin ne m'effrayât pas beaucoup.

Je marchai donc droit au dernier des Laidmanoir, qui, au fur et à mesure que je m'approchais, redoublait de démonstrations hostiles.

Potich était accouru du fond du jardin et se dandinait pour voir, à travers les vitres de la serre, ce qui allait se passer entre moi et le dernier des Laidmanoir, encourageant celui-ci par de petites modulations de gosier tout à fait particulières : tandis qu'à moi, son maître, il me faisait d'horribles grimaces et me crachait, autant que la chose lui était possible, au visage à travers les vitres.

Dans ce moment, la guenon poussa des cris féroces. Michel était la cause de ces cris : il venait de mettre la main dessus.

Ces cris exaspérèrent le dernier des Laidmanoir.

Il se ramassa sur lui-même et se détendit comme une arbalète.

Par un mouvement instinctif, je parai quarte.

Ma main rencontra le corps du singe en pleines côtes et l'envoya dessiner sa silhouette contre la muraille.

Le coup était si violent, que le dernier des Laidmanoir resta un instant pâmé.

Je profitai de cet instant pour l'empoigner par la peau du cou.

Le facies, rouge et enflammé cinq minutes auparavant comme celui d'un membre du Caveau moderne, était devenu pâle comme le masque de Debureau.

— Tenez-vous mademoiselle Desgarcins? demandai-je à Michel.

— Tenez-vous le dernier des Laidmanoir? me demanda Michel à son tour.

— Oui.

— Oui.

— Bravo, alors!

Et nous sortîmes, tenant chacun notre prisonnier à la main, tandis que Potich s'enfuyait au plus haut du seul arbre qu'il y eût dans le jardin, en jetant des cris qui ne pouvaient se comparer qu'aux lamentations d'Électre.

XXVII

UN DÉJEUNER DE CINQ CENTS FRANCS

Pendant ce temps-là, un serrurier avait été appelé, qui remaillait la cage des singes. Mademoiselle Desgarcins et le dernier des Laidmanoir y furent réintégrés après avoir été fessés d'importance.

Cette exécution faisait monter à un suprême de-

gré la gamme des lamentations de Potich. Enfin,
chose incroyable, et qui prouve le besoin que le
singe, comme l'homme, — sa caricature sur tant
de points! — a de l'esclavage, les deux coupables
réincarcérés, Potich descendit de son arbre, s'approcha timidement et obliquement de Michel, et,
avec de petits cris plaintifs, demanda, les mains
jointes, à être réincarcéré avec ses amis.

— Le voyez-vous, l'hypocrite! dit Michel.

Était-ce de l'hypocrisie? était-ce du dévouement?

Je penchai pour le dévouement; Michel maintint
l'hypocrisie.

En somme, qu'avaient fait de mieux Régulus, retournant à Carthage pour acquitter sa parole; le roi
Jean, se remettant aux mains des Anglais pour retrouver la comtesse de Salisbury?

Potich fut pardonné en considération de son repentir.

Michel le prit par la peau du cou et le jeta dans
la cage, où il fit sa rentrée sans que le dernier des
Laidmanoir et mademoiselle Desgarcins daignassent
faire attention à sa compagnie.

Quand la guenon n'aime pas, il paraît qu'elle est
presque aussi cruelle que la femme.

Restait Mysouff.

Mysouff, oublié dans la volière, continuait de
croquer, avec l'indifférence d'un criminel endurci,
les bengalis, les damiers et les veuves.

Il avait fait, comme le vicomte de V..., un déjeuner de cinq cents francs.

Vous allez me demander, chers lecteurs, ce que
signifie la comparaison.

Eh bien, le vicomte de V..., frère du comte Horace de V..., et l'un des plus fins gourmets de France, — non-seulement de France, mais d'Europe, non-seulement d'Europe, mais du monde entier, — hasarda un jour, dans une réunion, — moitié artistes, moitié gens du monde, — cette proposition :

— Un homme seul peut manger un dîner de cinq cents francs.

On se récria.

— Impossible, dirent deux ou trois voix.

— Il est bien entendu, reprit le vicomte, que dans le mot *manger* est sous-entendu le mot boire.

— Parbleu!

— Eh bien, je dis qu'un homme, quand je dis un homme je ne parle pas d'un charretier, n'est-ce pas? je sous-entends un gourmet, un élève de Montrond ou de Courchamp, — eh bien, je dis qu'un gourmet, un élève de Montrond ou de Courchamp, peut manger un dîner de cinq cents francs.

— Vous, par exemple ?

— Moi, par exemple.

— Parieriez-vous ?

— Parfaitement.

— Je tiens les cinq cents francs, dit un des assistants.

— Et, moi, je les mange, dit le vicomte de V...

— Voyons, établissons bien le fait.

— C'est bien simple à établir... Je dîne au café de Paris, je fais ma carte comme je l'entends et je mange pour cinq cents francs à mon dîner.

— Sans rien laisser dans les plats ni sur l'assiette ?

— Pardon, je laisse les os.

— C'est trop juste.

— Et quand le pari aura-t-il lieu ?

— Demain, si vous voulez.

— Alors, vous ne déjeunerez pas ? demanda un des assistants.

— Je déjeunerai comme à mon ordinaire.

— Soit ; demain, à sept heures, au café de Paris.

Le même jour, le vicomte de V... alla dîner, comme d'habitude, au restaurant fashionable. Puis, après le dîner, pour ne pas être influencé par des tiraillements d'estomac, le vicomte se mit en devoir de dresser sa carte pour le lendemain.

On fit venir le maître d'hôtel. C'était en plein hiver ; le vicomte avait indiqué force fruits et primeurs ; la chasse était fermée, il voulait du gibier.

Le maître d'hôtel demanda huit jours.

Le dîner fut remis à huit jours.

A la droite et à la gauche de la table du vicomte devaient dîner les juges du camp.

Le vicomte avait deux heures pour dîner, de sept à neuf.

Il pouvait, à son choix, parler ou ne point parler.

A l'heure fixée, le vicomte entra, salua les juges du camp et se mit à table.

La carte était un mystère pour les adversaires. Ils devaient avoir le plaisir de la surprise.

Le vicomte s'assit. On lui apporta douze douzaines d'huîtres d'Ostende, avec une demi-bouteille de johannisberg.

Le vicomte était en appétit : il redemanda douze

autres douzaines d'huîtres d'Ostende, et une autre demi-bouteille du même cru.

Puis vint un potage aux nids d'hirondelles, que le vicomte versa dans un bol et but comme un bouillon.

— Ma foi, messieurs, dit-il, je me sens en train aujourd'hui, et j'ai bien envie de me passer une fantaisie.

— Faites, pardieu ! vous êtes bien le maître.

— J'adore les biftecks aux pommes.— Garçon, un bifteck aux pommes.

Le garçon, étonné, regarda le vicomte.

— Eh bien, dit-il, vous ne comprenez pas?

— Si fait; mais je croyais que M. le vicomte avait fait sa carte.

— C'est vrai; mais c'est un extra, je le payerai à part.

Les juges du camp se regardaient. On apporta le bifteck aux pommes, que le vicomte dévora jusqu'à la dernière rissole.

— Là !... Le poisson, maintenant.

On apporta le poisson.

— Messieurs, dit le vicomte, c'est une ferra du lac de Genève. Ce poisson ne se trouve que là ; mais, cependant, on peut se le procurer. On me l'a montré ce matin, tandis que je déjeunais, il était encore vivant. On l'a transporté de Genève à Paris dans l'eau du lac. Je vous recommande les ferras, c'est un manger délicieux.

Cinq minutes après, il n'y avait plus que les arêtes sur l'assiette.

— Le faisan, garçon ! dit le vicomte.

On apporta un faisan truffé.

— Une seconde bouteille de bordeaux, même cru.

On apporta la seconde bouteille.

Le faisan fut troussé en dix minutes.

— Monsieur, dit le garçon, je crois que vous avez fait erreur en demandant le faisan truffé avant le salmis d'ortolans.

— Ah! c'est pardieu vrai! Par bonheur, il n'est pas dit dans quel ordre les ortolans seront mangés; sans quoi, j'avais perdu. Le salmis d'ortolans, garçon!

On apporta le salmis d'ortolans.

Il y avait dix ortolans; le vicomte en fit dix bouchées.

— Messieurs, dit le vicomte, ma carte est bien simple maintenant : des asperges, des petits pois, un ananas et des fraises. En vin : une demi-bouteille de constance, une demi-bouteille de xérès, retour de l'Inde. Puis le café et les liqueurs, bien entendu.

Chaque chose vint à son tour : fruits et légumes, tout fut mangé consciencieusement; vins et liqueurs, tout fut bu jusqu'à la dernière goutte.

Le vicomte avait mis une heure quatorze minutes à faire son dîner.

— Messieurs, dit-il, les choses se sont-elles passées loyalement?

Les juges du camp attestèrent.

— Garçon, la carte!

On ne disait pas encore *l'addition* à cette époque.

Le vicomte jeta un coup d'œil sur le total, et passa la carte aux juges du camp.

Voici cette carte :

Huîtres d'Ostende, 24 douzaines . .	30 fr.	»
Soupe aux nids d'hirondelles . . .	150	»
Bifteck aux pommes	2	»
Faisan truffé.	40	»
Salmis d'ortolans.	50	»
Asperges	15	»
Petits pois.	12	»
Ananas.	24	»
Fraises	20	»

VINS.

Johannisberg, une bouteille	24	»
Bordeaux, grands crus, deux bou- teilles.	50	»
Constance, une demi-bouteille. . .	40	»
Xérès, retour de l'Inde, une demi- bouteille	50	»
Café, liqueurs.	1	50 c.

508 fr. 50 c.

On vérifia l'addition, elle était exacte.

On porta la carte à l'adversaire du vicomte, qui dînait dans le cabinet du fond.

Il parut au bout de cinq minutes, salua le vicomte, tira de sa poche six billets de mille francs et les lui présenta.

C'était le montant du pari.

— Oh ! monsieur, dit le vicomte, cela ne pressait pas ; peut-être, d'ailleurs, eussiez-vous désiré votre revanche ?

8.

— Seriez-vous disposé à me la donner, monsieur ?

— Parfaitement.

— Quand cela ?

— Mais, dit le vicomte avec une simplicité sublime, tout de suite, monsieur, si cela vous fait plaisir.

Le perdant réfléchit pendant quelques secondes.

— Ah ! ma foi, non, dit-il ; après ce que j'ai vu, je vous crois capable de tout.

XXVIII

PROCÈS ET CONDAMNATION DE MISOUFF

Nous avons laissé Mysouff croquant les bengalis, les damiers et les veuves dans la volière.

Lui ne fut pas difficile à prendre.

On ferma la volière, et l'on eut le coupable à la disposition de la justice.

Il s'agissait de statuer sur son sort.

Michel opinait pour un seul coup de fusil.

Je m'opposai à cette exécution, qui me paraissait un peu trop brutale.

Je proposai d'attendre le dimanche suivant, et de faire juger Mysouff par les amis du dimanche.

Outre les amis hebdomadaires, on pouvait faire une convocation extraordinaire.

La convocation fut résolue, et le jugement remis au dimanche suivant.

En attendant, Mysouff fut incarcéré dans le théâtre même du crime. Michel enleva jusqu'au dernier des cadavres dont il se repaissait sans remords. Il fut mis au pain et à l'eau, et Michel se constitua son gardien.

Le dimanche suivant, les amis hebdomadaires étant venus, les amis extraordinaires étant convoqués, on se trouva en nombre suffisant pour procéder au jugement.

Michel fut nommé procureur général, et Nogent-Saint-Laurent défenseur d'office.

Je dois dire que les dispositions du jury étaient évidemment mauvaises; aussi, après le discours du procureur général, la condamnation capitale était-elle presque certaine.

Mais l'habile avocat, prenant au sérieux l'accusation, et appelant à son aide toute son éloquence, fit valoir l'innocence de Mysouff, la malice des singes, le peu d'initiative du quadrupède, l'incessante activité des quadrumanes. Il prouva que, se rapprochant des hommes, ils devaient en avoir les mauvaises inspirations. Il montra Mysouff incapable de rêver par lui-même un pareil crime. Il le montra dormant du sommeil du juste; puis, tout à coup, au milieu de ce sommeil inoffensif, réveillé par les abominables animaux qui, placés en face de la volière, méditaient depuis longtemps le crime. On vit Mysouff, à moitié réveillé, détirant ses pattes, ronronnant encore, ouvrant sa gueule rose, où se recourbait une langue pareille à celle des lions héraldiques; écoutant, en secouant les oreilles, — preuve qu'il la repoussait,— l'infâme proposition qu'on osait lui faire; s'y refusant d'abord (l'avocat affirmait que son client avait commencé par s'y refuser); puis, jeune, d'un caractère facile, vicié par la cuisinière, qui, au lieu de lui faire sa pâtée de lait ou de bouillon, comme elle en avait reçu l'ordre positif, avait excité ses appétits carnassiers en lui donnant des morceaux de mou, des restes de cœur de bœuf et des rognures de côtelettes; se laissant aller peu à peu, plutôt par faiblesse et par entraînement que par cruauté et par gourmandise; suivant, encore mal éveillé, les yeux à moitié ouverts et d'un pas chancelant, les misérables singes, véritables instigateurs du crime. Il prit l'accusé dans ses bras, montra ses pattes, fit valoir leur conformation, en appela aux anatomistes, les adjurant de dire si, avec de pareilles pattes, un animal pouvait ouvrir une volière fermée au verrou; enfin, il emprunta à Michel lui-même son fameux *Dictionnaire d'histoire naturelle*; il l'ouvrit à l'article Chat, *chat domestique, chat tigré*; il prouva que Mysouff, pour n'être pas tigré, n'en était que plus intéressant, puisque la nature l'avait doué d'une robe blanche, symbole de son caractère; puis, enfin, il frappa avec véhémence sur le livre.

— Chat! s'écria-t-il, chat!... vous allez voir ce que l'illustre Buffon, l'homme aux manchettes de dentelles, écrivait sur les genoux de la Nature, à propos du chat :

« Le chat, dit M. de Buffon, n'est qu'un domestique infidèle, qu'on ne garde que par nécessité pour l'opposer à d'autres ennemis domestiques encore plus incommodes et qu'on ne peut chasser...; car, quoique le chat, continue M. de Buffon, t'ai surtout quand il est jeune, de la gentillesse, il a en même temps une malice innée, un caractère faux, un naturel pervers, que l'âge augmente encore et que l'éducation ne fait que masquer. »

— Eh bien, s'écria l'orateur après avoir lu cette physiologie de son client, que me reste-t-il à dire maintenant?... Mysouff, le pauvre Mysouff, s'est-il présenté ici avec un faux certificat signé Lacépède ou Geoffroy Saint-Hilaire, pour faire contre-poids à l'article de M. de Buffon? — Non. — C'est la cuisinière elle-même qui l'a été chercher chez M. Acoyer, qui l'a poursuivi jusque dans un tas de fagots, où il s'était réfugié; qui a dit, subrepticement et pour intéresser le cœur du maître, qu'elle l'avait trouvé gémissant dans la cave. Lui a-t-on donné une idée du crime qu'il commettrait en étranglant ces malheureux oiseaux, ces pauvres petites bêtes, bien à plaindre certainement d'être étranglées, mais qui, au bout du compte, — les cailles surtout, destinées à devenir la nourriture de l'homme, — devaient être immolées d'un moment à l'autre, et se trouvent maintenant délivrées des transes qu'elles devaient éprouver chaque fois qu'elles voyaient la cuisinière approcher de leur retraite?... Enfin, messieurs, j'en appelle à votre justice : lorsqu'on a créé un nouveau mot pour excuser le crime chez l'homme, c'est-à-dire chez cet animal à deux pieds et sans plumes, doué du libre arbitre, la *monomanie;* lorsque, grâce au mot, on a sauvé la tête des plus grands criminels, n'admettrez-vous pas que le malheureux et intéressant Mysouff a cédé non-seulement à des instincts naturels, mais encore à des suggestions

étrangères?... J'ai dit, messieurs. Je réclame pour
mon client le bénéfice des circonstances atténuantes.

Des cris d'enthousiasme accueillirent ce plai-
doyer, complétement improvisé ; on vota sous
l'impression de l'éloquence du grand avocat, et,
Mysouff, déclaré coupable de complicité dans l'assassinat des colombes, des cailles, des damiers, des
veuves et des bengalis, mais avec circonstances atténuantes, fut condamné seulement à cinq ans de
singes.

C'est cette peine qu'il subissait, dans la même
cage que les quadrumanes, le jour où Maquet,
Atala Beauchêne, Matharel et mon fils, renseignés par Rusconi, qui venait d'arriver, regardaient
et écoutaient avec ces mouvements divers et quelquefois opposés que l'on éprouve en visitant les
bagnes.

XXIX

DON RUSCONI

Mais je m'aperçois qu'imprudemment et, selon
mon habitude, sans crier gare, je viens d'intro-
duire un nouveau personnage dans ma narration.

Ce personnage, dont je prononce le nom pour la
première fois, est don Rusconi, comme on l'appelle
chez moi et autour de moi.

Don Rusconi est né à Mantoue, comme Virgile et
Sordello.

Ne vous attendez point à ce que je vous donne une biographie de Rusconi : une biographie de Rusconi tiendrait plusieurs volumes, et l'étendue de notre livre ne nous permet point de pareils épisodes.

La vie de Rusconi a trois points culminants.

Il a pris, à l'île d'Elbe, une tasse de café avec Napoléon ; il a conspiré, en 1822, à Colmar avec Carrel ; enfin, il a reçu, à Nantes, des mains de M. de Ménars, le fameux chapeau qui conserve encore aujourd'hui, à ce que l'on assure, dans la famille de l'écuyer de Son Altesse, un précieux souvenir de madame la duchesse de Berry.

Comment Rusconi, après avoir pris le café avec Napoléon à l'île d'Elbe, après avoir conspiré avec Carrel à Colmar, après avoir pris la duchesse de Berry à Nantes, en était-il arrivé à montrer et à expliquer mes singes à la villa Médicis ?

C'est à la fois une odyssée et une iliade.

· Rusconi, qui avait fait la campagne de 1812 avec la division italienne du général Fontanelli, s'était, lors des désastres de 1814, retiré à Milan.

_ Ce fut là qu'il apprit que son empereur, qui avait tant donné de trônes, venait d'en recevoir un.

Il est vrai que la Sainte-Alliance ne s'était pas ruinée en le lui donnant : ce trône, c'était celui de l'île d'Elbe.

Dès lors, Rusconi eut l'idée de consacrer ses services à son empereur.

Par l'entremise de Vantini, procureur impérial à l'île d'Elbe, il obtint la place de commissaire de police spécial à Porto-Ferrajo.

Un jour, une rixe eut lieu entre des soldats de la garde et des bourgeois de la ville; le commissaire de la ville fit son rapport en italien.

Le rapport fut porté à Cambronne.

Cambronne ne savait pas un mot d'italien et espérait ne pas rester assez longtemps à l'île d'Elbe pour avoir besoin de l'apprendre.

Il envoya chercher Rusconi pour lui traduire le rapport de son confrère.

Rusconi en était à la seconde ligne lorsque le général Drouot envoya chercher le rapport.

Comme le général Drouot ne savait pas plus d'italien que Cambronne, il demandait un interprète en même temps que le rapport.

Le général Cambronne envoya le rapport et Rusconi, l'un portant l'autre, au général Drouot.

Le général Drouot allait se mettre à table.

Il invita Rusconi à déjeuner avec lui; Rusconi traduirait au dessert le rapport.

Mais il était écrit là-haut que le rapport ne serait pas traduit.

Les deux convives en étaient au café quand l'empereur entra.

L'empereur venait demander le rapport.

— Mais, lui dit Drouot, il est en italien, sire.

— Eh bien, fit l'empereur, est-ce que je ne suis pas Corse, moi ?

Il prit le rapport et le lut.

Mais, tout en lisant le rapport :

— Vous avez là du café qui sent bon! dit-il à Drouot.

— Si j'osais en offrir à Votre Majesté, dit le général.

— Offrez, Drouot; mais je l'aime chaud, je vous en préviens.

Rusconi se précipita, mit la cafetière d'argent sur des braises rouges, et Napoléon, son rapport lu, eut la satisfaction de prendre une tasse de café bouillant.

Puis il invita Drouot et Rusconi à prendre le leur.

Ils le prirent froid, mais le prirent avec Napoléon.

Voilà comment s'accomplit ce grand événement qui laissa de si profonds souvenirs dans la mémoire de Rusconi.

Rusconi revint en France avec l'empereur; mais, après Waterloo, ce fut pour lui une existence à recommencer.

Il se retira à Colmar, où, grâce à ses études cadastrales, il gagna sa vie en arpentant la France telle que les alliés nous l'avaient laissée.

Mais la France, telle que les alliés nous l'avaient laissée, n'était point la France d son cœur. Il en résulta que Rusconi, ayant fait la connaissance de Carrel, qui conspirait, conspira avec Carrel.

C'était le général Dermoncourt, ancien aide de camp de mon père, qui était la tête de la conspiration.

Elle devait éclater le 1er janvier 1822.

Elle fut découverte le 28 décembre 1821.

Rusconi jouait aux dominos dans son café lorsqu'on vint l'avertir qu'un mandat d'amener étai lancé contre Carrel, le général Dermoncourt et lui.

Il pouvait croire à la nouvelle, car elle lui était apportée par le greffier qui venait de signer les mandats d'arrêt.

Rusconi courut chez lui. Il était caissier de l'association; il mit dans ses poches les cinq cents louis qui, pour le moment, constituaient la caisse, et courut chez Carrel.

Carrel n'était pas chez lui.

Tandis qu'il était en train de courir, Rusconi courut chez le général Dermoncourt.

Le général Dermoncourt n'était pas chez lui.

Carrel à vingt-trois ans, Dermoncourt à cinquante, découchaient tous deux pour la même cause.

— Oh! que ce bon M. Jackal a bien raison de dire en toute circonstance : « Cherchez la femme! »

Rusconi avait bien autre chose à faire que de chercher la femme : il avait sa chère petite personne à mettre en sûreté.

Il laissa un mot à chacun de ses associés et alla se cacher dans un bois qui bordait la route de Colmar.

C'était par cette route que les conspirateurs devaient fuir.

Carrel passa le premier; il était six heures du matin, à peu près. Rusconi appela et se fit reconnaître.

Carrel avait été prévenu et se sauvait.

— Avez-vous besoin d'argent? lui demanda Rusconi.

— En auriez-vous ? demanda Carrel étonné.

— J'ai cinq cents louis au général, répondit Rusconi.

— Donnez-m'en cinquante, dit Carrel.

Rusconi lui donna les cinquante louis, et Carrel disparut au galop.

A peine le galop du cheval de Carrel s'était-il éteint, que le galop d'un autre cheval se fit entendre.

C'était Dermoncourt qui se sauvait à son tour.

Rusconi se fit reconnaître, lui et ses quatre cent cinquante louis.

Quatre cent cinquante louis sont toujours bons à rencontrer, surtout quand on est compromis dans une conspiration, que l'on quitte la France et que l'on ne sait pas quand on y rentrera.

Dermoncourt fit monter derrière lui le caissier et la caisse.

Puis, au lieu de se diriger vers le pont du vieux Brisach, qui, selon toute probabilité, était déjà gardé, on se dirigea vers la demeure d'un parent du général Dermoncourt.

Le lendemain de l'arrivée du général et de Rusconi chez ce parent, on ne parlait que d'une grande chasse aux oiseaux d'eau qui allait avoir lieu dans les îles. Cinquante chasseurs, parmi ceux qui avaient les opinions les plus avancées, étaient invités à cette chasse. Il y avait de quoi faire face à toute la gendarmerie du département, dans le cas où il lui prendrait l'idée de venir demander aux chasseurs leurs ports d'armes.

D'ailleurs, pour plus grande sûreté, au lieu de

charger les fusils avec du sept ou du huit, comme on fait quand on chasse aux bécassines, on chargea, selon la fantaisie du chasseur, qui à balles, qui à lingots.

On partit pour la chasse.

Il y avait vingt barques, une véritable flottille.

Une des barques dévia, emportée par le courant sans doute, et alla déposer deux chasseurs de l'autre côté du Rhin, c'est-à-dire sur la terre étrangère.

Ces deux chasseurs, c'étaient le général Dermoncourt et son fidèle Rusconi.

Le général Dermoncourt rentra en France à la suite d'une ordonnance de non-lieu.

Ce fut plus long pour Rusconi, Italien, et, par conséquent, étranger; mais, enfin, il rentra et se remit à mesurer la France.

La révolution de 1830 éclata; Dermoncourt, remis en activité, prit Rusconi pour secrétaire.

Nommé en 1832 au commandement de la Loire-Inférieure, il emmena Rusconi à Nantes.

Le 10 novembre 1832, à neuf heures du matin, Rusconi se trouvait dans la mansarde d'une maison appartenant aux demoiselles du Guigny, causant tranquillement avec deux gendarmes qui se chauffaient les pieds à un feu de journaux qu'ils avaient fait dans la cheminée, lorsqu'une voix, qui venait on ne savait d'où, cria :

— Levez la plaque de la cheminée, nous étouffons !

Les gendarmes firent un soubresaut sur leurs fauteuils; Rusconi fit trois pas en arrière.

En même temps, on frappait à la plaque de la cheminée.

— Eh! vite, vite, nous étouffons! répéta la même voix.

On comprit alors d'où venait cette voix et qui étouffait.

Les gendarmes se précipitèrent et levèrent la plaque à grand'peine ; elle était rouge.

Puis ils se mirent à balayer la cheminée pour faire aux prisonniers un passage praticable.

Les prisonniers alors se présentèrent dans l'ordre suivant :

D'abord, Son Altesse royale la duchesse de Berry. A tout seigneur tout honneur, direz-vous.

Non pas : il ne s'agissait là ni de seigneur ni d'honneur ; Madame était la plus proche de la plaque, elle sortit la première ; voilà tout.

Rusconi, avec ses habitudes de sigisbé, lui offrit galamment la main.

Puis vint mademoiselle de Kersabiec; pour celle-ci, la sortie fut plus difficile ; elle était si grosse, qu'elle ne pouvait point passer. On s'y attela et l'on finit par l'amener près de la duchesse.

Puis vint M. de Ménars, qui glissa tout seul ; grand et mince comme il était, à part son nez, il eût passé par une chatière. Seulement, il était empêché par son chapeau, qu'il tenait à la main et pour le contenu duquel il paraissait avoir le plus grand respect.

Ce que contenait le chapeau de M. de Ménars, c'est le secret de l'histoire ; l'histoire ne l'a point révélé, nous ne serons pas plus indiscret qu'elle.

Ce que nous avions à raconter, nous, c'est comment Rusconi avait pris le café avec l'empereur Napoléon, avait conspiré avec Carrel, et avait reçu des mains de M. de Ménars, le précieux récipient qui contenait la relique mystérieuse.

Maintenant, comment Rusconi, après avoir accompli ces hautes destinées, était-il redescendu jusqu'à moi?

C'est ce qui nous reste à dire et ce qui ne sera plus long.

Pour avoir parlé à madame la duchesse de Berry, le chapeau à la main, tandis que M. le préfet Maurice Duval lui parlait le chapeau sur la tête, le général Dermoncourt fut mis à la retraite.

Mis à la retraite, Dermoncourt n'eut plus besoin de secrétaire.

N'ayant plus besoin de secrétaire, il se sépara de Rusconi.

Mais, en se séparant de Rusconi, il lui donna une lettre pour moi.

Dans cette lettre, il me priait de créer près de moi une sinécure dans laquelle Rusconi pût tranquillement passer ses vieilles années.

Comme l'Arbogaste de M. Viennet,

> Il ne demandait rien pour prix de ses services,
> Que de passer ses jours dans le sein des délices.

Je lui accordai la sinécure demandée. Rusconi entra chez moi vers 1834, je crois. Il y est encore aujourd'hui.

Il y a donc vingt-trois ans, que, sauf pendant

mes voyages à l'étranger, j'ai le bonheur de voir Rusconi tous les jours.

— Que fait-il chez vous?...

Ce serait fort difficile à dire : tout et rien. J'ai créé un verbe pour cela ; ce verbe est parfaitement expressif : il *rusconne.*

Tous les services qu'un homme peut rendre à son prochain entrent dans l'immense circonscription du verbe *rusconner.*

XXX

OU MOUTON RÉVÈLE SON AFFREUX CARACTÈRE

Rusconi était donc chez moi pour me rendre des services.

Dans ce moment-là, il me rendait le service d'expliquer à mes hôtes les mœurs de mes singes.

Il va sans dire que Rusconi, fort pudibond de sa nature, gazait le plus qu'il pouvait.

Pendant ce temps, j'étais dans mon petit kiosque à verres de couleur, vêtu de mon pantalon à pieds de basin et de ma chemise de batiste, travaillant, comme je vous l'ai dit, au *Bâtard de Mauléon;* et, comme je vous l'ai dit encore, tout en travaillant je regardais Mouton, qui déterrait un des dahlias de Michel, et non pas un de mes dahlias, parce que je n'ai jamais reconnu le dahlia pour une de mes fleurs ; je ne suis pas même bien sûr que ce soit une fleur : je nie les fleurs qui n'ont point de parfum.

Donc, tout en écrivant, je regardais Mouton, qui déterrait un des dahlias de Michel, et je me disais :

— Sois tranquille, toi! quand je vais avoir fini *mon combat*, tu auras affaire à moi.

Ce combat que j'étais en train d'écrire, c'était le combat d'un chien contre un More; et, pour le chien, comme on a vu, c'était Mouton qui avait posé.

Au reste, voici textuellement ce que j'écrivais :

« ...Mais à peine eurent-ils fait cinquante pas , qu'une forme blanche et immobile se dessina dans l'obscurité; le grand maître, ignorant ce que ce pouvait être, marcha droit à l'espèce de fantôme : c'était une seconde sentinelle enveloppée d'un caban, qui abaissait sa lance, en disant en espagnol, mais avec l'accent guttural des Arabes :

» — On ne passe pas !

» — Et celui-là, demanda don Frédéric à Fernand, qui est-il?

» — Je ne le connais pas, répondit Fernand.

» — Ce n'est donc pas toi qui l'as placé?

» — Non; car c'est un More.

» — Laissez-nous passer , dit don Frédéric en arabe.

» Le More secoua la tête et continua de présenter à la poitrine du grand maître, la pointe large et acérée de sa hallebarde.

» — Que signifie cela? s'écria don Frédéric. Suis-je donc prisonnier, moi le grand maître, moi le prince? Holà! mes gardes, à moi!

» De son côté, Fernand tira un sifflet d'or de sa poche et siffla... »

C'était pendant que j'écrivais ce dialogue que Mouton continuait avec un acharnement progressif de déterrer son dahlia, et que je disais : « Sois tranquille, quand j'aurai fini mon combat, tu auras affaire à moi. »

Et, avec un geste qui ne promettait rien de bon à Mouton, je poursuivis :

« Mais, avant les gardes, avant même la sentinelle espagnole placée à cinquante pas derrière les promeneurs, apparut, rapide et bondissant, le chien de don Frédéric, qui, reconnaissant la voix de son maître, et comprenant qu'il demandait du secours, accourait tout hérissé, et, d'un seul élan, d'un élan de tigre, s'élança sur le More, l'étreignit si rudement à la gorge à travers les plis de son caban, que le soldat tomba en poussant un cri d'alarme. »

— Ah! fis-je en posant ma plume, voici mon combat et mon paragraphe finis; tiens-toi bien, Mouton!

Et je sortis, en effet, sans rien dire à personne, m'avançant tout doucement vers Mouton, et m'apprêtant à lui donner le plus rude coup de pied que je pourrais lui allonger avec un escarpin dans la partie qu'il me présentait.

Or, la partie qu'il me présentait, c'était la partie postérieure.

Je visai du mieux que je pus, et lui allongeai le coup de pied promis.

Pour avoir porté un peu bas, le coup de pied, à ce qu'il paraît, n'en avait pas été moins douloureux.

Mouton fit entendre un grognement sourd, pivota

sur lui-même en me regardant avec des yeux san-
glants, fit deux ou trois pas en arrière et s'élança à
ma gorge.

Par bonheur, j'avais compris ce qui allait se passer, et j'avais eu le temps de me mettre en défense;
c'est-à-dire qu'au moment où il s'élançait sur moi,
j'étendais les deux mains vers lui.

Une de mes mains, la droite, se trouva dans sa
gueule; l'autre la gauche, rencontra son cou.

Alors, j'éprouvai une douleur que je ne saurais
comparer qu'à celle que cause une dent qu'on vous
arrache; seulement, la douleur d'une dent arrachée
dure une seconde : la douleur que j'éprouvais dura
cinq minutes.

C'était Mouton qui me broyait la main.

Pendant ce temps, je lui serrais le cou.

J'avais parfaitement compris une chose : c'est
que, le tenant au pharynx, ma seule chance de salut
était de serrer toujours et de plus en plus, jusqu'à
ce que la respiration lui manquât.

C'est ce que je faisais.

Par bonheur, j'ai la main petite mais solide; ce
qu'elle tient, à part l'argent, elle le tient bien.

Elle tint et serra si bien le cou de Mouton, que celui-ci commença de râler. C'était un encouragement,
je serrai plus fort; Mouton râla plus haut. Enfin,
réunissant toutes mes forces pour une pression suprême, j'eus la satisfaction de sentir que les dents de
Mouton commençaient à se desserrer ; une seconde
après, sa gueule s'ouvrit, ses yeux roulèrent dans
leur orbite, il tomba terrassé sans que je lui lâchasse
le cou; seulement, j'avais la main droite mutilée.

Je lui mis le genou sur la tête et j'appelai Alexandre.

Alexandre accourut.

J'étais ruisselant de sang.

Outre ma main mâchurée, l'animal m'avait, d'un coup de griffe, déchiré la poitrine, et le sang coulait par les déchirures.

Alexandre, à la première vue, crut que la lutte durait encore au lieu d'être terminée ; il s'élança dans le salon et revint avec un poignard arabe.

Mais je l'arrêtai.

— Non pas ! lui dis-je ; je tiens beaucoup à le voir boire et manger pour m'assurer qu'il n'est point enragé ; qu'on lui mette sa muselière et qu'on le conduise à l'écurie.

On appela Michel, on mit la muselière à Mouton, et, seulement alors, je lui lâchai le cou.

Mouton était évanoui.

On le prit par les quatre pattes et on le porta dans l'écurie.

Quant à moi, je courus droit au salon.

Je sentais que je n'avais que le temps de m'asseoir et de me trouver mal.

XXXI

UN ENRAGÉ AMATEUR D'AUTOGRAPHES

Quand je revins à moi, j'étais complétement entouré par mes hôtes.

Mon premier regard fut pour ma main.

J'avais l'arcade palmaire ouverte jusqu'à l'os, j'avais le métacarpe percé en deux endroits, j'avais la dernière phalange du petit doigt presque détachée.

Vous allez peut-être croire, chers lecteurs, qu'en revenant à moi, ce fut de moi que je m'occupai.

Point.

— Mouton est-il revenu à lui? demandai-je.

On courut à l'écurie.

Mouton était revenu à lui; seulement, il était comme moi, il ne pouvait rester qu'assis.

— C'est bien, répondis-je. Allez me chercher le chirurgien du régiment.

— Pourquoi le chirurgien du régiment? demanda Alexandre.

— J'ai mes raisons.

Ce n'était point le moment de me contrarier; on alla chercher le chirurgien du régiment.

Au bout de dix minutes, il était près de moi.

— Nous allons d'abord cautériser cela, me dit-il.

— Non pas, répondis-je.

— Comment, non pas?

— Parce que je n'ai pas peur de la rage, je n'ai peur que du tétanos.

— Vous êtes sûr que le chien n'est pas enragé?

— J'en suis sûr; il s'est jeté sur moi à la suite d'une provocation; je suis dans mon tort.

Mon tort avoué, il ne s'agissait plus que d'adopter un mode de traitement.

— Je suis encore fixé là-dessus, dis-je au docteur : vous me traiterez par l'eau glacée, méthode Baudens et Ambroise Paré.

— Pourquoi m'avez-vous envoyé chercher, alors, demanda le docteur, si vous savez aussi bien que moi ce qu'il faut vous faire?

— Mais, cher docteur, je vous ai envoyé chercher pour réunir les chairs, et pour me remettre les os tant soit peu disloqués.

Le docteur me prit la main, me redressa l'index, le médium et l'annulaire, qui s'étaient cambrés, assujettit la dernière phalange de mon petit doigt avec une bande, me tamponna de charpie, rapprocha le pouce par une ligature, et me demanda où je comptais établir mon appareil hydraulique.

J'avais une charmante fontaine de faïence de Rouen à robinets de vermeil; j'adaptai un fétu de paille au robinet, j'emplis ma fontaine de glace et je l'accrochai à la muraille.

Puis je me fis faire un lit de sangle au-dessous, établir un support pour ma main ; après quoi, je me, couchai sur le lit de sangle et fis lâcher le robinet.

Pendant trois jours et trois nuits, je restai ainsi, ne me levant que pour aller voir si Mouton mangeait ou buvait.

Mais Mouton ne mangeait pas, mais Mouton ne buvait pas.

Le premier jour, j'y fis peu attention.

Le second jour, cela commença de m'inquiéter.

Le troisième jour, j'eus plus que de l'inquiétude.

On avait pourtant fait au drôle une soupe de tous les reliefs de viande que l'on avait pu trouver ; on lui avait versé un plein baquet d'eau filtrée.

Enfin, vers le milieu du troisième jour, comme j'avais momentanément quitté mon robinet, pour faire une de mes visites à Mouton, visites qui devenaient de plus en plus fréquentes au fur et à mesure que le temps s'écoulait, j'eus la satisfaction de voir Mouton le nez plongé dans son potage.

Puis, en chien bien élevé qui sait qu'après avoir mangé, il est hygiénique de boire, je vis Mouton, sa soupe mangée, s'acheminer vers son baquet.

Je ne lui laissai pas le temps d'y tremper la langue.

— Michel! criai-je.

Michel parut.

— Monsieur m'appelle? demanda Michel.

— Oui, mon ami, vous pouvez reconduire Mouton chez Challamel; j'ai vu ce que je voulais voir.

Michel allongea le cou par la lucarne que je laissais libre en me retirant.

— Que voulait donc voir monsieur?

— Je voulais voir si Mouton mangeait, je voulais voir si Mouton buvait; Mouton a bu et mangé, je suis content.

— Bon! dit Michel, est-ce que monsieur avait peur d'être enragé?

— Eh! eh! Michel...

— Oh! c'est que, si monsieur avait peur, j'ai une recette souveraine pour la rage. Vous prenez d'abord du caca de poule, vous le mettez dans du lait que vous laissez aigrir; vous y ajoutez un demi-verre d'urine de cheval...

— Pardon, Michel, votre remède est-il interne ou externe?

— Je ne comprends pas.

— Je vous demande si on s'en frotte ou si on l'avale.

— On l'avale, monsieur; mais je n'ai pas dit à monsieur la moitié des ingrédients dont il se compose.

— J'en sais assez, Michel; du moment que je n'ai plus peur d'être enragé, je ne ferai pas de tort à votre remède.

— Cependant, monsieur, pour plus de sûreté...

— Michel, reconduisez Mouton.

— Allons, viens, brigand! dit Michel.

Et il emmena Mouton, qui s'en alla de son même pas nonchalant, habitude dont il n'était sorti qu'une fois pour me sauter à la gorge.

Un quart d'heure après, Michel revint.

— Vous y avez mis le temps, lui dis-je.

— Je crois bien, dit Michel, M. Challamel ne voulait pas le reprendre.

— Et pourquoi ne voulait-il pas le reprendre?

— Il paraît que son maître s'en était défait parce qu'il mordait.

— Eh bien, Michel, quand vous verrez Challamel, vous le remercierez deux fois au lieu d'une, n'est-ce pas?

Je ne sais pas si Michel remercia Challamel une ou deux fois; mais ce que je sais, c'est que Challamel m'en voulut toujours de lui avoir rendu Mouton.

Pendant les trois premiers jours, je ne m'étais pas ennuyé : la peur de devenir enragé avait victorieusement combattu l'ennui; mais, du moment que je fus débarrassé de cette crainte, *le Bâtard de Mauléon* me trotta par la tête.

Par malheur, il n'était pas commode d'écrire avec une main complétement privée de mouvement, et étendue sur une palette; cependant, je n'en désespérai point. J'appelai à mon aide tout ce que j'avais d'idées en mécanique; j'introduisis le bâton de la plume dans une espèce de pince que je pratiquai entre l'index, le médium et l'annulaire, et, grâce à un mouvement de l'avant-bras que je substituai à celui des doigts et du poignet, je repris mon récit, juste où je l'avais quitté pour donner à Mouton le malencontreux coup de pied qui avait amené la catastrophe; seulement, comme on le comprend bien, ce mode d'exécution nouvelle fit un grand changement entre les écritures.

Sur ces entrefaites, Gudin, qui était mon voisin, vint me voir: je m'aperçus qu'il s'avançait avec certaines précautions : le bruit courait déjà que, mordu par un chien enragé, j'avais eu un premier accès de rage.

Je rassurai Gudin, et lui montrai mon invention.

Gudin la loua fort.

Puis, par manière de conversation :

— Savez-vous, me dit-il, que, moi, le plus grand collectionneur d'autographes de Paris, je n'ai pas un seul autographe de vous?

— Vraiment! fis-je.

— Mais pas un seul.

— Et vous croyiez qu'il était temps de vous y prendre pour en avoir un, n'est-ce pas?

—Oh! par exemple!...

— Eh bien, mon cher Gudin, lui dis-je, je vais vous en donner un, des plus curieux même et dont personne ne pourra se vanter d'avoir le pareil.

— Comment cela?

— Je vais vous donner le premier volume du *Bâtard de Mauléon*, écrit de deux écritures : celle de la main se portant bien et celle de la main malade; vous pourrez raconter la cause de ce changement, cela fera tout à la fois un autographe et une histoire.

—· Oh! mais, fit Gudin, je suis vraiment tout honteux !

— Ne soyez pas honteux, cher ami; vous me donnerez un dessin, et nous serons quittes.

— C'est marché fait.

— Eh bien, vous enverrez chercher de mes nouvelles tous les jours, et, le jour où le volume sera fini, je le remettrai à votre domestique.

— Ah! par exemple, je viendrai moi-même

Et Gudin vint, en effet, tous les jours.

Le troisième jour, il emporta son volume.

J'attends qu'un chien morde la main de Gudin pour aller lui dire : « Cher ami, savez-vous que je n'ai pas un seul dessin de vous ?

XXXII

MON PREMIER LIÈVRE

L'ouverture de la chasse arriva.

C'était une époque impatiemment attendue par Vatrin, par Michel et par moi.

C'était le 1er septembre qu'allait être porté un jugement définitif sur Pritchard.

Depuis mon enfance, j'allais faire mon ouverture de chasse au même endroit : chez un brave fermier nommé M. Mocquet, de Brassoire. C'était chez lui qu'en compagnie de mon beau-frère et de M. Deviolaine, j'avais tué mon premier lièvre.

C'est une grande affaire que de tuer son premier lièvre : je crois que je n'ai pas eu tant d'émotion à mon premier succès littéraire.

Chaque fois que je faisais l'ouverture à Brassoire, j'allais revoir la place mémorable, et, si j'étais avec quelqu'un, je disais solennellement à ce quelqu'un :

— C'est ici que j'ai tué mon premier lièvre.

Voulez-vous que je vous raconte comment on tue son premier lièvre? Cela me rajeunira de quarante ans. D'autant plus que, suivant mon ami le docteur Demarquay, j'ai dans ce moment la jambe étendue sur une chaise, avec un épanchement de sinovie au genou: ce qui veut dire que je pourrais bien avoir tué mon dernier lièvre l'année passée.

J'avais treize ans, un joli fusil à un coup avec un coussin de velours sur la crosse, indiquant qu'il avait été fusil de dame avant d'être fusil d'enfant.

Mon beau-frère et M. Deviolaine avaient obtenu de ma pauvre mère que j'irais faire une battue avec eux à Brassoire.

J'arrivai là en véritable conscrit; mes états de services portaient sept alouettes et une perdrix.

Je fus, pendant tout le dîner, — et l'on sait le temps que dure un dîner de ferme, — l'objet des plaisanteries de la société; mais, en nous levant de table, M. Mocquet me dit tout bas :

— Laissez faire, je vous placerai aux bons endroits, et ce ne sera pas ma faute si, demain au soir, ce n'est pas vous qui vous moquez d'eux.

Quelle nuit ! j'en entendis sonner et j'en comptai toutes les heures. A six heures, j'étais levé, descendu, habillé; j'attendais dans la cour; il faisait nuit close, et tout le monde dormait les poings fermés.

A sept heures, les fenêtres commencèrent à s'ouvrir; à huit heures, les chasseurs étaient réunis, et une trentaine de paysans des environs faisaient queue à la grande porte de la ferme.

C'étaient les rabatteurs.

La chasse commençait en sortant de la grande porte.

M. Mocquet me plaça à cent pas de la ferme, dans un ravin sablonneux. Des enfants en jouant avaient creusé un grand trou dans le sable. M. Mocquet m'indiqua le trou, m'engagea à m'y terrer, m'affir-

mant que, si je ne bougeais pas, les lièvres vien-
draient m'y réchauffer les pieds.

Ce n'eût point été du luxe, il faisait un joli froid,
bien cassant.

La traque commença.

Aux premiers cris poussés par les rabatteurs,
deux ou trois lièvres se levèrent, et, après s'être
consultés sur le chemin qu'ils avaient à suivre, ils
se mirent, comme les trois Curiaces, dont j'avais, la
veille, traduit le combat dans le *De viris illustribus*,
à prendre la route de mon ravin.

Je doutai un instant; étaient-ce bien des lièvres?
Ils m'apparaissaient gros comme des ânes.

Mais, lorsqu'il n'y eut plus de doute sur leur
identité, lorsque je les vis venir sur moi aussi droit
que s'ils se fussent donné rendez-vous dans mon
trou, un nuage me passa sur les yeux et il me sembla que j'allais m'évanouir.

Je crois même que je fermai les yeux.

Mais, en les rouvrant, je vis mes lièvres suivant
toujours la même direction. A mesure qu'ils s'avan-
çaient, mon cœur battait plus fort; le thermomètre
marquait 5 ou 6 degrés au-dessous de zéro, et l'eau
me coulait sur le front. Enfin, celui qui faisait
tête de colonne parut prendre résolument le parti
de me charger, et vint droit sur moi. Depuis le moment de son départ, je le tenais en joue; j'aurais pu
le laisser approcher à vingt pas, à dix pas, à cinq
pas, le foudroyer de mon coup de fusil, comme
d'une décharge électrique; je n'en eus pas la force :
à trente pas, je lui lâchai mon coup à travers le
visage.

Le lièvre fit à l'instant même un tête à la queue des plus significatifs, et commença une série de cabrioles vraiment fantastiques.

Il était évident qu'il était touché.

Je bondis hors de mon trou comme un jaguar en criant :

— Y est-il? en tient-il? A moi, les chiens! Rabatteurs! rabatteurs!... Ah! coquin! ah! brigand! attends, attends !

Mais, au lieu de m'attendre, ou plutôt d'attendre le châtiment que je lui réservais pour l'entêtement qu'il mettait à me fuir, le lièvre, qui entendait ma voix, n'en faisait que de plus extravagants écarts.

Quant à ses deux compagnons, l'un, à tout ce tapage et à toute cette gymnastique, rebroussa chemin et força les rabatteurs. L'autre en prit son parti et passa si près de moi, que, n'ayant plus rien dans mon fusil, je lui jetai mon fusil lui-même.

Mais ce n'était là qu'une agression incidente qui ne m'avait aucunement détourné de la poursuite principale.

J'étais lancé sur mon lièvre, qui continuait à se livrer à la carmagnole la plus effrénée, ne faisant pas quatre pas en ligne droite, sautant deçà, sautant delà, bondissant en avant, bondissant en arrière, trompant tous mes calculs, m'échappant au moment où je croyais le tenir, gagnant dix pas sur moi comme s'il n'avait pas la moindre égratignure, puis, tout à coup, rebroussant chemin, et venant me passer entre les jambes. On eût dit une gageure.

J'étais exaspéré; je ne criais plus, je hurlais, je

ramassais des pierres, je les lui lançais ; quand je me croyais à sa portée, je me jetais à plat ventre, espérant le prendre entre moi et la terre, comme dans un trébuchet. A travers la sueur qui m'aveuglait, j'apercevais de loin, comme à travers un nuage, la troupe des chasseurs, les uns riant, les autres furieux : ceux-ci riant de l'exercice désespéré auquel je me livrais, ceux-là furieux du bruit que je faisais au milieu de la battue et qui effarouchait les autres lièvres.

Enfin, après des efforts inouïs, que ni la plume ni le pinceau ne rendront jamais, j'attrapai le mien par une patte, puis par deux, puis par le milieu du corps ; les rôles avaient changé, c'était moi qui me taisais, et lui qui jetait des cris désespérés ; je le pris contre ma poitrine comme Hercule avait pris Antée, et je regagnai mon trou, tout en ayant soin de recueillir, en passant, mon fusil gisant sur le chemin déjà parcouru par moi.

De retour à mon excavation, je pus examiner consciencieusement mon lièvre.

Cet examen m'expliqua tout.

Je lui avais crevé les deux yeux sans lui faire aucune autre blessure.

Je lui allongeai sur la nuque ce fameux coup, qui lui servit à lui comme lièvre, quoique Arnal l'ait appelé depuis le coup du lapin ; puis je rechargeai mon fusil, le cœur bondissant, la main tremblante...

Je devrais peut-être arrêter là mon récit, puisque mon premier lièvre est tué ; mais, à mon avis, la narration serait incomplète.

Je disais donc que je rechargeai mon fusil, le cœur bondissant, la main tremblante. Il me sembla que la charge était un peu forte ; mais j'étais sûr du canon de mon fusil, et cet excédant de quatre ou cinq lignes me donnait la chance de tuer plus loin.

A peine étais-je replacé, que je vis venir un autre lièvre droit à moi.

J'étais guéri de la manie de les tirer en tête ; d'ailleurs, celui-là promettait de me passer à vingt-cinq pas en plein travers.

Il tint sa promesse ; j'ajustai avec plus de calme qu'on n'eût pu attendre d'un débutant et que je n'attendais de moi-même, et je fis feu, convaincu que j'avais ma paire de lièvres.

L'amorce brûla, mais le coup ne partit point.

J'épinglai mon fusil, je l'amorçai et j'attendis.

M. Mocquet connaissait la place et ne l'avait pas surfaite.

Un troisième lièvre venait sur les traces de ses devanciers.

Comme le dernier, il me passa en plein travers à vingt pas ; comme le dernier, je l'ajustai ; comme pour le dernier, l'amorce seule brûla.

J'étais furieux ; c'était à pleurer de rage ; d'autant plus qu'un quatrième lièvre arrivait au petit trot.

Il en fut de celui-ci comme des deux autres.

Il y mit toute la complaisance, et mon fusil tout l'entêtement possible.

Il passa à quinze pas de moi, et, pour la troisième fois, mon fusil brûla son amorce, mais ne partit pas.

Il était évident que les lièvres étaient renseignés et que le premier qui était passé sain et sauf avait fait signe aux autres qu'il y avait là un passage libre.

Cette fois, je pleurai véritablement.

Un bon tireur, posté à ma place, eût tué ses quatre lièvres.

C'était la fin de la battue, M. Mocquet vint à moi.

— Il a brûlé l'amorce trois fois, monsieur Mocquet, lui criai-je d'une voix lamentable, trois fois sur trois lièvres !

Et je lui montrai mon fusil.

— Raté ou brûlé l'amorce? demanda M. Mocquet.

— Brûlé l'amorce ! Que diable peut-il y avoir à la culasse ?

M. Mocquet hocha la tête, sortit de son carnier un tire-bourre, l'emmancha à l'extrémité de sa baguette, tira d'abord la bourre de mon fusil, puis le plomb, puis la seconde bourre, puis la poudre, puis après la poudre, un demi-pouce de terre qui, lorsque j'avais jeté mon fusil après le lièvre, était entré dans le canon et que j'avais repoussé au fond de la culasse en appuyant ma première bourre sur la poudre.

J'eusse tiré sur cent lièvres, que mon fusil eût raté cent fois.

Fragilité des choses humaines ! sans ce demi-pouce de terre, j'avais deux ou trois lièvres dans mon carnier, et j'étais le roi de la battue !

Eh bien, c'était sur cette terre aux souvenirs juvéniles que je revenais homme, toujours passionné pour la chasse, toujours dormant mal pendant la nuit qui précédait l'ouverture.

XXXIII

ALFRED ET MÉDOR

J'y revenais, cette fois, chef de colonne, avec mon fils, Maquet et mon neveu.

Mon fils, vous le connaissez.

Maquet, vous le connaissez.

Mais mon neveu vous est inconnu.

Mon neveu était, à cette époque-là, un grand ou plutôt un long garçon de cinq pieds huit pouces, qui, plus heureux que le chameau de l'Écriture, eût pu passer par le trou d'une aiguille.

Chaque homme a sa ressemblance dans l'ordre animal.

Dans l'ordre animal, mon neveu est de la nature des échassiers.

De son nom de baptême, on l'appelle Alfred.

Il était doublé, les jours de chasse, d'un chien nommé Médor.

Oh! Médor! Médor méritait des autels.

Mais aussi comme Médor allait à Alfred , et comme Alfred allait à Médor!

Depuis qu'il a perdu Médor, Alfred n'est plus Alfred.

Alfred était ce qu'on appelle un joli fusil, tuant les trois quarts de ses coups.

Mais Médor!... Jamais une erreur, jamais une faute, jamais un arrêt sur une alouette.

A cinq heures du matin, les jours d'ouverture, on entrait en chasse, d'aussi bonne heure que possible; Alfred se mettait en ligne avec les autres chasseurs.

Mais c'était une concession faite à la morale publique.

Au premier bois, à la première garenne, au premier monticule, Alfred disparaissait.

On le voyait s'éloigner avec Médor, chassant à vingt pas devant lui.

A midi, pendant la halte que l'on faisait pour déjeuner, on voyait reparaître Alfred, marchant toujours du même pas, allongeant ses jambes avec la même régularité.

Un véritable compas d'arpenteur mesurant un mètre.

Médor était calmé, Médor marchait côte à côte avec lui.

On faisait signe à Alfred de venir déjeuner avec les autres; mais lui montrait de loin un morceau de pain et une petite bouteille d'eau-de-vie, secouant la tête, en signe qu'il regardait notre déjeuner comme un sybaritisme indigne d'un véritable chasseur, et de nouveau il disparaissait.

Le soir, à cinq heures, chacun rentrait.

On se comptait; tout le monde était présent à l'appel, excepté Alfred.

A sept heures, en sortant de table, on allait devant la porte de la ferme prendre l'air et écouter rappeler les perdrix.

Alors, celui qui était doué de la meilleure vue jetait un cri.

A l'horizon, dans la teinte rouge du couchant, on

apercevait Alfred faisant toujours son mètre à chaque enjambée ; seulement, Médor, qui, le matin, était à vingt pas en avant de lui, qui, à midi, marchait côte à côte avec lui, le soir suivait à vingt pas derrière lui.

A la nuit close, chasseur et chien rentraient à la ferme.

Alfred rapportait régulièrement ses trente-cinq perdrix, ses dix cailles, ses trois ou quatre lapins, ses deux ou trois lièvres, et souvent une paire de râles de genêt par-dessus le marché.

Il portait tout cela dans son carnier, sans affectation comme sans humilité.

Il y avait de quoi remplir trois carniers ; le sien semblait à moitié vide.

Alfred devait admirablement savoir faire une malle.

Il tirait chaque animal l'un après l'autre, le regardait, lui lissait les plumes et le posait sur la table, commençant par les petites pièces, finissant par les grosses.

L'opération durait un quart d'heure.

On comptait.

On trouvait alors cinquante ou soixante pièces de gibier.

Après quoi, Alfred disait invariablement :

— Ah ! je crois que c'est le moment de faire un peu de toilette.

Et, avant d'avoir rien pris, Alfred montait dans sa chambre pour mettre des chaussettes rayées, des escarpins vernis, un pantalon et une veste de coutil, ajuster à son long cou une cravate d'un de doigt large et de couleur tendre, et passer — par mesure d'hygiène sans doute — dans ses rares cheveux, une brosse qui avait plus de crins que la tête à laquelle elle avait affaire n'avait de cheveux.

Pendant ce temps-là, on examinait le gibier d'Alfred ; il y en avait un bon quart sur lequel on ne retrouvait aucune trace de blessure.

Ce quart, c'était la chasse de Médor.

Pas un chien, comme Médor, ne prenait ou ne faisait prendre à son maître un lapin au gîte ou une caille à l'arrêt.

Le lendemain, on recommençait, chacun, maîtres et chiens, avec une ardeur décroissante, — mais Alfred et Médor avec la même ardeur.

Ce jour-là, Médor au déclin de son âge, et Pritchard à l'aurore de sa vie, allaient lutter comme deux athlètes.

Si c'eût été à la course, Pritchard l'eût certes emporté.

A peine sorti de la ferme, Pritchard monta sur le revers d'un fossé, étudia la localité avec ses deux yeux moutarde, tout en fouettant l'air de son plumet ; puis, tout à coup, il s'élança dans la direction d'une pièce de trèfle.

Appels et sifflets furent inutiles ; aussi sourd que la Mort de Malherbe, Pritchard se bouchait les oreilles et nous laissait crier.

Au tiers de la pièce, il s'arrêta court.

— Tiens ! dit Alfred, qui l'avait regardé partir avec un profond mépris, on dirait qu'il arrête !

— Pourquoi n'arrêterait-il pas ? demandai-je.

— Dame !

Alexandre roulait une cigarette ; il voulut la mettre de côté pour arriver à temps.

— Oh ! lui dis-je, tu n'as pas besoin de te presser ; allume, allume !

Et Alexandre acheva de rouler, puis mouilla et alluma sa cigarette.

Pritchard resta ferme comme une pierre.

— Allons voir un peu ce qu'il y a, dit Alfred.

Et nous nous mîmes en marche vers la pièce de trèfle.

Un intervalle de quatre cents pas, à peu près, nous séparait de Pritchard.

Nous arrivâmes sur ses talons.

Pritchard ne bougea pas.

— Passe devant lui, dis-je à Alexandre.

Alexandre passa devant lui ; rien ne bougea.

— Ah ! dit Alexandre, ton chien qui louche !

— Comment, il louche?

— Oui, il regarde, à Morienval, si Pierrefonds brûle.

— Eh bien, toi, regarde à tes pieds, et fais attention à ce qui va partir.

Je n'avais pas achevé, qu'un levraut déboula.

Alexandre lui envoya son coup de fusil ; le lièvre fit le manchon.

Pritchard ne bougea pas.

Seulement, il avait cessé de loucher : l'œil qui regardait, à Morienval, si Pierrefonds brûlait, s'était réuni à celui qui regardait Pierrefonds.

— Imbécile, dit Alfred, en lui envoyant un coup de pied au-dessous de son plumet, tu ne vois pas qu'il est tué?

Pritchard se retourna d'un air qui signifiait : « Imbécile toi-même ! » et il reprit son arrêt.

— Tiens, dit Alfred.

— Comment ! lui dis-je, tu ne vois pas qu'il arrête deux levrauts à la fois, que l'un est parti dans les jambes d'Alexandre, et que l'autre va partir dans les jambes de Maquet.

Je n'avais pas achevé, que le second levraut, comme s'il n'eût attendu que mon indication, déboula à son tour.

Maquet le manqua du premier coup et le tua du second.

— Viens, Médor, viens, dit Alfred.

Et il piqua sur Morienval.

— Bon ! dis-je à Alexandre, voilà Alfred qui fait sa pointe, nous ne le reverrons plus que ce soir.

— Consolons-nous de sa perte avec l'espoir qu'il ne reviendra pas, dit Alexandre.

Et il mit son lièvre dans son carnier.

Maquet en fit autant du sien.

— C'est égal, à quatre, avec deux chiens, cela allait à merveille, tandis qu'à trois, avec un seul...

— Je trouve que Pritchard, à lui tout seul, en vaut deux, dit Maquet.

— Où est-il ? demanda Alexandre.

Nous regardâmes de tous côtés.

Pas de Pritchard.

En ce moment, notre attention fut attirée par un coup de fusil tiré par Alfred, qui venait de disparaître derrière la crête d'un larix.

Cette détonatiou fut suivie par les cris de « Cherche, apporte, Médor ! cherche ! »

— Allons, dit Alexandre, voilà Alfred qui commence sa chasse.

Pendant qu'Alexandre et Maquet rechargeaient leurs fusils, les cris d'Alfred non-seulement continuaient, mais encore redoublaient d'intensité.

— Regarde un peu, dis-je à Alexandre; mais regarde donc!

Alexandre tourna les yeux dans la direction que je lui indiquais.

— Ah! bon, dit-il, Pritchard qui a attrapé une perdrix.

— Il ne l'a pas attrapée, il l'a volée.

— A qui?

— A Alfred, donc! c'est la perdrix qu'il fait chercher à Médor.

En ce moment, un second coup de fusil partit, toujours dans la direction d'Alfred.

— Regarde ce que fait Pritchard , criai-je à Alexandre.

— Ah çà! répondit-il, tu aurais dû me dire que nous venions au spectacle et non à la chasse; j'aurais pris une lorgnette au lieu d'un fusil.

En effet, Pritchard venait de laisser tomber dans un sillon la perdrix qu'il rapportait, et était reparti au grand galop dans la direction du coup.

Dix secondes après, il reparaissait avec une seconde perdrix.

Alfred continuait à crier à tue-tête :

— Apporte, Médor! apporte!

— Voulez-vous m'expliquer ce qui se passe? dit Maquet.

— Oh! c'est bien simple, lui dis-je : il y a là,

dans la descente, un petit bois; à la lisière du petit
bois, une perdrix est partie à Alfred et Alfred l'a
tuée; seulement, la perdrix est tombée au bois. Alfred ne s'en est pas inquiété et a crié, tout en re-
chargeant son fusil : « Cherche, Médor! » Alfred
connaît Médor, il ne craignait donc rien. Mais Alfred ne connaît pas Pritchard : Pritchard est un voleur, un pirate, un forban! il était dans le bois, il a
ramassé la perdrix d'Alfred avant que Médor ait traversé le fossé et il s'est mis à me la rapporter sans
s'inquiéter si c'était moi qui l'avais tuée. Alfred, inquiet de ne revoir ni Médor ni sa perdrix, est entré
dans le bois pour aider Médor. Une seconde perdrix lui est partie dans le bois : comme la première,
il l'a tuée. D'où il était, Pritchard a pu voir la direction dans laquelle elle était tombée. Il a lâché la
première et a couru à la seconde... Et, tenez, voilà
qu'il rapporte la seconde, comme il rapportait la
première, ou plutôt, voilà qu'il les rapporte toutes
les deux!

— Ah! par exemple!

— Sans doute : il est revenu par le sillon où il
avait déposé sa première perdrix; puis, arrivé à
celle-ci, et se sentant la gueule assez bien fendue
pour en porter deux, il a fait le tour de force que
vous voyez ou plutôt que vous ne voyez pas... Regarde, Alexandre! Regardez, Maquet!

— Que fait-il?

— Il arrête une caille avec deux perdrix à la
gueule!

— Comment fait-il pour sentir la caille?

— Il ne la sent pas, il la voit; prends mon fusil.

— Avec quoi vas-tu la tirer?

— Je ne vais pas la tirer, je vais la prendre avec mon chapeau.

J'allai à Pritchard, et, suivant la direction de ses yeux, j'aperçus la caille.

Une seconde après, elle était sous mon chapeau.

— Allons, allons, dit Alexandre, c'est peut-être plus amusant que la chasse, mais ce n'est pas de la chasse.

En ce moment, nous vîmes paraître Médor, qui suivait la piste de Pritchard, et Alfred, qui suivait la piste de Médor.

— Qu'as-tu donc? demandai-je à Alfred.

— Ce que j'ai, ce que j'ai... Tu es charmant! je tire deux perdrix, je les tue toutes les deux et je n'en puis pas retrouver une seule! Cela commence gaiement!

— Eh bien, moi, lui dis-je, je suis plus heureux que toi, je n'ai pas encore tiré un seul coup de fusil, et j'ai déjà deux perdrix et une caille.

Et je lui montrai, d'une main, les deux perdrix mortes, et, de l'autre, la caille vivante.

Tout s'expliqua aux dépens de Pritchard, qui fut couvert de malédictions par Alfred.

Mais Pritchard n'était plus là pour s'entendre maudire.

Où était Pritchard?

Pritchard chassait de son côté; comme il devenait trop fatigant de chasser avec lui, nous résolûmes de chasser tout seuls et de nous servir de Pritchard par occasion. Nous nous mîmes en ligne et chassâmes sans chien.

Alexandre, qui a une excellente vue, venait d'apercevoir Pritchard à un quart de lieue, de l'autre côté de la vallée.

Ce n'était plus notre terrain, chose qui importait peu à Pritchard, mais qui nous importait fort, à nous.

Une perdrix, me partit, je la tirai ; c'était mon premier coup de fusil.

Blessée à la cuisse, elle pointa droit devant elle, et il me sembla qu'elle allait tomber dans la direction d'un petit bonhomme qui glanait.

Je n'avais pas là Pritchard pour lui crier : « Apporte ! » Je résolus d'aller jusqu'à bout de vol de ma perdrix et de l'apporter moi-même.

Tout en allant, je fis lever un levraut que je tirai.

Cela détourna un peu mon attention de ma perdrix.

Il en résulta que, mon levraut ramassé et mis dans ma carnassière, je me trouvai quelque peu désorienté.

Par bonheur, le glaneur me servit de point de mire.

Il s'était assis et mangeait.

J'allai à lui.

— Eh ! bonhomme, lui demandai-je, n'as-tu pas vu une perdrix ?

— Une perdrix ?

— Oui.

— Oh ! j'en ai vu beaucoup, monsieur.

— Oui, mais une seule.

— J'en ai vu des seules aussi.

— Blessée.

— Blessée ?

— Oui.

— Ah ! ça, je ne sais pas.

— Voyons, ne fais pas l'idiot ; je te demande si, quand j'ai tiré tout à l'heure, tu n'as pas vu tomber une perdrix.

— C'est donc vous qu'a tiré ?

— Oui, c'est moi qu'a tiré.

— Oh ! je n'ai rien vu tomber.

Je jetai un regard de travers sur le bonhomme et je me mis à chercher ma perdrix.

Alexandre m'aida dans cette recherche.

Tout à coup :

— Tiens, me dit-il, voilà Pritchard revenu.

— Où est-il donc ?

— Près de ton glaneur, à qui il m'a tout l'air de vouloir chiper son déjeuner.

— Du pain sec ? Tu ne connais pas Pritchard.

— Mais regarde-le donc.

Je le regardai. Un éclair m'illumina.

— Ah ! fis-je, voilà le plus beau de tout !

— Il arrête le glaneur ? fit Alexandre.

— Non ; mais il arrête ma perdrix, qui n'est pas morte et qui est dans la poche du glaneur.

— Hosannah ! fit Alexandre ; si c'est vrai, je le fais nommer rosière.

— Prends dix sous, avance-toi vers ce jeune industriel, qui me paraît fort embarrassé de sa position, et exprime-toi en ces termes : « La perdrix de mon père et dix sous, ou la perdrix de mon père et un coup de pied au... »

Le glaneur s'était levé et essayait de gagner au champ.

Mais Pritchard, qui voyait le gibier courir à pied, suivait obstinément le bonhomme, le nez à la hauteur de sa poche.

— Appelez donc votre chien, monsieur le chasseur, criait le jeune drôle ; votre chien va me mordre.

Et il se mit à courir.

— Apporte, Pritchard ! apporte ! criai-je.

Pritchard fit un bond et saisit le gamin par sa poche.

— Là ! maintenant, dis-je à Alexandre, tu as toute facilité.

Alexandre s'approcha, plongea la main dans la poche du moutard et en tira la perdrix.

Comme c'était la seule chose qui attirât Pritchard du côté de cette nouvelle connaissance, à peine la perdrix ne fut-elle plus dans la poche, que Pritchard lâcha la veste.

Il est inutile de suivre plus loin les prouesses de Pritchard. Après une journée où il s'était livré aux excentricités les plus folles et les plus inattendues, je rentrai à la ferme à la tête d'une cinquantaine de pièces.

Alfred, avec le classique Médor, n'avait pas mieux fait.

Seulement, ce qui résultait de mes études sur Pritchard, c'est que le chasseur qui avait le bonheur de le posséder, devait chasser absolument seul.

C'était un chien de trappiste.

XXXIV

COMMENT ALFRED FUT OBLIGÉ DE RENTRER A
COMPIÈGNE EN CHASSEUR ÉCOSSAIS

Le lendemain, grâce à Pritchard, qui alla nous
arrêter une compagnie de perdrix dans une pièce
de trèfle appartenant à l'un des voisins de M. Mocquet, de Brassoire, à M. Dumont, de Morienval,
nous eûmes une discussion avec le susdit M. Dumont.

Nous crûmes voir qu'entraîné par des raisons de
voisinage, et je crois même de parenté, M. Mocquet
nous donnait tort.

Nous nous réunîmes en conseil et résolûmes de
ne pas rentrer chez lui et de quitter la chasse pour
retourner à Compiègne.

Nous avions loué dans la sous-préfecture de l'Oise
une petite carriole découverte que l'on avait, ainsi
que le cheval, confiée à notre prudence.

Notre prudence avait été tenue en éveil pendant
tout le temps de l'aller du quadrupède microsco-
pique qui nous traînait et qui, quoique usurpant le
titre de cheval, atteignait à peine la taille d'un âne.

Mais il paraît que les petits chevaux, comme les
petits hommes, sont d'un naturel querelleur.

Le nôtre, pendant tout le voyage, n'avait cessé de
discuter avec nous.

Aussi m'étais-je chargé d'être son interlocuteur,

et, comme ma conversation avait été serrée de bride et cinglée d'arguments, il avait fini, non point par reconnaître qu'il avait tort, mais par faire comme s'il reconnaissait que j'avais raison.

Grâce à cette savante dialectique, j'étais arrivé à la ferme et j'y avais conduit mes trois compagnons de voyage sans accident aucun.

Une fois notre résolution prise de partir pour Compiègne, sans retourner chez M. Mocquet, nous envoyâmes un porte-carnier à Brassoire, avec ordre de mettre *Dévorant* à la carriole et de venir nous rejoindre avec lui aux environs de la route de Compiègne.

Notre bucéphale avait reçu le nom de Dévorant, à cause de sa disposition à dévorer l'espace.

Alfred seul avait fait quelques objections à nos arrangements.

Il serait obligé de rentrer à Compiègne sans *faire un bout de toilette ;* ce qui certainement lui porterait préjudice aux yeux des belles dames de la sous-préfecture de l'Oise.

Mais nous avions passé par-dessus les lamentations fashionables d'Alfred ; notre dignité offensée le voulait ainsi.

Vers midi, nous vîmes donc poindre Dévorant, la carriole et le porte-carnier.

Dévorant, qui avait mangé à la ferme la ration d'avoine d'un cheval ordinaire, hennissait, portait la tête haute et faisait aller ses oreilles comme un télégraphe ; ce qui nous promettait pour le retour une conversation non moins animée que pour l'aller.

Au moment où Dévorant parut, la chasse allait à merveille; nous résolûmes donc de nous faire suivre par la carriole jusqu'au moment où nous monterions dedans.

D'ailleurs, à notre avis, c'était un moyen de calmer Dévorant, si animé qu'il fût, que de lui faire faire, comme préface à son voyage de Compiègne deux ou trois lieues dans les terres labourées et dans les chaumes.

Puis cela avait un autre avantage : chaque pièce tuée, on la portait à la carriole; le lendemain d'une ouverture, non-seulement les jambes, mais encore les épaules deviennent tant soit peu paresseuses.

Malheureusement, nos prévisions à l'endroit de Dévorant s'étaient mal réalisées : la terre labourée et le chaume le calmaient, mais les coups de fusil l'exaspéraient.

A chaque coup de fusil, c'était donc une lutte qu'avait à supporter notre porte-carnier.

A deux heures, nous fîmes l'appel.

Cette fois, Alfred était présent.

Il savait qu'en cas d'absence en ce moment suprême, il aurait quatre lieues à faire à pied, et Alfred, à qui il était égal de faire quatre lieues et même huit lieues à travers champs, n'avait aucun entraînement à les faire sur une grande route.

La carriole nous attendait à l'entrée de la forêt.

Nous nous y installâmes dans l'ordre suivant : Maquet et Alfred sur la banquette du fond; Alexandre et moi sur la banquette de devant.

Médor, en chien d'âge et qui a des droits aux égards de ses congénères et même de ses maîtres,

Médor se glissa modestement et sans bruit entre
nos jambes.

Il était évident qu'il n'avait d'autre prétention que
de ne pas être remarqué.

Il fut remarqué, mais pour entendre faire l'éloge
de sa modestie.

Pritchard, au contraire, écrasé des brocards
d'Alfred, traité de chien savant, menacé de faire la
prochaine ouverture avec un paletot pareil à celui
de Bilboquet-Odry dans *les Saltimbanques*, Pritchard ne parut pas même se soucier de partager les
douceurs de notre véhicule et pointa sur la route
de Compiègne, son plumet au vent, sans paraître
s'inquiéter ni se souvenir le moins du monde des
deux cents lieues, au bas mot, qu'il avait faites depuis la veille.

Je voulus prendre les rênes; mais Alexandre me
fit observer que, plus rapproché que moi de l'âge
d'Hippolyte, c'était à lui à conduire.

Je fus médiocrement convaincu ; toutefois, avec
mon insouciance ordinaire, je lui laissai prendre la
droite.

D'ailleurs, étant le plus jeune de tous, il était le
plus intéressé à ne pas se tuer.

La raison est mauvaise mais spécieuse.

Je me contente si souvent des mauvaises, que je
me contentai de celle-là, qui n'était mauvaise qu'à
moitié.

Nous partîmes.

Le calcul que nous avions fait à l'endroit de Dévorant et des terres labourées et des chaumes était
complétement faux.

Les obstacles, au lieu de dompter Dévorant, n'avaient fait que l'irriter ; aussi à peine se sentit-il sur une route roulante, qu'il partit comme le vent.

— Oh! va!... dit Alexandre en lui lâchant les rênes.

La route allait en montant.

Au bout de cent pas, Dévorant comprit qu'il faisait une bêtise et se calma.

Nous crûmes à de la lassitude.

C'était de l'hypocrisie.

Dévorant cherchait sa belle pour prendre une éclatante revanche à notre endroit.

Il ne tarda point à la trouver.

Nous continuions notre route, tout en causant de chasse, lorsque nous arrivâmes en face d'une descente assez rapide.

Arrivés là, nous avions à notre gauche la forêt s'échelonnant en amphithéâtre ; à notre droite, un ravin d'une cinquantaine de pieds de profondeur.

La police routière, qui est pleine de sollicitude pour les voyageurs, avait eu l'attention délicate de planter des bornes de dix pas en dix pas, en manière de parapet le long du ravin ; seulement, dans les intervalles des bornes, rien n'empêchait voitures, chevaux ou piétons de se précipiter.

De l'autre côté du chemin, des cailloux étaient amassés de dix pas en dix pas, en cônes allongés.

Dévorant jeta un regard à gauche, un regard à droite, un regard devant lui.

Devant lui, il avait la descente ; à gauche, les tas de cailloux ; à droite, le ravin.

Le lieu lui parut propice et la circonstance favorable.

Sans transition aucune, il passa du trot au galop.

Alexandre se roidit sur les rênes ; mais l'allure de Dévorant n'en devint que plus précipitée.

Il n'y avait point à se tromper à ses intentions, surtout pour moi qui étais placé sur la première banquette.

Aussi ce dialogue commença-t-il à s'établir à demi-voix entre Alexandre et moi.

— Dis donc ?

— Hein ?

— Il me semble que Dévorant s'emporte.

— Parfaitement.

— Maintiens-le.

— Je ne puis pas.

— Comment, tu ne peux pas ?

— Non ; il a pris le mors aux dents.

— Allons donc !

Nous allions une vitesse de vingt-cinq lieues à l'heure.

— Qu'y a-t-il donc ? demandèrent ensemble Alfred et Maquet.

— Rien, répondis-je ; c'est Dévorant qui est en gaieté.

Et, en disant ces mots, par un mouvement à la fois rapide et violent, j'enroulais la rêne gauche autour de mon poignet et tirais à gauche.

Le mors échappa aux dents de Dévorant, qui en sentit la pression, céda, appuya à gauche et alla s'engager dans un des tas de cailloux que j'ai signalés.

En se voyant détourné de sa route, en sentant le terrain mobile dans lequel il s'était engagé s'écrouler sous ses pieds, Dévorant entra en fureur.

Perdant l'espoir de nous casser le cou en versant, il voulut au moins avoir un dédommagement.

Il se mit à ruer pour nous casser les jambes.

Il rua si haut et si bien, qu'une de ses jambes de derrière passa par-dessus le brancart.

Dans cette situation insolite, Dévorant, c'est mon opinion, perdit complétement la tête.

Le suicide lui parut doux, pourvu qu'il nous tuât en même temps que lui.

En conséquence, il fit avec une violence et surtout un inattendu auquel il n'y avait pas moyen de résister, un demi-tour à droite, et, prenant en plein travers la route, qu'il avait d'abord prise en longueur, il s'élança vers le ravin.

Cette fois, le dialogue fut court entre Alexandre et moi.

— Nous sommes fichus !

— Oui, papa.

Je ne sais pas ce que firent les autres ; quant à moi, je fermai les yeux et j'attendis..

Tout à coup, j'éprouvai une effroyable secousse et je me sentis craché par la voiture sur la grande route.

La commotion fut terrible.

Alexandre était tombé dans toute sa longueur sur ma longueur, de sorte qu'il avait été garanti depuis la pointe des cheveux jusqu'à l'orteil.

En une seconde, il fut sur ses pieds.

Une seconde après, j'étais sur les miens.

As-tu quelque chose? lui demandai-je.

— Rien. Et toi?

— Rien, répondis-je.

— Alors, la dynastie des Dumas étant saine et sauve, voyons ce que sont devenus les autres.

Et, en effet, nous jetâmes les yeux autour de nous.

Alfred avait disparu.

Maquet gisait à peu près évanoui.

Alexandre courut à lui et le releva.

— Qu'avez-vous, cher ami?

— Je m'abonne à un bras cassé, si l'on veut me sauver la colonne vertébrale, dit Maquet.

— Diable! fit Alexandre, ce n'est pas gai, savez-vous, ce que vous dites là?

Maquet pâlit et s'évanouit tout à fait.

Alexandre le traîna sur le talus de gauche.

Pendant ce temps-là, je visitais le haut de ma cuisse.

Je m'étais un peu trop pressé en disant que je n'avais rien : j'étais tombé sur le canon de mon fusil, que j'avais aplati par mon choc et mon poids, doublé du choc et du poids d'Alexandre.

Il en résultait, non pas une rupture d'os, — par bonheur, la chaux et le ciment dont est pétri mon fémur l'avaient emporté sur le fer, — mais une effroyable meurtrissure.

Ma cuisse avait pris une teinte violacée qui rappelait assez bien pour les nuances la peinture dont on décore la porte des charcutiers.

En ce moment, j'aperçus Alfred qui se ralliait à nous; mince comme une flèche, léger comme un roseau et n'ayant rencontré aucun obstacle, il avait été lancé à trente pas.

Médor le suivait à dix pas.

— Tiens, dis-je à Alexandre, nous cherchions Alfred, le voilà qui revient de Compiègne.

Je le hélai.

— Quelle nouvelle? lui demandai-je.

— J'ai déchiré mon pantalon depuis le haut jusqu'en bas.

— Et le dessous?

— Peuh! fit Alfred.

— L'os a garanti les chairs, dit Alexandre. Ah! voilà Maquet qui revient à lui.

En effet, Maquet rouvrait les yeux. Une gourde renfermait encore un peu d'eau-de-vie, on lui en fit boire quelques gouttes.

Il se redressa sur ses jambes en chancelant d'abord; puis, enfin, peu à peu, il reprit son centre de gravité.

Nous eûmes alors le loisir de nous occuper de Dévorant, de la carriole et de la façon dont l'accident était arrivé.

Par un miracle du ciel, au moment où nous allions être précipités, la roue de la carriole avait rencontré une borne, avait monté dessus et nous avait vidés sur la route.

Le cheval était suspendu au-dessus du précipice, le poids seul de la voiture, le maintenait.

Mais il nageait littéralement dans le vide.

Nous nous approchâmes du bord.

C'était à donner le vertige! figurez-vous un ravin de cinquante à soixante pieds de profondeur, douil-

lettement capitonné de rochers, de ronces et d'or-
ties.

Si la roue de la carriole n'eût point rencontré la
borne, le cheval, la carriole et nous, étions en morceaux!

Nous fîmes quelques essais pour tirer Dévorant
en arrière.

Ces essais furent infructueux.

— Ma foi, dit Alexandre, c'est lui qui a choisi la
place, qu'il y reste; occupons-nous d'abord de nous.
Que désirez-vous, Maquet?

— Un peu de repos.

— Voilà le talus qui vous tend les bras — Et toi,
papa?

— Le reste de l'eau-de-vie.

— Comment, le reste de l'eau-de-vie? J'ai un père
qui va boire de l'eau-de-vie!

— Sois tranquille, c'est pour ma cuisse.

— A la bonne heure! voici l'eau-de-vie demandée.
Et toi, Alfred?

— Je crois, dit Alfred profitant de la circontance,
que le moment est venu de faire un peu de toilette.

Puis, prenant un petit peigne dans sa poche, il se
mit à se lisser les cheveux, comme il eût fait dans
la chambre de la ferme de M. Mocquet.

— Là! dit-il quand ce fut fini, je crois que, maintenant, je puis, sans prodigalité, faire hommage de
mon pantalon aux divinités bocagères.

Et, tirant son pantalon en lambeaux, après l'avoir
exposé un instant aux yeux de la société pour voir
si quelqu'un réclamait, toutes les bouches s'étant
tues, il lança son pantalon dans le ravin.

On s'était tu, d'abord parce que le pantalon ne méritait d'être l'objet d'aucune réclamation, et ensuite parce que l'on était préoccupé des jambes d'Alfred, que, jusque-là, chacun de nous n'avait été appelé à voir que dans des fourreaux plus ou moins larges.

— Alfred, dit Alexandre, sais-tu ce que disait M. de Talleyrand au bailli de Ferrette, qui avait des jambes dans ton genre?

— Non; que lui disait-il?

— Il lui disait: « Monsieur le bailli, vous êtes l'homme le plus brave de France. — Pourquoi cela, monseigneur? — Parce qu'il n'y a que vous assez hardi pour marcher sur de pareilles jambes! » Eh bien, je te crois encore plus brave que le bailli de Ferrette.

— Oh! la jolie plaisanterie!

— Je n'en prends pas la responsabilité, dit Alexandre; elle n'est pas de moi.

— Ah! tonnerre! s'écria tout à coup Alfred avec un geste désespéré.

— Quoi donc?

— Imbécile que je suis!

— Ne dis pas de ces choses-là, Alfred; on te croirait.

— Imaginez-vous que la clef de mon sac de nuit est dans mon pantalon.

— Dans le pantalon qui est dans ton sac de nuit?

— Eh! non : dans celui dont j'ai fait hommage aux nymphes bocagères.

— Ne te plains pas : peste! tu te montres à elles

avec tous tes avantages : elles vont te prendre pour Narcisse, heureux coquin !

— Oui ; mais, les ronces et les épines.

— Dame ! qui ne risque rien n'a rien.

Pendant tout ce temps, les paysans et les paysannes qui passaient — c'était le jour du marché à Crépy — nous regardaient avec une certaine curiosité, tout en se gardant bien naturellement de nous porter secours.

Il est vrai qu'il pouvait y avoir un doute dans leur esprit.

Ils comprenaient bien ce que faisait Maquet, pâle et assis sur le talus de la forêt ; ils comprenaient bien ce que faisait Alexandre, lui desserrant sa cravate et lui frottant les tempes avec un mouchoir trempé d'eau fraîche au ruisseau voisin ; ils comprenaient bien ce que je faisais en bassinant ma cuisse meurtrie avec de l'eau-de-vie. Mais ils ne comprenaient pas ce que faisait cette espèce d'Écossais aux jambes et aux cuisses nues, se promenant au bord du ravin, au fond duquel il plongeait des regards furibonds avec des rugissements et des gestes de menace.

Tout à coup, il poussa un cri de joie.

— Je suis sauvé ! dit-il.

Et, indiquant le ravin à son chien :

— Cherche, Médor ! dit-il ; cherche !

Médor descendit dans le ravin.

Cinq minutes après, il remontait avec le pantalon de son maître.

Seulement, il était arrivé un malheur : pendant le transport, la clef du sac de nuit avait glissé hors du gousset. Les poches du pantalon étaient parfaitement vides !

Vous comprenez ce qu'il y avait d'espérance de la retrouver dans un pareil fouillis.

Force fut donc à Alfred de rentrer en Écossais dans la sous-préfecture du département de l'Oise.

Par bonheur, il faisait nuit close quand nous atteignîmes les premières maisons.

Nous envoyâmes le loueur de voiture chercher la carriole et Dévorant.

Il les trouva tous les deux où nous les avions laissés.

XXXV

COMMENT JE RAPPORTAI DE CONSTANTINE UN VAUTOUR QUI ME COUTA QUARANTE MILLE FRANCS, A MOI, ET EN COUTA DIX MILLE AU GOUVERNEMENT

Pendant que nous faisions, sur la route de Crépy à Compiègne, la culbute que j'ai eu l'honneur de vous raconter dans le chapitre précédent, deux hommes escortés de deux spahis et de quelques domestiques indigènes et européens, suivaient, au retour d'une longue tournée qu'ils venaient de faire, la route de Blidah à Alger.

— C'est bien étrange, disait l'un de ces deux hommes à l'autre, que le magnifique pays que nous

venons de parcourir soit si peu connu. Savez-vous
un moyen de le populariser?

Celui auquel s'adressait cette question parut réfléchir un instant; puis, tout à coup:

— Savez-vous ce que je ferais, monsieur le ministre, si j'avais l'honneur d'être à votre place? Je m'ar-
rangerais de manière que Dumas fît le voyage que
nous venons de faire, et écrivît deux ou trois volumes sur l'Algérie. Dumas est à la mode dans ce mo-
ment-ci; on lira son livre, quoique ce soit un livre
de voyage, et, sur trois millions de lecteurs qu'il
aura, peut-être donnera-t-il à cinquante ou soixante
mille le goût de l'Algérie.

— C'est une idée, dit le ministre, j'y songerai.

Les deux hommes qui me faisaient ainsi l'honneur
de s'occuper de moi sur la route de Blidah à Alger,
étaient, l'un M. de Salvandy, ministre de l'instruction publique, et l'autre notre illustre voyageur et
mon cher ami, à moi, Xavier Marmier.

Et M. de Salvandy pensa si bien à la proposition
qui lui avait été faite, qu'un beau matin du mois de
septembre, je reçus l'invitation de dîner chez lui; je
m'y rendis, fort étonné de l'honneur qu'il me faisait.
Je ne le connaissais que parce qu'il avait été chargé
par M. le duc d'Orléans de nous donner, à Hugo et
à moi, à Hugo la croix d'officier de la Légion d'honneur, et à moi celle de chevalier.

A cette époque, pour que notre nomination ne fît
pas un trop grand scandale, il avait jugé à propos
de nous adjoindre un brave garçon nommé Grille de
Bruzelin. Comme il n'y avait aucun motif de donner
la croix à ce dernier, M. de Salvandy avait pensé

qu'il ferait à lui seul un contre-poids suffisant à Hugo et à moi.

M. de Salvandy avait bien aussi fait, dans son jeune temps, une espèce de roman intitulé *Alonzo, ou l'Espagne...* en je ne sais plus quel siècle; mais cela ne le faisait pas assez mon confrère pour lui donner l'idée de cultiver ma connaissance.

Que pouvait donc me vouloir M. de Salvandy ? Ce n'était pas pour me faire officier de la Légion d'honneur; ces idées-là ne viennent pas d'elles-mêmes aux ministres, surtout à l'endroit des gens qui le méritent.

Je me rendis donc au dîner de M. de Salvandy, sinon fort inquiet, du moins passablement préoccupé.

M. de Salvandy me fit sa meilleure mine, ses plus blanches dents, et, après le café, m'entraînant par le bras dans le jardin du ministère:

— Mon cher poëte, me dit-il, il faut que vous nous rendiez un service.

— Un poëte rendre un service à un ministre! Je le veux bien, ne fût-ce que pour la rareté du fait. De quoi s'agit-il?

— Avez-vous des dispositions prises pour votre hiver?

— Moi? Est-ce que je prends jamais des dispositions? Je vis comme les oiseaux, sur une branche; s'il ne fait pas de vent, j'y reste; s'il fait du vent, j'ouvre mes ailes et je m'en vais où m'emporte le vent.

— Et auriez-vous quelque répugnance à ce que le vent vous emportât vers l'Algérie?

— Aucunement; j'ai toujours eu, au contraire, la plus grande envie d'aller en Afrique. J'allais partir le 26 juillet 1830, à cinq heures du soir, lorsque, à cinq heures du matin, parurent, dans *le Moniteur*, les fameuses ordonnances. Il en résulta que, le soir, au lieu de prendre la malle-poste, je pris mon fusil et que, trois jours après, au lieu d'arriver à Marseille, j'entrais dans le Louvre.

— Eh bien, si votre désir est toujours le même, je vous offre de vous aider à faire le voyage.

— Ouf ! répondis-je, les temps sont bien changés ! il y a seize ans, j'étais un jeune homme, une espèce de bachelier de Salamanque, courant les grands chemins à pied, le havre-sac sur le dos, le bâton ferré à la main. Aujourd'hui, je traîne toute une suite après moi. Je ne sais plus rien faire seul ; c'est toute une affaire que ce voyage.

— Aussi, me dit le ministre, ai-je consacré dix mille francs à cette mission.

— Voyons, tenez-vous beaucoup à ce que j'aille en Algérie ?

— Mais oui, puisque je vous le propose.

— Cela vous fera-t-il grand plaisir ?

— Très-grand plaisir.

— Eh bien, j'ajouterai quarante mille francs, de ma poche, aux dix mille francs que vous m'offrez, et je ferai le voyage.

M. de Salvandy me regarda tout ébahi.

— Dame ! c'est comme cela, lui dis-je ; vous ne vous figurez pas que je vais voyager comme un herboriste. — Je compte inviter trois ou quatre amis à venir avec moi; puisque vous m'envoyez représenter la France en Algérie, je veux faire honneur à la France.

M. de Salvandy avait cru d'abord que je plaisantais; mais il avait fini par voir que je parlais sérieusement.

— Puis ce n'est pas tout, lui dis-je ; si je vais en Algérie, je désire y aller avec toutes les facilités de voyage que peut me donner le gouvernement.

— Ah çà ! mais vous êtes bien difficile ! me dit le ministre.

— Je suis difficile comme un homme qui peut y aller sans vous, et qui, y allant pour vous, fait ses conditions. Cela vous gêne-t-il ? Je ferai mon voyage, comme je l'entendrai.

— Mais alors, vous le ferez donc ?

— Ma foi, oui, vous venez de m'en donner l'idée ; maintenant, j'en meurs d'envie.

— Non, ce n'est pas comme cela que je l'entends : je veux que vous y alliez, mais avec une mission. Voyons, qu'alliez-vous demander quand je vous ai interrompu ? Voulez-vous que nous vous fassions officier de la Légion d'honneur ?

— Merci, je n'ai aucune ambition de ce côté-là. J'ai été fait chevalier par ce pauvre duc d'Orléans, que j'aimais de tout mon cœur; s'il était là pour me faire officier, je me laisserais peut-être faire officier ; mais il n'y est pas, à mon grand regret, et j'aime autant rester ce qu'il m'a fait que de devenir autre chose.

— Mais enfin que voulez-vous donc ?

— Je veux qu'un bâtiment de l'État soit mis à ma disposition et à celle de mes compagnons, afin de

parcourir les côtes de l'Algérie, non pas selon le ca
price de vos officiers, mais à ma fantaisie.

— Ah çà ! mais vous demandez qu'on fasse pour
vous ce que l'on fait pour les princes.

— Tout simplement. Si vous ne faites pour moi
que ce que l'on fait pour tout le monde, il est inutile
de me déranger : je n'ai qu'à écrire un mot à la
direction des Messageries, et j'aurai, à bord de ses
bâtiments, non-seulement mon passage pour l'Algérie, mais pour toute la Méditerranée.

— Eh bien, alors, soit; vous aurez votre bâtiment.
Mais, si vous croyez que ce sera une économie pour
vous, vous vous trompez fort !

— Une économie? Vous croyez que j'ai pensé,
moi, à une économie quelconque? Pour un ministre
de l'instruction publique, vous êtes, permettez-moi
de vous le dire, bien mal instruit.

— Maintenant, quand désirez-vous partir ?

— Quand vous voudrez. J'ai deux ou trois romans
à finir, mais c'est l'affaire de quinze jours; j'ai quelques coupons de chemin de fer à vendre, mais c'est
l'affaire d'une heure.

— Alors, dans quinze jours, vous serez prêt?

— Parfaitement.

— Et votre Théâtre-Historique?

— On l'achèvera pendant mon absence.

Je saluai M. le ministre de l'instruction publique,
et nous nous séparâmes.

Le lendemain, j'avais l'honneur de dîner à Vin-
cennes avec M. le duc de Montpensier. Je lui racontai la singulière idée qu'avait eue M. le ministre

de l'instruction publique de me faire faire un voyage en Afrique pour populariser l'Algérie.

— Eh bien, me dit-il, c'est une excellente idée qu'il a eue là, surtout si vous passez par l'Espagne.

— Et dans quel but passerais-je par l'Espagne, monseigneur?

— Dans le but de venir à ma noce; vous savez que je me marie le 11 ou le 12 octobre?

— Je remercie beaucoup monseigneur, et c'est un grand honneur qu'il me fait; mais que dira le roi? Votre Altesse sait qu'il ne partage pas précisément l'amitié qu'elle me porte.

— Le roi ne le saura qu'après; et puis, du moment qu'il vous trouve bon pour aller en Algérie, il doit vous trouver bon pour aller à Madrid. En somme, que cela ne vous inquiète pas, c'est moi qui me marie, et je vous invite.

— J'accepte, monseigneur, et avec reconnaissance.

Nous étions au 20 ou 25 septembre, M. le duc de Montpensier se mariait le 11 ou le 12 octobre. Il n'y avait donc pas un instant à perdre, si je voulais être à Madrid deux ou trois jours avant le mariage.

Je commençai par réaliser les fonds nécessaires à ce voyage. J'avais pour une cinquantaine de mille francs de coupons du chemin de fer de Lyon. Ils ne perdaient guère qu'un cinquième à cette époque. La situation était favorable pour vendre. Je me hâtai de faire quarante mille francs argent avec mes cinquante mille francs de coupons.

Quant aux dix mille francs du gouvernement, comme ils étaient pour l'Algérie, je ne voulus les toucher qu'en Algérie, et fis envoyer mon crédit à M. le

maréchal Bugeaud. Ces deux précautions prises,
le plus fort était fait ; il ne s'agissait plus que de mes
compagnons de voyage.

J'écrivis à mon fils et à Louis Boulanger :

« Je pars demain soir pour l'Espagne et pour l'Algérie, veux-tu venir avec moi ?

» Si oui, tu n'auras à te préoccuper que d'une
malle. Seulement, choisis la plus petite.

                » A toi,

                        » ALEX. DUMAS. »

J'écrivis la même lettre circulaire à Maquet, en
substituant seulement le *vous* au *tu*.

Tous trois me répondirent qu'ils acceptaient.

Restait à trouver le domestique modèle qui devait
à lui seul avoir charge de veiller sur les colis et
s'ingénier, autant qu'il lui serait possible, à ce que
les quatre voyageurs ne mourussent pas de faim.

Je dis à trouver, parce qu'aucun des domestiques
que j'avais à cette époque n'était l'homme du voyage.
Alexis était trop jeune ; le cocher était trop spécial ;
quant à Michel, je n'ai jamais cru un seul instant,
pendant les douze ans qu'il passa chez moi, qu'il fût
à mon service : Michel était purement et simplement à son service à lui ; seulement, comme Michel
aimait beaucoup les animaux, Michel me faisait
accroire que c'était moi qui les aimais, et, pour sa
plus grande satisfaction personnelle, il multipliait les
bipèdes, les quadrupèdes et les quadrumanes ; c'était
ainsi que je me trouvais avoir, au dire de Michel,
douze ou quinze poules de races inconnues ; cinq ou

six coqs des espèces précieuses, deux chiens, dont l'un, comme on l'a vu, avait voulu me manger, trois singes et un chat qui avaient fait contre mes colibris, mes bengalis et mes cailles l'expédition que vous vous rappelez peut-être.

Michel devait donc rester avec ses animaux, ou, si j'emmenais Michel, il me fallait emmener ses animaux avec lui.

Sur ces entrefaites, le hasard vint à mon aide. Remarquez que je n'ai pas la fatuité de dire *la Providence :* je laisse la chose aux têtes couronnées.

Chevet, à qui je devais une note de 113 francs, ayant entendu dire que je partais pour un voyage autour du monde, fut bien aise de rentrer dans le total de sa note avant que je quittasse Saint-Germain.

Il m'apparut donc un matin en personne, son addition à la main. Son addition réglée, je lui demandai si par hasard il ne connaîtrait pas un bon domestique qui voulût venir avec moi en Espagne et en Algérie.

— Oh ! monsieur, me dit-il, comme ça tombe : j'ai une perle à vous offrir, — un nègre.

— Perle noire, alors ?

— Oui, monsieur, mais une véritable perle.

— Diable ! Chevet, j'ai déjà un nègre de dix ans qui est paresseux à lui seul comme deux nègres de vingt ans, s'ils vont à vingt ans.

— C'est juste son âge, monsieur.

— Il sera paresseux comme deux nègres de quarante ans, alors.

— Monsieur, ce n'est pas un vrai nègre.

— Comment ! il est teint ?

— Non, monsieur : c'est un Arabe.

— Ah ! diable ! un Arabe, mais c'est précieux pour aller en Algérie ; à moins toutefois qu'il ne parle arabe comme Alexis parlait créole.

— Monsieur, je ne sais pas comment Alexis parlait créole, mais je sais qu'un officier de spahis est venu l'autre jour à la maison, et qu'il ont *haché de la paille*, Paul et lui.

— Il s'appelle Paul ?

— Il s'appelle Paul pour nous autres, c'est son nom français ; mais, pour ses compatriotes, il a un autre nom, un nom arabe qui veut dire *Eau de Benjoin.*

— Vous en répondez, Chevet ?

— Comme de moi-même.

— Alors, envoyez-moi votre Eau-de-Benjoin.

— Ah ! monsieur, vous verrez quelle acquisition vous venez de faire ! un valet de chambre du plus beau ton qu'il soit possible de voir, entre le citron et la grenade, parlant quatre langues, sans compter la sienne ; bon à pied, bon à cheval ; n'ayant qu'un défaut : c'est de perdre tout ce qu'on lui confie ; mais, vous comprenez, en ne lui confiant rien...

— C'est bien, Chevet ; merci, merci !

Par le convoi de quatre heures, je vis arriver Eau-de-Benjoin ; Chevet ne m'avait pas trompé : Eau-de-Benjoin n'avait rien du front déprimé, du nez aplati, des grosses lèvres nègres du Congo ou de Mozambique.

C'était un Arabe abyssin avec toute l'élégance de

formes de sa race. Comme l'avait dit Chevet, il était d'un ton de peau qui eût fait le bonheur de Delacroix. Voulant juger ses connaissances tant vantées en philologie, je lui adressai quelques mots en italien, en anglais et en espagnol ; il y répondit assez juste ; et, comme il parlait très-bien français, j'arrivai à être convaincu, comme Chevet, qu'il savait quatre langues, sans compter la sienne.

Maintenant, comment cette goutte de senteur, nommée *Eau-de-Benjoin*, était-elle éclose au penchant des mots Samen, entre les rives du lac d'Ambra et les sources du fleuve Bleu, c'est ce qu'Eau-de-Benjoin ne put jamais me dire lui-même, et, par conséquent, ce que je ne vous dirai pas. Seulement, tout ce que l'on pouvait distinguer dans les ténèbres de son premier âge, c'est qu'un Anglais, un gentleman *traveller*, qui venait de l'Inde par le golfe d'Aden, eut l'idée de remonter le fleuve à Naso, de passer par Emfras et Gondar, s'arrêta dans cette dernière ville, y vit le jeune Eau-de-Benjoin, âgé de cinq à six ans, et, le trouvant à sa guise, l'acheta de monsieur son père moyennant une bouteille de rhum.

L'enfant suivit son maître, pleura pendant deux ou trois jours ce qu'il pouvait avoir de parents. Puis, subissant l'influence de la variété des objets, si grande chez les enfants surtout, il arriva, au bout d'une semaine, à peu près consolé, aux sources de la rivière Rahad. L'Anglais descendit la rivière Rahad jusqu'à l'endroit où elle se jette dans le fleuve Bleu ; puis il descendit le fleuve Bleu jusqu'à l'endroit où il se jette dans le Nil Blanc ; il s'arrêta quinze jours à

Kartoum, reprit sa course, et, deux mois après, il arrivait au Caire.

Pendant six ans, Eau-de-Benjoin resta avec son Anglais ; pendant ces six ans, il parcourut l'Italie, et apprit un peu l'italien ; l'Espagne, et apprit un peu l'espagnol ; l'Angleterre, et apprit un peu l'anglais; enfin, il stationna en France, où il apprit réellement beaucoup de français.

L'enfant du lac d'Ambra se trouvait à merveille de cette vie nomade, qui lui rappelait celle de ses ancêtres les rois pasteurs, — car Eau-de-Benjoin avait si grand air, que j'ai toujours prétendu et que je prétends encore qu'il devait descendre des conquérants de l'Égypte. — Aussi, s'il n'eût tenu qu'à lui, malgré le proverbe émis par le bon roi Dagobert, il n'eût jamais quitté son Anglais ; mais ce fut son Anglais qui le quitta. C'était un grand voyageur, que cet Anglais ; il avait tout vu. Il avait vu l'Europe, l'Asie, l'Afrique, l'Amérique et même l'Océanie ; il avait tout vu dans ce monde, il résolut de visiter l'autre. Tous les matins, à sept heures, il avait l'habitude de sonner Eau-de-Benjoin. Un matin, il ne sonna point. A huit heures, Eau-de-Benjoin entra dans sa chambre et le trouva pendu au plafond, avec le cordon de sa sonnette.

Cela expliqua pourquoi il n'avait pas sonné.

L'Anglais était généreux ; il avait même eu le soin, avant de se pendre, de laisser un rouleau de guinées à Eau-de-Benjoin ; mais Eau-de-Benjoin n'était pas économe. En véritable enfant des tropiques, il aimait tout ce qui brillait au soleil ; pourvu que cela brillât, peu lui importait que ce fût du cuivre ou de l'or, du verre ou de l'émeraude, du paillon ou du rubis, du strass ou du diamant; il employa donc ses guinées à acheter tout ce qui brillait, entremêlant ses achats de quelques gorgées de rhum, car Eau-de-Benjoin aimait fort le rhum, — ce qu'avait oublié de me dire Chevet, pensant, sans doute, que je m'en apercevrais bien tout seul.

Quand Eau-de-Benjoin eut, je ne dirai pas mangé, — c'était un médiocre mangeur que le pauvre garçon, — mais jeté au vent sa dernière guinée, il comprit qu'il était temps de chercher une nouvelle condition.

Comme il était beau, avenant en tous points, qu'il avait l'œil et le sourire francs, les dents blanches, il eut bientôt trouvé un nouveau maître. Ce nouveau maître était un colonel français, qui l'emmena en Algérie. En Algérie, Paul se retrouva presque en famille. C'était sa langue maternelle que les Algériens parlaient, ou, plus exactement, il parlait la langue maternelle des Algériens avec beaucoup plus de pureté et d'élégance qu'eux, car il parle, lui, l'arabe en l'empruntant à sa source primitive. Il resta cinq ans en Algérie, pendant lesquelles cinq années, la grâce du Seigneur l'ayant touché, il se fit baptiser sous le nom de Pierre, afin sans doute de se réserver, comme son saint patron, la faculté de renier Dieu trois fois.

Malheureusement, Eau-de-Benjoin avait oublié, en choisissant ce nom, que c'était aussi celui de son maître. Il en résulta que le colonel, ne voulant pas avoir un domestique qui s'appelât comme lui, débaptisa Eau-de-Benjoin du nom de Pierre et l'appela

Paul, pensant qu'il ne pouvait que lui être agréable
de passer du patronage de l'apôtre qui tient les clefs
au patronage de l'apôtre qui tient le glaive.

Au bout de ces cinq années que nous avons déjà
relatées, le colonel de Paul fut mis à la retraite ; il
revint en France pour réclamer contre l'ordonnance ;
mais l'ordonnance fut maintenue, et le colonel,
réduit à la demi-solde, déclara à Paul qu'à son grand
regret il était obligé de se séparer de lui.

Il y avait une distinction fâcheuse entre le colonel
et l'Anglais : c'est que le colonel, restant vivant et
ayant besoin de ses écus jusqu'aux derniers jours,
ne donna juste à Paul que la somme qui lui était
due pour ses gages, et cette somme se montait à 33
francs 50 centimes, qui glissèrent promptement
entre les doigts basanés de Paul.

Mais, au service de son colonel, qui était un fin
gourmand, Paul avait fait une belle connaissance :
Paul avait fait la connaissance de Chevet. On a vu
comment Chevet me l'avait recommandé en me
disant que c'était un excellent domestique, qui n'avait
qu'un défaut, celui de perdre tout ce qu'on lui con-
fiait.

J'ai dit quelque part, dans les lignes précédentes,
que Chevet avait oublié de m'avertir que Paul avait
un goût prononcé pour le rhum ; j'ai ajouté que
Chevet avait pensé qne je m'en apercevrais bien tout
seul.

Or, Chevet s'était fait une trop haute idée de ma
perspicacité. Je voyais bien de temps en temps Paul,
se levant sur mon passage et se mettant au port d'armes,
rouler de gros yeux qui, de blancs, étaient de-

venus jaunes; je remarquais bien qu'il appuyait d'une façon désespérée son petit doigt à la couture de sa culotte, pose gracieuse et militaire à la fois, qu'il avait prise chez son colonel; j'entendais bien qu'il mêlait confusément l'anglais, le français, l'espagnol et l'italien; mais, absorbé par mon travail, je faisais une médiocre attention à ces changements superficiels, et je continuais à être fort content de lui; seulement, selon la recommandation de Chevet, je ne confiais rien à Paul, si ce n'est la clef de la cave, que, contrairement à ses habitudes, il n'a jamais perdue.

Je restai donc dans mon ignorance de cette fatale habitude de Paul, jusqu'à ce qu'une circonstance inattendue me la révélât. Parti un jour pour aller à une chasse où je devais rester toute une semaine, je revins le lendemain sans être attendu, et, selon mon habitude, en rentrant, j'appelai Paul.

Paul ne répondit pas. J'appelai Michel : Michel était dans le jardin. J'appelai la femme de Michel, Augustine : Augustine était allée faire son marché. Je pris mon parti et je montai à la chambre de Paul, craignant qu'il ne se fût pendu comme son ancien maître.

Au premier coup d'œil, je fus rassuré. Paul, pour le moment, avait complétement abandonné la ligne perpendiculaire pour la ligne horizontale; Paul, tout habillé en grande livrée, était couché sur son lit, aussi roide et aussi immobile que s'il eût été embaumé par le système de M. Gannal; j'avoue que, si je ne le crus pas tout à fait embaumé, je le crus à peu près trépassé. Je l'appelai, il ne répondit pas; je le secouai, il ne bougea point; je le levai par les épaules comme Pierrot lève Arlequin, pas une articulation ne plia. Je le posai sur ses jambes, et, comme je vis qu'un point d'appui lui était absolument nécessaire, je le collai au mur.

Pendant cette dernière opération, Paul avait enfin donné quelques signes d'existence, il avait fait des efforts pour parler, il avait ouvert de gros yeux dont on n'avait vu que le blanc; enfin, ses lèvres arrivèrent à articuler un son inintelligible, et il demanda d'un air de mauvaise humeur:

— Pourquoi donc me lève-t-on?

En ce moment, j'entendis du bruit à la porte de la chambre de Paul. C'était Michel qui m'avait entendu l'appeler du fond du jardin, et qui arrivait.

— Ah çà! lui demandai-je, Paul est-il fou?

— Non, monsieur, me répondit-il, mais Paul est ivre.

— Comment, Paul est ivre?

— Ah! oui, monsieur; aussitôt que monsieur a le dos tourné, Paul a un goulot de bouteille entre les dents.

— Comment! Michel, vous saviez cela, et vous ne me l'avez pas dit?

— Je suis ici pour être le jardinier de monsieur, mais non pas mouchard.

— C'est vrai, Michel, vous avez raison. Eh bien, maintenant, que vais-je faire de Paul? Je ne peux pas le tenir le long du mur toute la journée.

— Ah! si monsieur veut dégriser Paul, c'est bien facile.

On se rappelle que Michel avait une recette pour toutes les circonstances embarrassantes.

— Que faut-il faire pour dégriser Paul, Michel?

— Sacrebleu! Paul, tâche donc de tenir le long du mur.

— Monsieur n'a qu'à prendre un verre d'eau, à y verser huit à dix gouttes d'alcali, et forcer Paul à le boire. Paul éternuera et sera dégrisé.

— Avez-vous de l'alcali, Michel ?

— Non ; mais j'ai de l'ammoniaque.

— Cela revient exactement au même. Mettez-moi de l'ammoniaque dans un verre, pas trop, et apportez-moi le verre.

Cinq minutes après, Michel rentra avec la potion demandée. On desserra les dents de Paul avec un couteau à papier; on y introduisit l'orifice du verre et l'on versa délicatement son contenu, qui prit deux directions, celle de l'œsophage, et celle de la cravate; quoique la cravate eût été certainement plus largement imbibée que le gosier, Paul, ainsi que l'avait prédit Michel, n'en éternua pas moins avec une violence telle, que je m'éloignai, l'abandonnant à lui-même. Il chancela un instant, éternua encore, ouvrit de gros yeux fixes, et ne prononça qu'un mot qui exprimait toute sa pensée:

— Pouah !

— Eh bien, maintenant, Paul, lui dis-je, maintenant que te voilà dégrisé, couche-toi, mon ami, et, aussitôt éveillé, apporte-moi ton compte : je n'aime pas les ivrognes.

Mais, soit que Paul fût d'une susceptibilité nerveuse inconnue, soit que cette susceptibilité fût surexcitée par l'ammoniaque, Paul, au lieu de dormir, comme je lui en donnais le conseil, ou de faire son compte comme c'était son droit, Paul se mit à se renverser la tête en arrière, à se tordre les bras et à faire des grimaces de possédé. Paul avait une attaque de nerfs, et, au milieu de toutes ces contorsions, ou plutôt dans les intervalles de ces contorsions, il criait :

— Non, je ne veux pas m'en aller! non, je suis bien dans la maison et j'y reste. Je n'ai quitté mon premier maître que parce qu'il s'est pendu; je n'ai quitté mon second maître que parce qu'il a été mis à la retraite. M. Dumas n'a pas été mis à la retraite, M. Dumas ne s'est pas pendu; je veux rester avec M. Dumas.

Cet attachement pour ma personne me toucha. J'obtins de Paul, non pas la promesse qu'il ne boirait plus, il eut la loyauté de me la refuser, mais celle qu'il boirait le moins possible. J'exigeai la restitution de la clef de la cave, restitution dont je sus d'autant plus de gré à Paul, que visiblement il la faisait à regret, et tout rentra dans l'ordre accoutumé.

Ce qui m'avait rendu un peu plus indulgent pour Paul, c'est que, quelques jours avant mon départ pour l'Espagne, mon ami de Saulcy était venu me demander à dîner, avait parlé arabe avec Paul, et m'avait affirmé que Paul parlait arabe comme Boabdil ou Malek-Adel.

Le jour venu, nous partîmes donc, Alexandre, Maquet, Boulanger et moi, flanqués d'une ombre noire qui n'était autre que notre ami Paul.

Mon intention n'est pas de raconter ici ce fameux

voyage d'Espagne, où l'on a prétendu que j'allais comme historiographe du mariage de M. le duc de Montpensier, ni ce plus fameux voyage d'Afrique qui, grâce à M. de Castellane, à M. Léon de Malleville et à M. Lacrosse, eut un si retentissant écho dans la chambre des députés.

Non; mon intention est purement et simplement d'en arriver à l'histoire d'une nouvelle bête que le susdit voyage d'Afrique devait ajouter à ma collection.

J'étais à Constantine, où, mon fusil à la main, je guettais des vautours tournant en rond au-dessus d'un charnier. Je leur avais déjà envoyé deux ou trois balles qui avaient été autant de balles perdues, lorsque j'entendis derrière moi une voix qui me disait :

— Ah ! si vous en voulez un, et un vivant, je vous en ferai vendre un, moi, et pas cher.

Je me retournai et reconnus un gamin du plus pur sang français, du plus populaire quartier parisien, un *Beni-Mouffetard*, comme il s'appelait lui-même, qui m'avait deux ou trois fois servi de guide, et qui, chaque fois, avait eu à se louer de ma libéralité.

— Un beau ?

— Magnifique.

— Quel âge ?

— Il a encore ses dents de lait.

— Mais enfin ?

— Dix-huit mois tout au plus. Vous savez que ça vit cent cinquante ans, un vautour ?

— Je ne tiens pas absolument à ce qu'il atteigne

cet âge-là. Et combien veut-on le vendre, ton vautour

— Oh! pour *dix balles*, vous l'aurez.

Inutile de dire à mes lecteurs qu'au change de l'argot, *dix balles* valent dix francs.

— Eh bien, Beni-Mouffetard, lui dis-je, arrange-moi l'affaire pour douze, et il y aura quarante sous pour toi.

— Seulement, dit le gamin, comme pris par un remords, il faut que je vous prévienne d'une chose.

— Quoi?

— C'est qu'il est méchant comme la gale, ce damné vautour, et qu'il n'y a que celui qui l'a déniché et qui le nourrit qui puisse en approcher.

— Bon! lui dis-je, s'il est si méchant que ça, on lui mettra une muselière.

— Oui; mais, en la lui mettant, il faudra prendre garde à vos doigts. Avant-hier, il a coupé le pouce à un Kabyle, et hier la queue d'un chien.

— On y fera attention.

Le lendemain, j'étais propriétaire d'un magnifique vautour, qui n'avait d'autre défaut, comme m'en avait prévenu le Beni-Mouffetard, que d'avoir l'air de vouloir dévorer tout ce qui l'approchait.

Il fut immédiatement baptisé du nom de son compatriote *Jugurtha*. Jugurtha, pour plus grande précaution, m'était livré dans une grande cage faite de fragments de planche, et il avait, pauvre forçat emplumé, autour de sa patte, entourée précautionnellement d'un chiffon, une chaîne de deux ou trois pieds de long.

Le moment du départ arrivé, nous nous en retournâmes comme nous étions venus, c'est-à-dire tout simplement avec la diligence qui fait le service entre Philippeville et Constantine.

Cette diligence avait un avantage : elle marchait si doucement et faisait de tels détours, que les amateurs pouvaient se livrer au plaisir de la chasse tout le long du chemin.

Jugurtha aurait bien voulu être un de ces amateurs-là. Il voyait, du haut de son impériale, une foule d'oiseaux qui lui paraissaient ses sujets naturels, et qu'en sa qualité de tyran de l'air, il regrettait évidemment de ne pouvoir manger, chair et plumes, Il se dédommagea sur le doigt d'un passager qui, placé sur l'impériale, avait voulu familiariser avec lui.

On arriva sans autre accident à Philippeville Philippeville, la situation se compliquait : il restait une lieue à faire pour atteindre le port d'embarquement, c'est-à-dire Stora, et la voiture n'allait pas jusqu'à Stora.

Il est vrai que le chemin de Philippeville à Stora étant charmant, longeant le golfe, ayant la mer à droite, de belles collines et de jolis bosquets à gauche, ces messieurs avaient décidé qu'ils feraient à pied ces deux lieues.

Mais comment Jugurtha les ferait-il, lui ?

Il n'y avait pas moyen de mettre sa boîte sur le dos d'un homme : à travers les intervalles des planches, il eût dévoré son porteur. Le suspendre à deux perches et le mettre en manière de litière sur le dos de deux hommes, c'était une affaire de cinquante francs, et, quand on achète un vautour douze francs, commis-

sion comprise, on n'est pas disposé à payer cinquante
francs pour un transport. J'avisai un moyen : c'était
d'allonger sa chaîne de huit ou dix pieds à l'aide
d'une corde, et de le conduire à pied devant moi à
l'aide d'une gaule, comme les gardeurs de dindons
conduisent leurs volatiles.

La grande affaire était de forcer M. Jugurtha de
sortir de sa cage. En arracher les planches avec les
mains, il n'y fallait pas songer : Jugurtha eût dévoré
la main avant que la main eût arraché la planche.

Je commençai par faire attacher la corde à la
chaîne, puis je mis un homme, armé d'une pioche, à
chaque côté de la cage ; chaque homme introduisit
sa pioche entre les barreaux, puis chacun se mit à
tirer en sens inverse.

Deux forces égales, en mathématiques, se neutrali-
sent, lorsqu'elles opèrent sur le même objet ; mais,
quand cet objet a des solutions de continuité, il faut
bien qu'il cède et qu'il aille à celui qui tire le plus
fort.

Il en résulta qu'une planche éclata, puis deux,
puis trois, et que toute une des surfaces de la cage se
trouva découverte. Comme Jugurtha n'avait pas été
privé d'une seule plume de ses ailes, son premier
mouvement fut de s'élancer dehors, d'étendre les
ailes et de s'envoler ; mais il ne s'envola que de la
longueur de sa corde ; hanneton ou vautour, quand
on a un fil à la patte, il faut rompre le fil ou rester
prisonnier.

Jugurtha fut donc forcé de s'abattre. Mais Jugurtha était un animal fort intelligent : il vit bien
d'où venait l'obstacle, et que l'obstacle, c'était moi ;

par conséquent, il s'élança sur moi dans la fallacieuse espérance de me mettre en fuite ou de me dévorer si je ne fuyais pas.

Mais Jugurtha avait affaire à un animal aussi intelligent que lui. J'avais prévu l'attaque, et j'avais ordonné à Paul de me couper une jolie baguette de cornouiller, grosse comme l'index et longue de huit ou dix pieds.

J'envoyai de toute volée un coup de ma gaule à Jugurtha, qui parut étonné, mais qui continua son chemin ; je lui en sanglai un second coup à toute volée, qui l'arrêta court ; enfin, je lui en allongeai un troisième, qui lui fit prendre la route opposée, c'est-à-dire le chemin de Stora ; une fois sur ce chemin, je n'eus qu'à lui ménager adroitement les coups de gaule, et Jugurtha fit ses quatre ou cinq kilomètres à peu près du même pas que nous, à la grande admiration de mes compagnons de voyage et des gens qui nous croisaient sur le chemin.

Arrivé à Stora, Jugurtha monta sans difficulté aucune dans le bateau, du bateau sur *le Véloce*, s'installa sur le beaupré, et attendit, attaché à la base du mât, qu'une nouvelle cage lui fût confectionnée. Il y entra tout seul, la laissa clouer sur lui sans essayer le moins du monde de déchiqueter les doigts des ouvriers, reçut avec une reconnaissance visible les morceaux de viande que le maître coq du bâtiment lui donnait avec une régularité qui faisait honneur à sa philanthropie ; et, trois jours après son installation à bord, il me présentait sa tête pour que je la grattasse comme on gratte les perroquets ; seulement, une fois arrivé à Saint-Germain, Michel es-

saya inutilement de lui faire dire le *Gratte, coco,
sacramentel.*

Et voilà comment je rapportai d'Algérie un vautour qui me coûtait quarante mille francs, et ne coûtait que dix mille francs au gouvernement.

XXXVI

COMMENT PRITCHARD COMMENÇA DE RESSEMBLER AU MARÉCHAL DE SAXE, A QUI MARS N'AVAIT LAISSÉ D'ENTIER QUE LE CŒUR

A mon retour en France, je trouvai une maison que je faisais bâtir sur la route de Marly à peu près achevée ; en quelques semaines, je fis placer les papiers et les boiseries de tout un étage, de sorte que je pus condescendre au désir de mon propriétaire de la villa Médicis, qui, ayant vu que j'avais dépensé de sept à huit mille francs pour faire arranger sa maison, avait conçu le désir tout naturel de rentrer dedans et de profiter des améliorations que j'y avais faites.

Je quittai donc Saint-Germain pour aller habiter, au Port-Marly, la fameuse maison qui fut baptisée depuis, par madame Mélingue, du nom de Monte-Cristo, et qui fit tant de bruit, depuis, de par le monde.

Michel avait dès longtemps pris toutes ses dispositions pour le logement des animaux ; je dois dire qu'il s'était beaucoup moins préoccupé du mien et même du sien.

Je ne sais pas dans quel état est Monte-Cristo aujourd'hui ; mais ce que je sais, c'est que, de mon temps, il n'y avait jamais eu ni mur, ni fossé, ni haie, ni clôture quelconque ; il en résulte que les gens comme les bêtes pouvaient entrer à Monte-Cristo, s'y promener tout à leur aise, cueillir les fleurs, cueillir les fruits, sans crainte d'être prévenus de vol avec escalade ou effraction. Quant aux animaux — et c'est des chiens particulièrement que je veux parler — Pritchard, qui était fort hospitalier de sa nature, leur faisait les honneurs de la maison avec une désinvolture et un désintéressement tout écossais.

Cette hospitalité s'exerçait de la part de Pritchard de la façon la plus simple et la plus antique.

Il s'asseyait au beau milieu de la route de Marly, allait à tout chien qui passait, avec ce grognement moitié menaçant, moitié amical, qui constitue la manière de s'aborder des chiens, souhaitait le bonjour au nouveau venu en lui flairant sous la queue, et se prêtait sans répugnance aucune à la même cérémonie.

Puis, quand la sympathie s'était développée à l'aide de ces attouchements, la conversation s'engageait à peu près en ces termes :

— As-tu un bon maître ? demandait le chien étranger.

— Pas mauvais, répondait Pritchard.

— Est-on bien nourri chez ton maître ?

— Mais on a la pâtée deux fois par jour, des os au

déjeuner et au dîner, et, pendant le reste de la journée, ce qu'on peut voler à la cuisine.

Le chien étranger se léchait les babines.

— Peste! disait-il, tu n'es pas malheureux!

— Je ne me plains pas, répondait Pritchard.

Puis, voyant que le chien étranger devenait pensif :

— Te plairait-il, lui disait Pritchard, de dîner avec moi?

Les chiens n'ont pas, dans ce cas, la sotte habitude qu'ont les hommes, de se faire prier.

Le convié acceptait avec reconnaissance, et, à l'heure du dîner, j'étais fort étonné de voir entrer, à la suite de Pritchard, un animal que je ne connaissais pas, qui s'asseyait à ma droite, si Pritchard s'asseyait à ma gauche, et qui allongeait sur mon genou une patte solliciteuse, de manière à me prouver que les meilleurs rapports lui avaient été faits sur ma charité chrétienne.

Invité sans doute par Pritchard à passer la soirée avec lui, comme il y avait passé la journée, le chien restait, trouvait le soir qu'il était trop tard pour retourner chez lui, se couchait à un endroit ou à un autre sur le gazon, et passait là sa grasse nuit.

Le matin, au moment de s'en aller, le chien faisait trois ou quatre pas vers la porte, puis, se ravisant, disait à Pritchard :

— Est-ce que ce serait bien indiscret si je restais dans la maison ?

Pritchard répondait :

— Avec certains ménagements, tu pourras parfaitement faire croire que tu es le chien du voisin; au bout de deux ou trois jours, on ne fera plus attention à toi, et tu seras de la maison, ni plus ni moins que ces fainéants de singes qui ne font rien de la journée, que ce gourmand de vautour qui ne fait que manger des tripes, et que ce piaulard d'ara qui crie toute la journée sans savoir ce qu'il dit.

Le chien restait, se dissimulait le premier jour, me faisait la révérence le second, sautait après moi le troisième, et il y avait un hôte de plus dans la maison.

Cela dura jusqu'à ce que Michel me dît un jour :

— Monsieur sait-il combien il y a de chiens ici?

— Non, Michel, répondis-je.

— Monsieur, il y en a treize.

— C'est un mauvais compte, Michel, et il faut prendre garde qu'ils ne se mettent à table tous ensemble ; il y en aurait infailliblement un qui mourrait le premier.

— Mais ce n'est pas cela, monsieur, me dit Michel.

— Qu'est-ce que c'est ?

— C'est que ces gaillards-là mangeraient par jour un bœuf avec ses cornes.

— Croyez-vous qu'ils mangeraient les cornes, Michel? Moi, je ne crois pas.

— Ah ! si monsieur le prend comme cela, je n'ai rien à dire.

— Vous avez tort, Michel; dites, je le prendrai absolument comme vous voudrez.

— Eh bien, si monsieur veut me laisser faire, je prendrai tout simplement un fouet, et je mettrai tout ça à la porte dès ce matin.

— Michel, mettons-y des formes; tous ces chiens,

au bout du compte, en restant ici, rendent un hommage à la maison ; donnez-leur aujourd'hui un
grand dîner, prévenez-les que c'est le dîner d'adieu,
et, au dessert, vous les mettrez tous à la porte.

— Comment monsieur veut-il que je les mette à
la porte ? Il n'y en a pas, de porte.

— Michel, repris-je, il faut supporter certaines
charges qui sont les conditions du terrain, de la
position sociale, du caractère que l'on a le malheur
d'avoir reçu du ciel ; puisque les chiens sont dans la
maison, eh ! mon Dieu ! qu'ils y restent. Je ne crois
pas que ce soient les bêtes qui me ruinent jamais,
Michel ; seulement, dans leur intérêt, veillez à ce
qu'ils ne soient plus treize, mon ami.

— Monsieur, j'en chasserai un, afin qu'ils ne soient
plus que douze.

— Non, Michel, laissez-en venir un, au contraire,
afin qu'ils soient quatorze.

Michel poussa un soupir.

— Si c'était une meute, encore, murmura-t-il.

C'était une meute, une singulière meute : il y
avait un loup de Vienne, il y avait un caniche, il y
avait un barbet, il y avait un griffon, il y avait un
basset à jambes torses, il y avait un faux terrier, un
faux king-charles, il y avait jusqu'à un chien turc
qui n'avait de poil par tout le corps qu'un plumet sur
la tête et une bouffette au bout de la queue.

Eh bien, tout ça vivait ensemble dans la meilleure
harmonie du monde ; c'était à donner des leçons de
fraternité à un phalanstère ou à une confrérie de
frères moraves. Il y avait bien, à l'heure des repas,
quelques coups de dents donnés et rendus à droite

et à gauche; il y avait bien quelques querelles
d'amour, dans lesquelles, comme toujours, le plus
faible était vaincu; mais la plus touchante harmonie,
il faut le dire, se rétablissait dès que j'apparaissais
dans le jardin. Alors, pas un qui, si paresseusement
étendu qu'il fût au soleil; qui, si douillettement qu'il
fût couché sur le gazon; qui, si amoureusement
qu'il causât avec sa voisine, n'interrompît son repos,
sa sieste, sa causerie, pour venir à moi l'œil tendu
et la queue agitée. Tout cela essayait de me prouver sa reconnaissance, chacun à sa façon: les uns
en se glissant familièrement entre mes jambes; les
autres en se dressant sur leurs pattes de derrière,
et en faisant ce qu'on appelle les beaux; les autres,
enfin, en sautant par-dessus la canne que je leur
tendais, soit pour l'empereur de Russie, soit pour
la reine d'Espagne, mais refusant avec une obsti-
nation toute classique, de sauter pour ce pauvre roi
de Prusse, le plus humble et le plus populaire de
tous les monarques, non-seulement parmi son peuple, mais parmi les chiens de toutes les nations du
monde.

On recruta une petite épagneule nommée Lisette,
et le nombre des chiens fut porté à quatorze.

Eh bien ces quatorze chiens, tout compte fait, me
coûtaient cinquante ou soixante francs par mois. Un
seul dîner, donné à cinq ou six de mes confrères,
m'eût coûté le triple, et encore fussent-ils certainement sortis de chez moi en trouvant mon vin bon
peut-être, mais, à coup sûr, ma littérature mauvaise.

Au milieu de toute cette meute, Pritchard s'était

choisi un compagnon et Michel un favori; c'était un basset à jambes torses, court, trapu, marchant sur le ventre, et qui, de son plus grand train, eût bien fait une lieue en une heure et demie, mais, comme disait Michel, la plus belle gorge du département de Seine-et-Oise.

En effet, Portugo — c'était son nom — avait une des plus belles voix de basse qui eussent jamais été entendues sur la piste d'un lapin, d'un lièvre ou d'un chevreuil; quelquefois, la nuit, pendant que je travaillais, cette voix majestueuse se faisait entendre dans les environs, et c'était une voix à réjouir saint Hubert dans son tombeau. Que faisait Portugo à cette heure, et pourquoi veillait-il quand le reste de la meute dormait? Ce mystère me fut révélé un matin.

— Monsieur, me dit Michel, voudrait-il manger à son déjeuner une jolie gibelotte?

— Bon! lui demandai-je, est-ce que Vatrin a envoyé des lapins?

— Ah bien, oui, M. Vatrin, il y a plus d'un an que je ne l'ai vu.

— Eh bien, alors?

— Monsieur n'a pas besoin de savoir d'où vient le lapin, pourvu que la gibelotte soit bonne.

— Prenez garde, Michel! lui dis-je, vous vous ferez pincer, mon ami.

— Ah! par exemple! monsieur, je n'ai pas seulement touché une fois mon fusil depuis la fermeture de la chasse.

Je vis que Michel avait son parti pris de ne rien dire ce jour-là; mais je connaissais Michel et je sa-

vais bien qu'un jour ou l'autre il desserrerait les
dents.

— Eh bien, oui, Michel, lui dis-je, je mangerais
volontiers ce matin une gibelotte.

— Monsieur veut-il la faire lui-même, ou veut-il
qu'Augustine la fasse?

— Qu'Augustine la fasse, Michel; j'ai à travailler
ce matin.

Ce fut Michel qui me servit à déjeuner au lieu de
Paul; il voulait jouir de ma satisfaction.

La fameuse gibelotte fut apportée à son tour. J'en
suçai jusqu'au dernier os.

— Alors, monsieur l'a trouvée bonne? me demanda Michel.

— Excellente!

— Eh bien, monsieur peut en avoir une comme ça
tous les matins, si ça lui fait plaisir.

— Michel, tous les matins? Il me semble que
vous vous avancez beaucoup, mon ami.

— Je sais ce que je dis.

— Eh bien, Michel, nous verrons. Les gibelottes
sont bonnes; mais il y a certain conte intitulé *le Pâté
d'anguilles*, dont la morale est qu'il ne faut abuser
derien, pas même des gibelottes. D'ailleurs, avant
de faire une pareille consommation de lapins, je
voudrais savoir d'où ils viennent.

— Monsieur le saura la nuit prochaine, s'il veut
venir avec moi.

— Quand je vous disias, Michel, que vous étiez
un braconnier!

— Oh! monsieur, c'est-à-dire que je suis innocent comme l'enfant qui vient de naître, et, comme

je le dis à monsieur, s'il veut venir avec moi la nuit prochaine...

— Bien loin d'ici, Michel?

— A cent pas seulement, monsieur.

— A quelle heure?

— Au moment où monsieur entendra le premier coup de gueule de Portugo.

— Eh bien, c'est dit, Michel; si vous voyez de la lumière dans ma chambre au moment où Portugo aboiera, je suis à vous.

J'avais à peu près oublié cette promesse faite à Michel et je travaillais selon mon habitude, lorsque, par un magnifique clair de lune, vers onze heures du soir, Michel entra dans ma chambre.

— Eh bien, lui dis-je, Portugo n'a pas aboyé, ce me semble?

— Non, me dit-il; mais j'ai pensé que, si monsieur attendait ce moment-là, il perdrait le plus curieux.

— Que perdrais-je donc, Michel?

— Monsieur perdrait le conseil de guerre.

— Quel conseil de guerre?

— Celui qui se tient entre Pritchard et Portugo.

— Vous avez raison, ce doit être curieux.

— Si monsieur veut descendre, il verra.

Je suivis Michel, et, en effet, au milieu du bivac des quatorze chiens, couchés chacun à son caprice, Portugo et Pritchard, assis gravement sur leur derrière, semblaient débattre une question de la plus haute importance.

Cette question débattue, Pritchard et Portugo se séparèrent. Portugo sortit par la porte, suivit le chemin du haut Marly qui contournait la propriété, et disparut.

Quant à Pritchard, en chien qui a du temps devant lui, il se mit à suivre au pas le petit sentier qui, longeant l'île, montait au-dessus de la carrière.

Nous emboîtâmes le pas derrière Pritchard, qui ne parut pas s'inquiéter de nous, quoique, évidemment, il nous eût éventés.

Pritchard monta jusqu'au sommet de la carrière, sommet planté d'une vigne qui s'étendait jusqu'au chemin de Marly d'en haut; là, il explora avec le plus grand soin le terrain, en suivant la ligne de la carrière, rencontra une piste, la reconnut pour fraîche, fit quelques pas dans le sillon tracé par un double rang d'échalas, se coucha à plat ventre et attendit.

Presque en même temps, le premier coup de gueule de Portugo se faisait entendre à cinq cents pas de là; dès lors, la manœuvre était claire: le soir, les lapins sortaient de la carrière et s'en allaient au gagnage; Pritchard relevait la piste de l'un d'eux; Portugo faisait un grand détour, attaquait le lapin; et, comme un lapin ou un lièvre revient toujours sur sa passée, Pritchard, traîtreusement embusqué, l'attendait au retour.

En effet, comme les abois de Portugo se rapprochaient de plus en plus, nous vîmes l'œil moutarde de Pritchard s'enflammer peu à peu comme une topaze; puis, tout à coup, s'aidant de ses quatre pattes pliées comme d'un quadruple ressort, il fit un bond, et nous entendîmes un cri de surprise et de détresse tout à la fois.

— Le tour est fait, dit Michel.

Et il alla à Pritchard, lui prit des dents un fort joli lapin, l'acheva d'un coup sur la nuque, en fit la curée à l'instant même et en distribua les entrailles à Portugo et à Pritchard, qui partagèrent en frères, n'ayant probablement qu'un regret, c'est que l'intervention de Michel, appuyée de la mienne, les privât du tout pour ne leur laisser que la partie. Comme le disait Michel, j'eusse donc pu, si tel eût été mon désir, avoir tous les matins à déjeuner une gibelotte de lapin.

Mais, sur ces entrefaites, il se passait à Paris des choses qui rendaient mon séjour à la campagne impossible.

On ouvrait le Théâtre-Historique. Maintenant, comme ceci n'est ni un livre, ni un roman, ni une leçon de littérature, mais tout simplement un bavardage entre vous et moi, chers lecteurs, laissez-moi vous raconter la légende de ce pauvre Théâtre-Historique, qui a été un instant, vous vous le rappelez bien, la terreur du Théâtre-Français et l'exemple des autres théâtres.

S'il avait eu des chutes, il eût été soutenu par ces grands souteneurs de chutes qu'on appelle directeurs des beaux-arts : il n'avait eu que des succès, les directeurs des beaux-arts l'ont abandonné.

Voici donc comment la chose était arrivée. En 1845 ou 1846, je ne me rappelle plus bien, je donnais, au théâtre de l'Ambigu, mes premiers *Mousquetaires*.

M. le duc de Montpensier assistait à la première représentation. Un de mes bons amis, le docteur Pasquier, était son chirurgien. Après le cinquième

ou sixième tableau, le duc de Montpensier m'envoya
Pasquier pour me féliciter. Après la pièce, qui avait
fini à deux heures du matin, Pasquier revint me
dire que M. le duc de Montpensier m'attendait dans
sa loge. J'y montai.

J'avais très-peu connu M. le duc de Montpensier;
lorsque, le 13 juillet 1842, son frère était mort, c'é-
tait presque un enfant encore, il avait dix-sept ou
dix-huit ans; seulement, par les traditions frater-
nelles du duc d'Aumale et du prince de Joinville, il
savait que son frère avait eu pour moi une grande
amitié.

Je montai à la loge du duc de Montpensier avec
une certaine émotion; chacun de ces quatre jeunes
princes a en lui quelque chose de son aîné, et, à cette
époque comme aujourd'hui, ce n'était pas sans un
vif sentiment de douleur que je me trouvais ou me
trouverais en contact avec l'un ou l'autre d'entre
eux.

Le duc de Montpensier m'avait fait demander pour
me renouveler les compliments qu'il m'avait déjà
fait faire par l'intermédiaire de Pasquier. Le jeune
prince, je le savais d'avance, était grand enthou-
iaste de cette suite de romans historiques que je publiais à cette époque, et particulièrement de cette
épopée chevaleresque ayant pour titre *les Trois
Mousquetaires.*

— Seulement, me dit-il, je vous ferai le reproche
d'avoir fait jouer votre œuvre sur un théâtre secondaire.

— Monseigneur, lui dis-je, quand on n'a pa

un théâtre à soi, on fait jouer ses pièces où l'on peut.

— Et pourquoi n'avez-vous pas un théâtre à vous? me demanda-t-il.

— Mais, monseigneur, par la raison, infiniment simple, que le gouvernement ne voudrait pas me donner un privilége.

— Vous croyez ça?

— J'en suis sûr.

— Bon! Et si je m'en mêlais?

— Ah! monseigneur, cela pourrait bien changer la face des choses; mais monseigneur ne prendra pas tant de peine.

— Pourquoi cela?

— Parce que je n'ai aucun titre pour mériter les bonnes grâces de monseigneur.

— Bah! qui vous a dit cela? De qui cela dépend-il, un privilége?

— Du ministre de l'intérieur, monseigneur.

— De Duchâtel, alors.

— Justement, et je dois avouer à Votre Altesse que je ne crois pas qu'il me porte dans son cœur.

— Au prochain bal de la cour, je danserai avec sa femme et j'arrangerai cela en dansant.

Je ne sais pas s'il y eut bal à la cour, je ne sais pas si le duc de Montpensier dansa avec madame Duchâtel; mais ce que je sais, c'est qu'un jour Pasquier vint me chercher en me disant que M. le duc de Montpensier m'attendait aux Tuileries.

Je montai en voiture avec Pasquier et me rendis chez M. le duc de Montpensier.

— Eh bien, me dit-il du plus loin qu'il m'aperçut, votre privilége est accordé; il ne me reste qu'à vous demander le nom du titulaire.

— M. Hostein, lui répondis-je.

Le duc de Montpensier prit le nom de M. Hostein sur ses tablettes; puis il me demanda où le théâtre serait bâti, par quelle pièce on commencerait, quelle impulsion je comptais lui donner. Je lui répondis que l'emplacement était déjà choisi et que c'était l'ancien hôtel Foulon; que la pièce par laquelle j'ouvrirais serait probablement *la Reine Margot;* que, quant à la direction que je comptais lui donner, c'était d'en faire un livre immense dans lequel, chaque soir, le peuple pût lire une page de notre histoire.

Le privilége fut signé au nom de M. Hostein; l'hôtel Foulon fut acheté; le Théâtre-Historique fut bâti, et il s'ouvrit, si je me le rappelle bien, un mois après mon retour d'Espagne et d'Afrique, par *la Reine Margot,* comme je l'avais dit à M. le duc de Montpensier.

L'ouverture du Théâtre-Historique, les répétitions, les représentations, les suites de la représentation enfin me tinrent à peu près deux mois à Paris.

La veille du jour où je devais retourner à Saint-Germain, je prévins Michel.

Michel m'attendait au bas de la montée de Marly.

— Monsieur, me dit-il, dès que je fus à portée de sa voix, il est arrivé deux grands événements à la maison.

— Lesquels, Michel ?

— D'abord, Pritchard s'est pris la patte de derrière dans un *pierge*, et l'enragé, plutôt que d'y rester comme un autre chien aurait fait, s'est rongé la patte avec ses dents, monsieur, et il est revenu à la maison sur trois quilles.

— Mais le pauvre animal est mort à la suite de ça ?

— Ah bien, oui, mort, monsieur ! Est-ce que je n'étais pas là, moi ?

— Que lui avez-vous fait, Michel ?

— Je lui ai proprement coupé la patte à l'articulation, avec une serpette ; je lui ai recousu la peau par-dessus, et il n'y paraît pas. Tenez, le *guerdin*, le voilà qui vous a flairé et il arrive.

En effet, Pritchard arrivait sur trois pattes, et à un tel galop, que, comme le disait Michel, il ne paraissait point qu'il eût perdu la quatrième.

La reconnaissance entre Pritchard et moi fut, comme on le comprend bien, pleine d'émotion de part et d'autre. Je plaignais beaucoup le pauvre animal.

— Bah ! monsieur, me dit Michel, ça fait qu'à la chasse, il ne pointera plus tant.

— Et l'autre nouvelle, Michel ? Car vous m'avez dit que vous en aviez deux à m'apprendre.

— L'autre nouvelle, monsieur, c'est que Jugurtha ne s'appelle plus Jugurtha.

— Pourquoi cela ?

— Parce qu'il s'appelle Diogène.

— Et la raison ?

— Regardez, monsieur.

Nous étions arrivés à l'allée de frênes qui conduisait à l'entrée de la villa ; à gauche de l'allée, le vautour se prélassait dans un immense tonneau, défoncé à l'un de ses bouts par Michel.

— Ah! oui, je comprends, lui dis-je ; du moment qu'il a un tonneau...

— C'est ça, répondit Michel ; du moment qu'il a un tonneau, il ne peut plus s'appeler Jugurtha, il doit s'appeler Diogène.

Je restai en admiration devant la science chirurgicale et historique de Michel, comme, un an auparavant, j'étais resté en extase devant ses connaissances en histoire naturelle.

XXXVII

OU IL EST TRAITÉ DE MES DÉBUTS DANS LE DÉPARTEMENT DE L'YONNE, COMME ORATEUR, ET DES DÉBUTS DE PRITCHARD DANS LE MÊME DÉPARTEMENT, COMME BRACONNIER

Une année s'écoula, pendant laquelle on donna successivement, au Théâtre-Historique, *la Reine Margot*, déjà mentionnée ; *Intrigue et Amour, les Girondins* et *Monte-Cristo* en deux soirées. On se rappelle peut-être le fameux chant des Girondins, *Mourir pour la patrie ;* le jour où on le répéta pour la première fois, je dis au chef d'orchestre :

— Et quand on pense, mon cher Varney, que la prochaine révolution se fera sur cet air-là.

La révolution de 1848 se fit sur l'air que j'avais indiqué.

Tout en voyant triompher les principes qui ont

été ceux de toute ma vie, tout en prenant personnellement une part presque aussi active à la révolution de 1848 que celle que j'avais prise à la révolution. de 1830, j'éprouvai un grand déchirement de cœur.

Le cataclysme politique, en amenant de nouveaux hommes qui étaient mes amis, en emportait d'autres qui avaient aussi leur place dans mon cœur. J'eus un instant l'espoir que la régence serait jetée comme un pont entre la monarchie et la république. Mais l'avalanche révolutionnaire était lâchée à toute vitesse; elle emporta avec elle, non-seulement le vieillard couronné, non-seulement les quatre princes sur lesquels il s'appuyait, mais encore la mère en deuil et l'enfant débile, qui ne savait ni quel était ce vent d'orage, ni de quel point il venait, ni vers quel but il l'emportait.

Il y eut alors un instant en France où rien ne fut plus de ce qui avait été, et où la place sur laquelle, pendant sept siècles, s'était élevé le trône des Capets, des Valois et des Bourbons, fut fauchée aussi rase que l'est, au mois de septembre, la plaine où, huit jours auparavant, s'élevait encore la moisson.

Alors, la France jeta un grand cri, moitié d'étonnement, moitié de détresse ; elle ne savait plus où elle en était, en cherchant vainement des yeux ce qu'elle avait l'habitude de voir; elle appela à son aide ses fils les plus intelligents, et elle leur dit : « Voilà ce que mon peuple a fait dans un moment de colère ; peut-être a-t-il été trop loin, mais enfin ce qui est fait est fait ; à cette place vide qui m'effraye par sa viduité, bâtissez-moi quelque chose sur quoi puissent s'appuyer la société, la fortune publique, la morale et la religion. »

J'avais été un des premiers à entendre cet appel de la France, et il m'avait semblé que j'avais le droit de me compter au nombre des hommes intelligents qu'elle appelait à son aide.

Maintenant, restait à savoir à quel département j'irais demander mon élection.

Il était tout simple que je m'adressasse au mien, c'est-à-dire au département de l'Aisne.

Mais je l'avais quitté en 1823; rarement j'y étais retourné depuis, et, une des fois que j'y étais retourné, c'était pour faire cette fameuse expédition de Soissons que vous connaissez pour peu que vous ayez lu mes *Mémoires,* et dans laquelle je manquai être fusillé.

Mais, quoique ce fût pour la même ause que je combattisse, soit en 1830, soit en 1848, je craignis d'être regardé comme trop républicain pour la République telle que la voulait la majorité des électeurs, je renonçai au département de l'Aisne.

J'avais bien devant moi le département de Seine-et-Oise, que j'habitais depuis quatre ou cinq ans ; j'y avais même occupé le grade éminent de chef de bataillon de la garde nationale de Saint-Germain ; mais, comme, pendant les trois jours de la révolution de 1848, j'avais fait battre le rappel et proposer à mes sept cent trente subordonnés de me suivre à Paris pour prêter main-forte au peuple, les femmes, les enfants, les pères et les mères de mes sept cent trente gardes nationaux, ce qui pouvait faire un total de trois mille personnes, s'étaient récriés sur la légèretﬞé avec laquelle je compromettais la vie de mes hommes, et, à cette seule idée que je pouvais me présenter à l'élection dans leur ville, les Saint-Germinais avaient poussé une clameur d'indignation ; bien plus, ils s'étaient réunis en comité et avaient décidé que l'on m'inviterait à donner ma démission de commandant de la garde nationale pour m'être si violemment compromis pendant les trois journées révolutionnaires.

Vous voyez qu'on entendait la représentation nationale et le serment de fidélité à la République à peu près de la même façon dans le département de Seine-et-Oise que dans le département de l'Aisne.

Sur ces entrefaites, un jeune homme à la famille duquel j'avais rendu quelques services, et qui avait des relations, disait-il, dans la basse Bourgogne, m'assura que, si je me présentais dans le département de l'Yonne, je ne pouvais manquer d'être élu. Je suis plein d'une naïveté que bien des gens baptisent du nom d'amour-propre. Soit naïveté, soit amour-propre, je me figurais être assez connu même dans le département de l'Yonne, pour l'emporter sur les concurrents que l'on pourrait m'opposer. Pauvre niais que j'étais ! j'oubliais que chaque département tient à avoir des hommes de la *localité*, comme on dit, et que ma *localité*, à moi, c'était le département de l'Aisne. Aussi, à peine eus-je mis le pied dans le département de l'Yonne, que les journaux de toutes les *localités* se soulevèrent contre moi. Que venais-je faire dans le département de l'Yonne ? Étais-je Bourguignon ? Étais-je marchand de vins ? Avais-je des vignes ? Avais-je étudié la question vinicole? Étais-je membre de la société OEnophile? Je n'avais donc pas de département, j'étais donc un bâtard politique; ou plutôt non, je n'étais rien de tout cela: j'étais un agent de la régence orléaniste, et je me présentais en même temps que M. Gaillardet, mon collaborateur de *la Tour de Nesle*, comme candidat régentiste.

Il va sans dire que ceux qui avaient avancé cette belle histoire n'en croyaient pas le plus petit mot.

Il est vrai que j'avais eu l'imprudence, il faut le dire, de donner lieu à ce propos quand les princes de la famille d'Orléans avaient quitté la France; au lieu de les injurier, de les insulter, de les conspuer, comme ceux qui, huit jours avant leur départ, faisaient le pied de grue dans leurs antichambres, moi, le 4 mars 1848, c'est-à-dire sept jours après la révolution de février, au milieu de l'effervescence républicaine qui remplissait les rues de Paris de bruit et de clameurs, j'avais écrit cette lettre dans le journal *la Presse*, un des plus lus à cette époque:

A monseigneur le duc de Montpensier.

« Prince,

» Si je savais où trouver Votre Altesse, ce serait de vive voix, ce serait en personne, que j'irais lui offrir l'expression de ma douleur pour la grande catastrophe qui l'atteint personnellement.

» Je n'oublierai jamais que, pendant trois ans, en dehors de tous sentiments politiques, et contrairement au désir du roi, qui connaissait mes opinions,

vous avez bien voulu me recevoir et me traiter presque en ami.

» Ce titre d'ami, monseigneur, quand vous habi-
tiez les Tuileries, je m'en vantais; aujourd'hui que
vous avez quitté la France, je le réclame.

» Au reste, monseigneur, Votre Altesse, j'en suis
certain, n'avait pas besoin de cette lettre pour savoir
que mon cœur était un de ceux qui lui sont acquis.

» Dieu me garde de ne pas conserver dans toute sa
pureté la religion de la tombe et le culte de l'exil.

» J'ai l'honneur d'être avec respect,

  » Monseigeur,

   » De Votre Altesse Royale,

» Le très-humble et très-obéissant serviteur,

   » ALEX. DUMAS. »

Ce n'était pas le tout, et il fallait véritablement
que j'eusse été mordu par ce démon d'opposition
qui vit en moi, bien autrement puissant que le
démon de l'orgueil. L'illustre colonel Desmoulins,
commandant du Louvre, ayant jugé à propos de jeter
bas la statue équestre de M. le duc d'Orléans qui
était dans la cour du Louvre, je rentrai furieux et
j'écrivis à M. de Girardin cette lettre, dont la véritable adresse était visible et qui devait me procurer,
pour le lendemain matin, j'en étais bien persuadé du
moins, le plaisir de me couper la gorge avec le
colonel :

« Mon cher Girardin,

» Hier, je traversais la cour du Louvre, et je vis avec étonnement que la statue du duc d'Orléans n'était plus sur son piédestal.

» Je demandai si c'était le peuple qui l'avait renversée ; on me répondit que c'était le gouverneur du Louvre qui l'avait fait enlever.

» Pourquoi cela ? d'où vient cette proscription qui fouille les tombeaux ?

» Quand M. le duc d'Orléans vivait, tout ce qui formait, en France, la partie avancée de la nation avait mis son espoir en lui.

» Et c'était justice, car, on le sait, M. le duc d'Orléans était en lutte continuelle avec le roi, et ce fut une véritable disgrâce que celle qui suivit ce mot prononcé par lui en plein conseil :

» Sire, j'aime mieux être tué sur les bords du Rhin que dans un ruisseau de la rue Saint-Denis ! »

» Le peuple, ce peuple toujours juste et intelligent, savait cela comme nous, et, comme nous, le comprenait. Allez aux Tuileries et voyez les seuls appartements respectés par le peuple, ce sont ceux de M. le duc d'Orléans ; pourquoi donc avoir été plus sévère que ne l'a été le peuple envers ce pauvre prince, qui a le bonheur de ne plus appartenir qu'à l'histoire ?

» L'avenir, c'est le bloc de marbre que les événements peuvent tailler à leur guise ; le passé, c'est la statue de bronze jetée au moule de l'éternité.

» Vous ne pouvez pas faire que ce qui a été ne soit plus.

» Vous ne pouvez pas faire que M. le duc d'Orléans n'ait pas, à la tête des colonnes françaises, enlevé le col de Mouzaïa.

» Vous ne pouvez pas faire qu'il n'ait pas, pendant dix ans, donné aux pauvres le tiers de sa liste civile.

» Vous ne pouvez pas faire qu'il n'ait pas demandé la grâce des condamnés à mort et qu'il n'ait pas obtenu, a force de prières, quelques-unes des grâces qu'il demandait.

» Si l'on serre aujourd'hui la main de Barbès, à qui doit-on cette joie ? Au duc d'Orléans !

» Interrogez les artistes qui ont suivi son convoi ; faites venir les plus considérables d'entre eux, Ingres, Delacroix, Scheffer, Gudin, Barye, Marochetti, Calamatta, Boulanger.

» Appelez les poëtes et les historiens : Hugo, Thierry, Lamartine, de Vigny, Michelet, moi, qui vous voudrez enfin, demandez-leur, demandez-nous si nous croyons qu'il est bon que cette statue soit replacée où elle était.

» Et nous vous dirons : Oui, car elle a été élevée à la fois au prince, au soldat, à l'artiste, à l'âme grande et éclairée qui est remontée au ciel, au cœur noble et bon qui a été rendu à la terre.

» La république de 1848 est assez forte, croyez-moi, pour consacrer cette sublime anomalie d'un prince restant debout sur son piédestal, en face d'une royauté tombant du haut de son trône.

» Tout à vous,

» ALEX. DUMAS.

» 7 mars. »

Les journaux qui m'accusaient d'être candidat régentiste pouvaient donc être de bonne foi, car j'avais bien fait tout ce que j'avais pu pour faire croire, depuis qu'elle n'y était plus, à la famille exilée, que j'étais régentiste, comme j'avais, du temps qu'elle y était, fait tout ce que j'avais pu pour lui persuader que j'étais républicain.

Tâchons d'expliquer cette contradiction à ceux qui veulent bien perdre leur temps a me lire.

Composé du double élément aristocratique et populaire, — aristocratique par mon père, populaire par ma mère, — nul ne réunit à un plus haut degré que moi en un seul cœur l'admiration respectueuse pour tout ce qui est grand, et la tendre et profonde sympathie pour tout ce qui est malheureux ; je n'ai jamais tant parlé de la famille Napoléon que sous la branche cadette ; je n'ai jamais tant parlé des princes de la branche cadette que sous la République et l'Empire. J'ai le culte de ceux que j'ai connus et aimés dans le malheur, et je ne les oublie que s'ils deviennent puissants et heureux ; aussi nulle grandeur tombée ne passe devant moi que je ne la salue, nul mérite ne me tend la main que je ne la secoue. C'est quand tout le monde semble avoir oublié ceux qui ne sont plus là, que, comme un importun écho du passé, je crie leur nom. Pourquoi ? Je n'en sais rien. C'est la voix de mon cœur qui s'éveille en sursaut, en dehors de mon esprit. J'ai fait mille volumes, soixante drames : qu'on les ouvre au hasard, à la première page, au centre, à la dernière feuille, et l'on verra que j'ai toujours été un conseiller de clémence, soit que les peuples fussent esclaves des rois, soit que les rois fussent prisonniers des peuples.

Aussi c'est une noble et sainte famille que celle que je me suis faite, et que personne n'a que moi. Aussitôt qu'un homme tombe, je vais à lui et lui tends la main, que cet homme s'appelle le comte de Chambord ou le prince de Joinville, Louis-Napoléon ou Louis Blanc. Par qui ai-je appris la mort du duc d'Orléans? Par le prince Jérôme Napoléon. Au lieu de faire aux Tuileries ma cour aux puissants, je faisais, à Florence, ma cour à l'exilé. Il est vrai qu'à l'instant même, je quittais l'exilé pour le mort, et que je faisais cinq cents lieues en poste pour venir chercher, malgré mes larmes bien sincères, une rebuffade royale à Dreux, pendant de celle qui m'attendait à Claremont, quand, après avoir suivi par amour le convoi du fils, je croyais, par convenance, devoir suivre celui du père.

La veille du 13 juin, j'étais l'ennemi de M. Ledru-Rollin, que j'attaquais tous les jours dans mon journal *le Mois*; le 14 juin, M. Ledru-Rollin me faisait dire que je me rassurasse et qu'il était en sûreté.

C'est ce qui fait que je visite plutôt les prisons que les palais; c'est ce qui fait que j'ai été trois fois à Ham, une seule fois à l'Élysée, jamais aux Tuileries.

Je n'avais pas donné toutes ces explications-là aux électeurs de l'Yonne; aussi, lorsque j'entrai dans la salle du club, où trois mille personnes m'attendaient, fus-je reçu par un murmure qui n'avait rien de flatteur.

Au milieu de ce murmure, une grossièreté se fit jour. Par malheur pour celui qui se la permit, il était à portée de ma main. Le geste par lequel j'y répondis fut assez retentissant pour ne laisser de doute à personne sur sa nature. Les murmures se changèrent en clameurs, et ce fut au milieu d'une véritable tempête que je montai à la tribune.

La première apostrophe qui me fut faite, fut pour me demander des explications sur mon *fanatisme* à l'endroit du duc d'Orléans. C'était attaquer le taureau par les cornes. Seulement, cette fois, c'est le taureau qui fut le plus fort. Je fis honte aux uns de leur oubli, aux autres de leur ingratitude. J'en appelai à ce cri de douleur qui, échappé le 13 juillet 1842 de la poitrine de trente millions d'hommes, était venu m'annoncer, à cinq cents lieues de là, la fatale nouvelle. Je montrai ce pauvre prince, beau, jeune, brave, élégant, artiste, Français jusqu'au bout des ongles, national jusqu'à la pointe des cheveux. Je rappelai Anvers, le col de Mouzaïa, les Portes-de-Fer, la grâce du hussard Bruyant, accordée à moi, la grâce de Barbès, accordée à Victor Hugo. Je racontai quelques-uns de ces mots si pleins d'esprit, qu'on les eût crus échappés à Henri IV; quelques autres si pleins de cœur, qu'ils ne pouvaient être échappés qu'à lui. Si bien qu'au bout d'un quart d'heure, la moitié de la salle pleurait, et que j'étais de cette moitié-là; qu'au bout de vingt minutes, toute la salle applaudissait, et qu'à partir de ce soir-là, j'avais non-seulement trois mille voix, mais trois mille amis.

Que sont devenus ces trois mille amis dont je n'ai jamais su les noms? Dieu le sait! Ils se sont dispersés, emportant chacun dans son cœur cette parcelle d'or qu'on appelle le souvenir. Deux ou trois seulement ont survécu à ce grand naufrage du temps qui finira par les engloutir, et moi avec eux. Et ceux-là non-seulement sont restés des amis, mais sont devenus des frères : frères en amitié, et confrères en saint Hubert.

Ah ! vous voyez que nous avons fait le grand tour, mais que nous revenons, cependant, au point d'où nous sommes partis, c'est-à-dire à Pritchard.

J'avais été invité à venir faire l'ouverture prochaine dans les vignes de la basse Bourgogne.

Comme on sait, tout pays vignoble a sa double ouverture : son ouverture de blés et son ouverture de vignes ; ce qui peut se traduire par ces mots : tout pays vignoble a deux fausses ouvertures et n'en a pas une vraie.

On comprend que, dans ces récits du dessert qui égayent une table de chasseurs, Pritchard n'avait pas été oublié. J'avais de mon mieux raconté de vive voix ce que, chers lecteurs, je vous ai raconté avec la plume ; de sorte que Pritchard avait été invité en même temps que son maître, et était non moins impatiemment attendu que lui.

On ne craignait qu'une chose, c'est que l'amputation de Michel, pratiquée sur l'une de ses pattes de derrière, ne nuisît à la rapidité de ces évolutions dont j'avais essayé de donner une idée, et qui faisaient le caractère distinctif de l'originalité de Pritchard.

Je crus pouvoir d'avance répondre que non, et que Pritchard était de force à rendre une patte au meilleur coureur bourguignon, fût-ce même une patte de derrière.

Le 14 octobre, veille de l'ouverture des vignes,

j'arrivai chez mon bon ami Charpillon, notaire à Saint-Bris, en prévenant par le télégraphe la cuisinière de ne rien laisser traîner.

Une heure après mon arrivée, il y avait déjà trois plaintes portées contre Pritchard qui, si elles eussent été portées contre des hommes, eussent conduit les coupables aux galères.

Il y avait vol simple, vol avec préméditation, vol avec effraction.

On vida un poulailler, on y fit entrer Pritchard, et l'on referma la porte sur lui.

Un quart d'heure après, je voyais flamboyer le plumet de Pritchard.

— Qui a lâché Pritchard? criai-je à Michel.

— Pritchard? Il n'est point lâché.

— Oui, allez voir au poulailler.

Pritchard avait pratiqué une évasion à la manière de Casanova, en faisant un trou au toit.

— Cherchez Pritchard, dis-je à Michel, et mettez-le à la chaîne.

Michel ne demandait pas mieux. Il avait des rages dans lesquelles il s'écriait, comme certains parents à leurs enfants :

— Ah! *guerdin!* tu ne mourras que de ma main, va!

Il s'élança donc à la poursuite de Pritchard.

Mais il eut beau courir les trois ou quatre rues de Saint-Bris, Pritchard était évanoui; il avait balancé sa queue à la manière dont un ami qui en quitte un autre lui fait des signes avec son mouchoir pour lui dire adieu.

— Ah! me dit Michel en rentrant, c'est fini!

— Qu'est-ce qui est fini, Michel?

J'avais complétement oublié Pritchard.

— Le guerdin y est allé pour son compte!

— Où?

— A la chasse donc!

— Ah! vous parlez de Pritchard?

— Justement. Impossible de mettre la main dessus; et ce qu'il y a de curieux, c'est qu'il a débauché Rocador.

— Comment! il a débauché Rocador?

— Oh! mon Dieu, oui; il l'a emmené avec lui.

— Impossible! dit Pierre.

Pierre était le Michel de Charpillon.

— Impossible, et pourquoi cela?

— Rocador était à la chaîne.

— Si Rocador était en effet à la chaîne..., hasardai-je.

— Laissez dire, fit Michel.

— Une chaîne en fer grosse comme le petit doigt, continua Pierre usant de la permission.

— Au bout de la chaîne, qu'y avait-il? demanda Michel.

Puis, me clignant de l'œil :

— Attendez, me dit-il.

— Pardieu! au bout de la chaîne, ce qu'il y avait, un anneau scellé au mur.

— Je ne vous demande pas à ce bout-là, fit Michel; je vous demande à l'autre.

— A l'autre, il y avait le collier de Rocador.

— En quoi?

— En cuir, donc!

— Eh bien, il lui a rendu le service qu'on se rend

entre amis : il lui a coupé son collier avec les dents. Allez voir le collier coupé comme avec un rasoir, quoi!

Nous allâmes voir le collier; Michel n'avait rien exagéré.

Il ne fut plus question de Pritchard jusqu'à dix heures du soir; à dix heures du soir, on entendit gratter à la grande porte.

Michel, qui avait l'oreille au guet, alla ouvrir.

Je compris, aux cris que poussait Michel, qu'il se passait quelque chose d'inattendu.

Un instant après, les exclamations ayant toujours été se rapprochant, la porte du salon s'ouvrit et Pritchard entra majestueusement, tenant à sa gueule un magnifique lièvre parfaitement intact, sauf étranglement.

Rocador s'était arrêté à la hauteur de sa niche, et y était rentré.

Tous deux, comme deux bandits, étaient couverts de sang.

— Ceux qui ne connaissaient point Pritchard ne pouvaient concilier cette intégrité du lièvre avec cette maculation sanglante qui accusait les deux complices.

Seulement, nous avions échangé un coup d'œil, Michel et moi.

— Allons, Michel, dis-je, je vois que vous mourez d'envie de raconter comment la chose s'est faite. Racontez, Michel, racontez.

Michel prit la balle au bond.

— Voyez-vous, Pritchard, dit-il, c'est un malin. Il a été trouver Rocador et il lui a dit : « Veux-tu

venir à la chasse avec moi, toi? » Rocador lui a répondu : « Tu vois bien que je ne puis pas, puisque
je suis à la chaîne. — Imbécile, lui a répondu Pritchard, attends. » C'est là qu'il l'a débarrassé de son
collier. Alors, ils sont partis ensemble ; ils ont
reconnu la passée d'un lièvre ; Pritchard s'est couché sur la passée et il a envoyé Rocador à la chasse.
Quand le lièvre est revenu sur ses brisées après son
premier parti, Pritchard a sauté dessus et l'a étranglé. Alors, comme deux bons amis, ils ont dîné ensemble avec le premier lièvre.

Pritchard écoutait avec la plus grande attention
ce que disait Michel ; son nom, qui revenait à tout
moment, lui indiquait qu'on parlait de lui.

— N'est-ce pas, Pritchard, lui dit Michel, que cela
s'est passé comme ça?

Pritchard fit un petit cri qui pouvait, dans son lan-
gage, équivaloir à l'adverbe *exactement*.

— Oui, mais l'autre lièvre? demanda un des assistants ; celui-ci...?

Et il montrait le lièvre qui gisait sur le parquet.

— Attendez donc, nous y voilà ! répondit Michel.
Le premier lièvre mangé, Rocador a dit : « Ma foi,
je n'ai plus faim, j'ai bien dîné. M'est avis que ce que
nous avons de mieux à faire, c'est de revenir à la
maison. » Mais Pritchard, qui est un roué fini, lui a
dit : « A la maison?... — Oui, à la maison, a répondu
Rocador. — Et qu'est-ce qui nous attend à la maison ?
a répondu Pritchard.— Ah! diable! a fait Rocador.
— Une volée de coups de fouet ; je connais Michel, a
dit Pritchard. — Et, moi, je connais Pierre, a dit
Rocador. — Eh bien, a continué cet intrigant de

Pritchard, il faut les désarmer. — Comment cela ? — Cherchons une autre passée, prenons un autre lièvre, et, celui-là, nous le leur rapporterons. » Rocador a fait la grimace ; — il avait le ventre plein, il ne se souciait plus de chasser ; — mais Pritchard a dit : « Il n'y a pas de grimace qui tienne, mon bel ami, tu vas chasser, et plus vite que cela, ou tu auras affaire à moi. » Et il a montré les dents à Rocador, comme s'il riait. Rocador a vu qu'il fallait filer doux. Il s'est remis en chasse. On a repris un second lièvre. Pritchard lui a cassé les reins d'un coup de dent, et il l'a rapporté comme un grand câlin qu'il est. — N'est-ce pas, Pritchard ?

Les auditeurs me regardèrent.

— Messieurs, leur dis-je, si Pritchard pouvait parler, il ne vous dirait pas un mot de plus, pas un mot de moins que ne vous a dit Michel.

— Pierre, dit le maître de la maison, porte ce lièvre-là à la cave ; nous voilà au moins sûrs de notre rôti pour demain.

XXXVIII

UN MAGISTRAT IRRÉPROCHABLE

Nous avons donc laissé notre ami Pritchard triomphant par la faute même qu'il avait commise, et amnistié de son escapade grâce au rôti qu'il rapportait pour le lendemain. Vous voyez, du reste, qu'il s'était fait, depuis son passage chez Vatrin, un énorme changement dans son éducation : autrefois, il emportait le rôti : aujourd'hui, il le rapportait.

Mais il est temps, sans nous éloigner de Pritchard, que nous commencions à nous rapprocher des poules, qui sont un des principaux objets de cet intéressant ouvrage.

Outre l'amour de son état, outre sa passion pour la chasse, Charpillon a le fanatisme des poules.

Aucune poule, à dix lieues à la ronde, ne peut être comparée à la plus infime poule de Charpillon ; ceci fut bien prouvé à la dernière exposition d'Auxerre, où les poules de Charpillon ont remporté une première médaille.

Ce sont surtout les bramas et les cochinchinoises, qu'il pratique tout particulièrement.

Il va sans dire que notre cher ami n'est point un de ces éleveurs sans entrailles qui absorbent inhumainement leurs produits. Une fois entrée chez Charpillon, une poule, jugée digne de son harem emplumé, n'a plus à craindre ni la broche ni la casserole ; elle est sûre de vivre, au milieu des délices, son âge de poule.

Charpillon a poussé l'attention jusqu'à faire peindre en vert l'intérieur de son poulailler, afin que, toutes renfermées qu'elles sont, ses poules se puissent croire dans un pré. Pendant les premiers jours qui suivirent l'application de cette peinture sur les murs de l'appartement de ces gallinacées, l'illusion fut si grande, qu'elles ne voulaient pas rentrer le soir au poulailler, dans la crainte d'y attraper des fraîcheurs ; mais violence leur fut faite ; on les y enferma de force, et bientôt, malgré le peu d'éducabilité que contienne la tête d'une poule, la plus idiote comprit qu'elle avait le bonheur d'appartenir à un maître qui, savant appréciateur de la maxime d'Horace, avait résolu le problème qui consiste à *mêler l'utile à l'agréable*.

Une fois convaincues, grâce à la couleur verte de leurs lambris, qu'elles pondaient dans l'herbe, les poules de Charpillon pondirent avec une plus grande confiance, et, par conséquent, plus abondamment ; ce qui, chez les autres poules, est une douleur qu'elles manifestent par un cri que, dans notre ignorance, nous prenons pour un chant, devint pour elles un amusement auquel elles se livraient régulièrement soir et matin.

Aussi leur réputation, aujourd'hui à son comble, commence-t-elle à se répandre dans le département.

Lorsqu'elles s'aventuraient dans l'une ou l'autre des trois rues de Saint-Bris, si quelque ignorant de la merveille que renfermait le village bourguignon, s'écriait :

— Oh ! les belles poules !

Une voix mieux informée, répondait à l'instant même :

— Je crois bien ; ce sont les poules de M. Charpillon.

Puis, si la personne à laquelle appartenait cette voix était douée d'un caractère envieux, elle ne manquait pas d'ajouter, avec une intonation grincheuse :

— Je le crois bien ! des poules à qui l'on ne refuse rien.

Les poules de Charpillon, moins les couronnes obtenues par elles à la dernière exposition, étaient donc arrivées au plus haut degré de popularité auquel des poules, si cochinchinoises qu'elles soient, peuvent raisonnablement atteindre.

Mais cette popularité, qui ne leur permettait pas de garder l'incognito, avait parfois ses inconvénients.

Un jour, le garde champêtre vint, d'un air embarrassé, trouver Charpillon.

— Monsieur Charpillon, lui dit-il, j'ai surpris vos poules dans une vigne.

— Mes poules! vous en êtes sûr, Coquelet?

— Parbleu! avec cela qu'elles ne sont pas reconnaissables, vos poules, les plus belles poules du département de l'Yonne!

— Eh bien, qu'avez-vous fait?

— Rien; je suis venu vous prévenir.

— Vous avez eu tort.

— Comment cela?

— Oui; il fallait dresser un procès-verbal.

— Dame, monsieur Charpillon, j'ai pensé que, comme vous êtes adjoint...

— Raison de plus : comme magistrat, je dois l'exemple.

— Oh! pour une pauvre petite fois que ces malheureuses bêtes ont grapillé...

— Elles sont doublement dans leur tort. Elles ne manquent de rien ici; par conséquent, si elles vont dans les vignes, c'est qu'elles ont la protubérance de la maraude : il ne faut donc pas laisser à leurs mauvais instincts le temps de se développer. Un bon procès-verbal, Coquelet! un bon procès-verbal!

— Cependant, monsieur Charpillon...

— Coquelet, comme adjoint, je vous en donne l'ordre.

— Mais, monsieur, à qui porterai-je mon procès-verbal?

— Au maire, parbleu!

— Vous savez bien que M. Gaignez est à Paris.

— Eh bien, vous me l'apporterez, à moi.

— A vous?

— Sans doute.

— Et vous approuverez un procès-verbal dressé contre vos propres poules?

— Pourquoi pas?

—Ah! dans ce cas, c'est autre chose.... Mais vous savez, monsieur Charpillon?

— Quoi, Coquelet?

— Je ne suis pas fort sur la rédaction.

— Ce n'est pas une chose bien difficile que la rédaction d'un procès-verbal.

— Il y a procès-verbal et procès-verbal, monsieur Charpillon.

— Allons donc! « Je, soussigné, garde assermenté, déclare avoir reconnu et saisi les poules de M. Charpillon, notaire et adjoint de la commune de Saint-Bris, picorant dans la vigne de monsieur un tel, ou de madame une telle. » Voilà tout.

—C'était dans la vigne de M. Raoul.

— Eh bien : « Dans la vigne de M. Raoul, » et vous signez : « Coquelet. »

— La signature, ça va encore, monsieur Charpillon, parce que je m'y suis appliqué; mais l'écriture...

— Oui, je comprends : il y a des zigzags?

— Oh! s'il n'y avait que cela!... Je voyais, l'autre

jour, de la musique imprimée qui en était pleine, de zigzags.

— Qui fait donc vos procès-verbaux?

— C'est le maître d'école.

— Allez trouver le maître d'école, alors.

— Il ne sera pas chez lui aujourd'hui, c'est fête.

— Alors, allez-y demain.

— Il n'y sera pas non plus, c'est demi-fête.

— Coquelet, dit Charpillon fronçant le sourcil, vous cherchez des prétextes pour ne pas verbaliser contre moi!

— Dame, monsieur Charpillon, je fais un procès-verbal aujourd'hui contre vous, ça vous convient, à merveille! mais, plus tard, si cela venait à vous déplaire, je ne voudrais pas me brouiller avec mon adjoint.

— Eh bien, Coquelet dit Charpillon, je vais mettre votre responsabilité à couvert.

Et, prenant dans le tiroir de son bureau une feuille de papier de sept sous, Charpillon rédigea un procès-verbal dans toutes les formes, que n'eut plus qu'à signer le père Coquelet.

En se voyant en quelque sorte couvert par l'écriture de son adjoint, le père Coquelet n'hésita plus et signa.

Ce procès-verbal conduisit, quinze jours après, Charpillon devant le tribunal d'Auxerre.

Charpillon s'y défendit, ou plutôt s'y accusa lui-même.

Il avoua le délit, se rendit solidaire de ses poules, et repoussa les circonstances atténuantes que faisait valoir le procureur de la République.

Charpillon fut donc condamné au maximum de la peine, c'est-à-dire quinze francs d'amende et les frais.

Mais un grand exemple fut donné à la commune de Saint-Bris et aux communes environnantes.

Et quel est le grand exemple qui ne vaille pas quinze francs?

Les poules de Charpillon avaient cependant une excuse à faire valoir.

La nourriture incrassante qu'elles recevaient de la main de leur maître, en les faisant passer peu à peu à l'état de poulardes, nuisait à la régularité de leur pondaison.

Ce que le procès-verbal avait traité de gourmandise était tout simplement pour les pauvres bêtes une mesure d'hygiène inspirée par la nature, comme celle qui fait manger aux chiens certaine herbe laxative.

Un de nos amis, médecin, et excellent médecin, le docteur Drouin, ne dédaigna pas de donner au moderne Aristide cette explication, toute en faveur de l'espèce bramaïque et cochinchinoise.

En effet, la pondaison se ralentissait visiblement.

Charpillon cueillit du raisin dans les vignes et rétablit l'équilibre un instant dérangé.

La régularité de la pondaison non-seulement reprit son cours pendant les vendanges, mais encore, grâce à des feuilles de laitue et de chicorée substituées au raisin absent, se continua dans les mois où, d'ordinaire, cette pondaison languit ou même cesse tout à fait.

Charpillon, en m'invitant à la chasse, et sachant

ma prédilection pour les œufs frais, n'avait pas craint de m'écrire :

« Venez, cher ami! et vous mangerez des œufs comme jamais vous n'en avez mangé. »

J'étais, en conséquence, allé à Saint-Bris, non-seulement dans l'espoir de voir un ami que j'aime comme un frère, non-seulement dans l'espoir de tuer force lièvres et force perdrix sur les terres de Gaignez et de M. Raoul, mais encore dans celui de manger des œufs comme jamais je n'en avais mangé.

Le jour de mon arrivée, je dois le dire, le succès avait dépassé l'espérance de Charpillon lui-même : on m'avait servi, à mon déjeuner, des œufs couleur nankin, dont j'avais, avec la délicatesse d'un véritable gourmet, apprécié les qualités supérieures.

Mais les jours se suivent et ne se ressemblent pas !

XXXIX

OU L'ON TROUVERA UNE SAVANTE DISSERTATION SUR CETTE QUESTION : EST-CE LE CRAPAUD QUI A APPRIS A ACCOUCHER AUX MÉDECINS, OU SONT-CE LES MÉDECINS QUI ONT APPRIS A AC-COUCHER AUX CRAPAUDS?

Le lendemain, en effet, la récolte quotidienne fut réduite de huit œufs à trois, et encore ces trois œufs furent-ils trouvés dans les paniers les plus élevés.

Le soir même, dans les paniers les plus élevés, on ne trouva rien.

Jamais pareil fait ne s'était produit, même à l'époque où les bramas et les cochinchinoises avaient le plus vif besoin de raisin ou de salade.

On ne savait qui soupçonner ; mais rendons justice à Charpillon : il soupçonna tout le monde avant de soupçonner ses poules.

Une espèce de nuage commençait même à obscurcir la confiance qu'il avait eue jusque-là dans son saute-ruisseau, lorsque je vis rôder Michel autour de nous.

Je connaissais les allures de Michel.

— Vous voulez me parler ? lui dis-je.

— Le fait est que je ne serais pas fâché de dire quelques mots à monsieur.

— En particulier ?

— Cela n'en vaudrait que mieux pour l'honneur de Pritchard.

— Ah ! ah !... Est-ce que le bandit aurait encore fait des siennes ?

— Monsieur sait ce que lui disait un jour son avocat, devant moi.

— Que me disait-il, Michel ? Mon avocat est un homme de beaucoup d'esprit et de sens ; il me dit tant de choses spirituelles et sensées lorsque nous causons ensemble, que, malgré ma bonne volonté de les retenir toutes, je finis toujours par en oublier quelques-unes.

— Eh bien, il vous disait : « Cherche à qui le crime profite, et tu trouveras le criminel. »

— Je me rappelle parfaitemment cet axiome, Michel. Mais après ?

— Eh bien, monsieur, à qui le crime des œufs volés peut-il profiter, si ce n'est à ce *guerdin* de Pritchard?

Michel, à l'endroit de l'épithète appliquée à Pritchard, avait adopté l'orthographe de Vatrin.

— A Pritchard! vous croyez que c'est Pritchard qui vole les œufs? Allons donc! Pritchard qui rapporte un œuf sans le casser!

— Monsieur veut dire : « Qui rapportait. »

— Comment cela, Michel?

— Pritchard est un animal qui a de mauvais instincts, monsieur; et, s'il ne finit pas mal quelque jour, je serai bien étonné!

— Ainsi, Michel, Pritchard aime les œufs?

— Quant à cela, il y a de la faute de monsieur.

— Comment, il y a de ma faute, si Pritchard aime les œufs? il y a de ma faute, de ma faute à moi?

— De la faute à monsieur, oui.

— Ah! par exemple, Michel, voilà qui est fort! Ce n'est pas assez que l'on dise que ma littérature pervertit mon siècle, voilà que vous vous joignez à mes détracteurs, et que vous dites que mon exemple pervertit Pritchard!

— Monsieur se rappelle-t-il qu'un jour qu'il mangeait, à la villa Médécis, un œuf à la coque, M. Rusconi a dit devant lui une telle bêtise, que monsieur en a laissé tomber son œuf?

— Je n'avais donc pas de coquetier, Michel?

— Non, monsieur; Alexis les avait tous cassés.

— Ainsi, j'ai laissé tomber mon œuf?

— Oui, monsieur, sur le parquet.

— Je me rappelle parfaitement, Michel.

— Monsieur se rappelle-t-il aussi avoir appelé

Pritchard, qui saccageait une corbeille de fuchsias dans le jardin, et lui avoir fait lécher son œuf?

— Je ne me rappelle pas s'il saccageait une corbeille de fuchsias, Michel ; mais je me rappelle, en effet, lui avoir fait lécher mon œuf.

— Eh bien, monsieur, c'est ce qui l'a perdu, tout simplement.

— Qui?

— Pritchard, donc! Oh! à celui-là, il ne faut pas lui montrer le mal à deux fois.

— Michel, vous êtes d'une prolixité...

— Ce n'est pas ma faute ; monsieur m'interrompt toujours.

— C'est vrai, Michel ; j'ai tort. Voyons, comment ai-je montré le mal à Pritchard?

— En lui faisant manger un œuf. Vous comprenez, cet animal, il était innocent comme l'enfant qui vient de naître ; il ne savait pas ce que c'était qu'un œuf ; il prenait cela pour une bille de billard mal tournée. Mais voilà que vous lui faites manger un œuf ; bon! il apprend ce que c'est... Trois jours après, M. Alexandre vient à la maison, et se plaint de son chien qui a la dent dure. « Ah! c'est Pritchard, que je lui dis, qui a la dent douce! Vous allez voir comment il rapporte un œuf. » Sur quoi, je vais chercher un œuf à la cuisine. Je le pose sur la pelouse, et je dis à Pritchard : « Apporte-moi ça, Pritchard! » Pritchard ne se le fait pas dire à deux fois ; mais savez-vous ce qu'il fait, l'intrigant?... Quelques jours auparavant, M. Chose, qui a un tic dans la mâchoire, vous savez bien?

— Oui.

— Vous vous rappelez qu'il était venu vous voir?

— A merveille!

— Pritchard avait fait semblant de ne pas y faire attention; mais, voyez-vous, avec ses yeux moutarde, rien ne lui échappe! Tout à coup, il fait semblant d'avoir le même tic que M. Chose, et crac! voilà l'œuf cassé. Lui, comme s'il était honteux de sa maladresse, il se dépêche d'avaler tout, blanc, jaune et coquille. Je crois que c'est un accident, je vais chercher un autre œuf; à peine a-t-il fait trois pas avec l'œuf dans sa gueule, que le même tic lui reprend. Crac! Voilà le second œuf gobé. Je commence à me douter de quelque chose! j'en vais chercher un troisième... si je ne m'étais pas arrêté, monsieur, tout le quarteron y passait! Si bien que M. Alexandre, qui n'est pas mal gouailleur, m'a dit : « Michel, il est possible que vous fassiez de Pritchard un bon musicien ou un bon astronome, mais vous n'en ferez jamais qu'une mauvaise couveuse! »

— D'où vient que vous ne m'ayez jamais parlé de cela, Michel?

— Parce que j'étais humilié, monsieur.

— Oh! Michel, il ne faut pas vous identifier à ce point-là avec Pritchard!

— Mais c'est que ce n'était pas tout?

— Comment, ce n'était pas tout?

— Ce guerdin-là est devenu fanatique des œufs.

— Bah!

— Il allait manger tous les œufs de M. Acoyer! M. Acoyer est venu m'en prévenir. Où croyez-vous qn'il a eu la patte coupée?

— Vous me l'avez dit vous-même, dans quelque parc, dont il aura oublié de lire l'inscription.

Que monsieur ne plaisante pas : je crois que le guerdin sait lire.

— Oh! Michel... Pritchard est accusé d'assez de méfaits, sans être encore accusé de celui-là!... Mais revenons à la patte coupée de Pritchard. Où pensez-vous que l'accident lui soit arrivé, Michel?

— Eh bien, dans quelque poulailler, monsieur.

— C'est pendant la nuit que l'accident lui est arrivé, Michel, et, la nuit, les poulaillers sont fermés.

— Qu'est-ce que ça lui fait?

— Bon! vous ne me ferez pas accroire qu'il passe par un trou où passe une poule!

— Mais, monsieur, il n'a pas besoin d'entrer dans les poulaillers pour manger les œufs.

— Comment fait-il donc?

— Il charme les poules. Voyez-vous, Pritchard, c'est ce qu'on appelle un charmeur.

— Michel, vous me faites marcher de surprises en surprises!

— Oui, monsieur! oui, monsieur! à la villa Médicis, il charmait les poules... J'ai cru que les poules de M. Charpillon, dont j'avais tant entendu parler comme de poules extraordinaires, ne seraient pas si bêtes que celles de la villa Médicis; mais je vois bien que les poules, c'est partout les mêmes.

— Et vous pensez que Pritchard...?

— Il charme les poules de M. Charpillon; voilà pourquoi elles ne pondent plus, ou plutôt, voilà pourquoi elles ne pondent plus que pour Pritchard.

— Pardieu! Michel, je voudrais bien voir com-

ment il s'y prend pour charmer les poules de Charpillon !

— Il n'y a pas que monsieur ne connaisse les
mœurs des batraciens ?

J'ai déjà dit que Michel faisait mon admiration
pas ses connaissances en histoire naturelle.

— Bon ! lui dis-je, voilà que nous tombons dans
les crapauds ! Que diable Pritchard a-t-il affaire
avec les crapauds ?

— Monsieur sait que ce sont les crapauds qui ont
donné aux médecins des leçons d'accouchement,
comme ce sont les grenouilles qui ont appris aux
hommes à nager.

— Ni l'une ni l'autre de ces deux vérités ne me
sont prouvées, Michel.

— Nous avons pourtant le crapaud accoucheur.
Monsieur croit-il que ce soient les médecins qui lui
aient appris à accoucher ?

— Non ; quant à cela, j'en suis sûr.

— Il faut pourtant, répliqua Michel, que ce soient
les crapauds qui aient appris à accoucher aux médecins, ou les médecins qui aient appris à accoucher
aux crapauds ; or, comme il y a eu des crapauds
avant qu'il y ait eu des médecins, il est probable
que ce sont les médecins qui ont pris leçon des crapauds.

— Au bout du compte, cela se peut, Michel.

— Oh ! cela est, monsieur, j'en suis sûr.

— Eh bien, après ? Voyons, quelle ressemblance
y a-t-il entre Pritchard et le crapaud accoucheur ?

— Il y a, monsieur, que, de même que le crapaud accoucheur acouche sa crapaude, Pritchard accouche ses poules.

— Bon! Michel, voilà que nous tombons dans le fantastique, mon ami.

— Non, monsieur! non, non, non! levez-vous de bonne heure demain matin; votre fenêtre donne sur le poulailler : regardez à travers votre persienne, et vous verrez!... eh bien, vous verrez ce que vous n'avez jamais vu, quoi!

— Michel, pour voir ce que je n'ai jamais vu, moi qui ai vu tant de choses, et, entre autres, seize changements de gouvernement, non-seulement je me lèverai à l'heure que vous voudrez, mais encore je passerai la nuit.

— Il n'y a pas besoin de passer la nuit; si monsieur veut, je le réveillerai.

— Réveillez-moi, Michel, d'autant plus que nous partons pour la chasse à six heures du matin, et que, par conséquent, vous ne me ferez pas grand tort.

— Est-ce convenu?

— C'est convenu, Michel; mais, tous les soirs, insistai-je, honteux de me rendre si facilement à une chose que je croyais une hallucination de Michel, tous les soirs, on ferme la porte en treillage qui sépare la petite cour de la grande; comment Pritchard fait-il pour entrer? Il saute donc par-dessus le treillage?

— Monsieur verra, monsieur verra.

— Que verrai-je?

— La vérité du proverbe : « Dis-moi qui tu entres, je te dirai qui tu es. »

Michel, on se le rappelle, avait introduit certaines variations dans l'orthographe des mots et dans la construction des proverbes. Il venait de me donner une nouvelle preuve de son imagination.

Le lendemain, au petit jour, Michel m'éveillait.

— Si monsieur veut se mettre à son observatoire, dit-il, je crois qu'il est temps.

— Me voilà, Michel! me voilà! dis-je en sautant à bas du lit.

— Attendez, attendez!... laissez-moi ouvrir la fenêtre doucement; si le guerdin pouvait seulement se douter qu'on le guette, il ne bougerait pas de sa niche. Monsieur n'a pas l'idée comme il est vicieux.

Michel ouvrit la fenêtre avec toutes les précautions possibles. A travers les feuilles de la jalousie, on voyait parfaitement, et la petite cour où se trouvait le poulailler, et la niche de Pritchard.

Le *guerdin*, comme l'appelait Michel, était couché dans sa niche, la tête innocemment allongée sur ses deux pattes.

Quelque précaution que prît Michel en ouvrant la fenêtre, Pritchard entre-bâilla son œil moutarde, et jeta un regard du côté d'où venait le bruit.

Mais, comme le bruit fut faible et passager, Pritchard pensa qu'il ne devait pas y prêter une grande attention.

Dix minutes après, on entendit glousser les poules.

Au premier gloussement, Pritchard ouvrit, non pas un œil, mais les deux yeux, s'étira comme un chien qui se réveille, se dressa sur ses trois pattes, s'étira de nouveau, regarda tout autour de lui, et, voyant que la cour était parfaitement solitaire, entra dans une espèce de bûcher, et, un instant après y être entré, montra sa tête à une lucarne.

Même solitude dans la cour.

Alors, Pritchard passa de la lucarne sur le toit.

Le toit était à peine incliné, il arriva sans difficulté aucune à la portée du toit qui surplombait la basse-cour sur une de ses quatre faces.

Il n'y avait pour atteindre le sol de la basse-cour, qu'un saut de six pieds à faire, et de haut en bas. Un pareil saut n'embarrassait pas Pritchard; du temps où il avait ses quatre pattes, il ne l'eût pas embarrassé de bas en haut.

Une fois dans la basse-cour, il se coucha à plat-ventre, les pattes écartées, le nez du côté du poulailler, et fit entendre un petit cri tout amical.

A cet appel, une poule montra sa tête, et, au lieu de paraître effrayée de la présence de Pritchard, elle courut vivement à lui.

Là, une chose se passa à mon grand étonnement.

Je savais bien, quoique moins fort que Michel en histoire naturelle, de quelle façon les chiens qui se rencontrent se disent bonjour.

Mais je n'avais jamais vu un chien présenter de la même façon ses compliments à une poule.

Ce que je n'avais jamais vu arriva.

La poule, avec une complaisance incroyable, et qui prouvait qu'elle n'était pas exempte d'une certaine sensualité, se prêta aux caresses de Pritchard, *s'accouvetant* — pardon du mot que je viens de forger pour les besoins de la cause — s'accouvetant entre ses deux pattes, tandis que, comme le crapaud accoucheur, Pritchard facilitait, autant qu'il était en lui, la parturition.

Pendant ce temps, comme Jeanne d'Albret en douleurs de Henri IV, la poule chantait.

Au bout de quelques secondes, l'œuf fut pondu.

Mais nous n'eûmes pas le temps de voir l'œuf, il fut avalé avant d'avoir touché la terre.

La poule, délivrée, se remit sur ses pattes, secoua sa huppe et gratta gaillardement son fumier, cédant sa place à une autre, qui ne tarda point à la venir prendre.

Pritchard goba ainsi ses quatre œufs tout chauds, ni plus ni moins que Saturne gobait, dans des circonstances pareilles, la progéniture de Rhée.

Il est vrai que Pritchard avait sur Saturne l'avantage de la moralité. Ce n'étaient point ses enfants qu'il dévorait, c'étaient des êtres d'une autre espèce que la sienne, et sur lesquels il pouvait se croire les mêmes droits que l'homme.

— Eh bien, me demanda Michel, monsieur ne s'étonnera plus si Pritchard a la voix si claire... car monsieur sait que les chanteurs, pour conserver leur voix, gobent, tous les matins, deux œufs sortant du ventre de la poule?

— Oui, mais ce que je ne sais pas, Michel, c'est comment Pritchard sortira de la basse-cour.

— Vous croyez qu'il est embarrassé? Prenez donc garde.

— Mais enfin, Michel...

— Voyez-vous, voyez-vous ce qu'il fait, le guerdin?

En effet, Pritchard, voyant sa récolte du matin

finie, et peut-être aussi entendant quelque bruit dans la maison, se dressa sur sa patte de derrière, et, passant une de ses pattes de devant à travers le treillage, il souleva le loquet et sortit.

— Et quand on pense, dit Michel, que, si on lui demandait pourquoi la porte de la basse-cour est ouverte, il répondrait que c'est parce que Pierre a oublié de la fermer hier au soir !

— Vous croyez qu'il aurait l'infamie de répondre cela, Michel ?

— Peut-être pas aujourd'hui, peut-être pas demain, parce qu'il n'a pas encore toute sa croissance ; — les chiens, vous le savez, ça croît jusqu'à quatre ans ; — mais, un jour, voyez-vous, un jour, ne soyez pas étonné de l'entendre parler... Ah ! le guerdin, ce n'est pas Pritchard qu'il faut l'appeler, c'est Lacenaire !

XL

OU PRITCHARD EUT LE MALHEUR DE RENCONTRER UN CHANOINE FULBERT SANS AVOIR RENCONTRÉ UNE HÉLOÏSE

Ce trait, raconté à notre hôte au moment de partir pour la chasse, lui donna pour Pritchard plus d'admiration que de sympathie.

Il fut convenu qu'au retour, Pritchard serait mis dans l'écurie et que l'écurie serait verrouillée et cadenassée.

Pritchard, sans se douter des mesures que l'on prenait contre lui, courait à deux cents pas sur la grande route, fouettant l'air de sa queue.

On se mit en chasse.

— Vous savez, me dit Charpillon, que ni chasseurs ni chiens ne doivent passer dans les vignes. Gaignez, comme maire, et moi, comme adjoint, devons l'exemple. Veillez donc sur Pritchard.

— C'est bien, dis-je, on veillera.

Mais Michel, s'approchant de moi :

— Si monsieur faisait bien, dit-il, pendant que nous ne sommes encore qu'à un kilomètre de la maison, il me permettrait de reconduire Pritchard ; j'ai idée qu'il nous fera quelque malheur avec les vignes.

— Soyez tranquille, Michel, j'ai trouvé un moyen.

Michel m'ôta son chapeau de paille.

— Je savais monsieur fort, très-fort! mais je ne le savais pas de cette force-là, dit-il.

— Vous verrez.

— En ce cas-là, dit Michel, il faut que monsieur se presse, car voilà déjà Pritchard en faute.

En effet, Pritchard venait d'entrer dans une vigne ; un instant après, il s'en éleva un vol de perdreaux.

— Retenez votre chien ! me cria Gaignez.

— Oui, monsieur le maire, répondis-je.

Et, en effet, j'appelai Pritchard.

Mais Pritchard savait ce qui lui revenait quand il avait fait un coup dans le genre de celui qu'il venait de faire.

Pritchard fit la sourde oreille.

— Attrapez-le, dis-je à Michel.

Michel se mit à la poursuite de Pritchard.

Dix minutes après, il revenait tenant Pritchard en laisse.

Pendant ce temps, j'avais pris un échalas qui dépassait autant les autres échalas que le *neuf* d'un jeu de quilles dépasse les autres quilles. Il pouvait avoir cinq pieds de long ; ce qui est une petite taille pour un homme, mais une grande taille pour un échalas.

Je le lui pendis au cou en travers, et le lâchai avec cet ornement.

Mais Pritchard ne me donna pas même la satisfaction de jouir de son embarras : il comprit qu'avec un pareil appendice, il n'y avait pas moyen de s'engager dans les vignes. Il les côtoya juste ce qu'il fallait pour ne pas faire battre son échalas contre les autres, mais il n'en alla que plus vite, forcé qu'il était d'aller sur un terrain libre.

A partir de ce moment, je n'entendis plus qu'un cri sur toute la ligne.

— Rappelez donc votre Pritchard, mille tonnerres ! il vient de me faire partir une compagnie de perdreaux à cent pas devant moi !

— Sacredieu ! faites donc attention à votre chien : il vient de me faire lever un lièvre hors de portée.

— Dites donc, est-ce qu'il vous serait bien désagréable que l'on envoyât un coup de fusil à votre animal ? Il n'y a pas moyen de chasser avec ce gueux-là !

— Michel, dis-je, rattrapez Pritchard.

— Quand je le disais à monsieur ! Heureusement

que nous sommes encore assez près de la maison
pour que je l'y reconduise.

— Non pas! j'ai une seconde idée.

— Pour l'empêcher de courir?

— J'en ai bien eu une pour l'empêcher d'entrer
dans les vignes!

— Quant à ça, je dois dire qu'elle a réussi; mais,
quant à l'autre, à moins que monsieur ne lui mette
des entraves comme aux chevaux au vert...

— Vous brûlez, Michel! vous brûlez!... Rattrapez Pritchard.

— Au fait, dit Michel, c'est aussi drôle que de
chasser, ce que nous faisons.

Et il se mit à courir en hêlant :

— Pritchard! Pritchard!

Et bientôt je le vis revenir, tirant Pritchard par
son échalas.

Pritchard venait de côté, un perdreau à la gueule.

— Voyez-vous, le voleur! le voilà qui commence
ses farces, me dit Michel.

— Ce doit être le perdreau que Cabasson vient de
tirer : je le vois qui le cherche.

— Oui, et Pritchard le rapporte. J'ai voulu vous
ramener ce guerdin-là en flagrant délit.

— Mettez le perdreau de Cabasson dans votre carnier; nous lui ferons une surprise.

— Non, mais ce qui m'agace, dit Michel, c'est l'o-
pinion que ce gueux-là a de vous.

— Comment, Michel, vous croyez que Pritchard
a une mauvaise opinion de moi ?

— Oh! monsieur, une opinion détestable!

— Qui vous fait croire cela?

— Ses actions.

— Expliquez-vous, Michel.

— Voyons, monsieur, croyez-vous que Pritchard ne sache pas, en son âme et conscience, que, lorsqu'il vous apporte un perdreau qui a été tué par un autre, c'est un vol qu'il commet ?

— Je crois qu'il s'en doute, en effet, Michel.

— Eh bien, monsieur, du moment où il sait qu'il est un voleur, il vous prend pour un recéleur, quoi ! Or, monsieur, voyez les articles du Code : il y est dit que les recéleurs sont assimilés aux voleurs et doivent être punis des mêmes peines.

— Michel vous m'ouvrez tout un horizon de terreurs ; mais nous allons tâcher de le guérir de courir ; quand il sera guéri de courir, il sera guéri de voler.

— Jamais, monsieur, jamais vous ne guérirez ce guerdin-là de ses vices.

— Mais, alors, Michel, il faut donc le tuer ?

— Je ne dis pas cela, monsieur, parce qu'au fond je l'aime, la canaille ! mais il faudrait demander à M. Isidore Geoffroy Saint-Hilaire, qui vit dans la société des animaux les plus nuisibles, s'il ne connaîtrait pas quelque recette.

— Tenez, Michel, je crois qu'en voici une.

En effet, je venais de passer à Pritchard la patte droite de devant dans son collier ; de cette manière, la patte droite de devant adhérant au cou, et la patte gauche de derrière étant coupée à l'articulation, Pritchard n'avait plus que deux pattes : la patte gauche de devant et la patte droite de derrière.

— En effet dit Michel, s'il s'emporte maintenant, il faudra qu'il ait le diable au corps.

— Lachez-le, Michel.

Michel lâcha Pritchard, qui demeura un instant étonné et comme s'il cherchait son équilibre.

L'équilibre trouvé, il se mit à marcher, puis à trotter; puis, s'équilibrant de plus en plus, il partit au galop, courant plus vite certainement, sur ses deux pattes, qu'un autre n'eût fait sur ses quatre.

— Eh bien y êtes-vous, monsieur? demanda Michel.

— C'est son diable d'échalas qui lui sert de balancier, répondis-je un peu désappointé.

— Il y a une fortune à faire avec ce brigand-là, dit Michel : c'est de lui apprendre à danser sur la corde, et de le mener de foire en foire.

— Si vous y avez confiance, Michel, vous tendrez une corde sur la pelouse, et vous en ferez un acrobate. Je connais la bonne madame Saqui; je lui demanderai de permettre que nous intitulions Pritchard son élève. Elle ne me refusera pas ce petit service.

— Oui, plaisantez, monsieur! Tenez, entendez-vous ?

En effet, les plus terribles imprécations retentissaient contre Pritchard.

Ces imprécations furent suivies d'un coup de fusil, puis d'un cri.

— Je reconnais la voix de Pritchard, dit Michel. C'est bien fait, il n'a que ce qu'il mérite.

Un instant après, Pritchard reparut, tenant un lièvre à la gueule.

— Vous disiez que vous aviez reconnu la voix de Pritchard, Michel?

— J'en jurerais, monsieur.

— Mais comment a-t-il pu crier, tenant un lièvre à la gueule ?

Michel se gratta l'oreille.

— C'est pourtant lui qui a crié, dit-il. Et la preuve, tenez, à peine s'il a la force d'apporter le lièvre!

— Allez voir, Michel.

Michel courut.

— Oh! monsieur, dit-il, je ne me trompais pas. Celui à qui il a pris le lièvre lui a envoyé un coup de fusil. Il a le derrière plein de sang!

— Tant pis pour lui ! cela le guérira peut-être. Mais n'importe, je voudrais bien savoir comment il a fait pour crier, tenant le lièvre à sa gueule.

— Faut demander à M. Charpillon. Tenez, le voilà qui arrive, tout courant après son lièvre.

— Vous savez que je viens de lui saler les fesses, à votre Pritchard? me cria Charpillon du plus loin qu'il me vit.

— Sans compter que vous avez bien fait.

— Il m'emportait mon lièvre !

— Voyez-vous ! dit Michel. Il n'y a pas moyen de le guérir. C'est pire que Cartouche !

— Mais, s'il emportait votre lièvre, il le tenait à la gueule.

— Pardieu ! où voulez-vous qu'il le tînt ?

— Comment, tenant votre lièvre à la gueule, a-t-il pu crier ?

— Il l'a posé à terre pour crier, puis il l'a repris et est reparti.

— Eh bien, dit Michel, l'est-il, vicieux? l'est-il, hein?

Pritchard était arrivé jusqu'à moi avec son lièvre; mais, arrivé à moi, il s'était couché.

— Diable! dit Charpillon, est-ce que je lui aurais fait plus de mal que je ne voulais? Je l'ai tiré à plus de cent pas.

Et, sans plus s'inquiéter de son lièvre, Charpillon chercha quelle désorganisation il avait pu commettre dans le train de derrière de Pritchard.

Elle était grave.

Pritchard avait recu cinq ou six grains de plomb dans la partie postérieure de sa personne.

— Ah! pauvre animal! s'écria Charpillon, je n'aurais pas voulu, pour tous les lièvres du terroir, lui tirer ce coup de fusil-là, si j'avais su...

— Bah! dit Michel, il est arrivé pis que cela à Abeilard, et il n'en est pas mort.

Le fait est que, trois semaines après, Pritchard, soigné par le vétérinaire de Saint-Germain, rentrait à Monte-Cristo, parfaitement guéri et la queue au vent.

— Eh bien? dis-je à Michel.

— Eh bien, monsieur, s'il rencontre un autre chien qui ait trois marrons dans sa poche, je lui conseille de parier qu'ils n'en ont que quatre à eux deux. Il gagnera, l'intrigant!

Je m'empressai d'annoncer cette bonne nouvelle à Charpillon.

XLI

INCIDENT PARLEMENTAIRE

Vers le même temps où le désastreux événement que je viens de raconter arrivait à Pritchard, une horrible tempête éclatait à la chambre des députés.

— Contre qui? me demanderez-vous.

Contre moi, tout simplement.

La représentation nationale, qui bien certainement n'avait pas été créée dans ce but, avait l'extrême bonté de s'occuper de moi.

— A quel propos? me demanderez-vous encore.

A propos de ce fameux voyage d'Espagne et d'Afrique que nous avions fait de compte à demi, le gouvernement et moi, et dans lequel le gouvernement avait mis dix mille francs, et moi quarante mille.

On donnait tous les jours des missions, on prêtait tous les jours des bâtiments à vapeur, mais c'était à des inconnus. Il n'y avait donc rien à dire.

Mais, moi, peste! c'était autre chose.

C'est qu'à cette époque, ces messieurs de la Chambre étaient furieux contre nous, et ce n'est pas sans raison, vous allez en convenir.

Eugène Suë publiait *les Mystères de Paris*, Soulié publiait *les Mémoires du diable*, Balzac publiait *le Cousin Pons*, je publiais *Monte-Cristo;* de sorte que l'on s'occupait peu du premier-Paris, presque pas de la discussion des Chambres, et beaucoup du feuilleton.

Il en résultait que ces messieurs de la Chambre étaient fort jaloux des feuilletonistes, et qu'ils criaient à l'immoralité encore plus haut qu'ils ne criaient à l'ordre.

Et cependant, Dieu sait comme ils criaient!

Selon eux, l'immoralité était si grande, qu'ils finirent par mettre sur les feuilletons une taxe qu'ils avaient refusé de mettre sur les chiens, refus qui était fort heureux à une époque où je n'avais que trois ou quatre feuilletons par jour, et où j'avais quelquefois, grâce aux libéralités du pauvre Pritchard, treize ou quatorze chiens à dîner.

Une fois les feuilletons timbrés, ils ne dirent plus rien; le timbre avait moralisé les feuilletons.

Mais ces messieurs rageaient en dedans. Le feuilleton allait toujours son train; il avait une tache noire ou rouge à l'oreille; il coûtait deux ou trois cents francs de plus aux journaux, c'est-à-dire qu'il rapportait au gouvernement le double de ce qu'il rapportait à l'auteur, ce qui est très-moral; mais ni lecteurs ni journaux ne pouvaient se passer de feuilletons.

Il y avait même certains journaux auxquels on ne s'abonnait que pour les feuilletons.

De sorte que certains journaux rageaient encore plus que certains députés.

Voilà pourquoi, quand je donnais un drame ou une comédie, j'étais encore plus *abîmé*—style de théâtre — dans les journaux auxquels je donnais des feuilletons que dans ceux auxquels je n'en donnais pas.

Je citerai *le Siècle*, auquel j'ai donné successivement : *le Corricolo*, — *le Chevalier d'Harmental*, — *les Trois Mousquetaires*, — *Vingt ans après*, — et *le Vicomte de Bragelonne*.

Et cependant, *le Siècle* avait trouvé, à l'insertion des livres que je viens de citer, une belle compensation à l'impôt du feuilleton ; *le Siècle*, pendant les deux ou trois ans qu'avaient duré mes publications, avait pu conserver le petit format.

J'en obtins une bien douce récompense, après *Bragelonne*. Le directeur du *Siècle* porta à mon confrère Scribe un traité en blanc. On pensait qu'on en avait fini avec moi, que je ne pouvais plus rien faire de bien, et l'on s'adressait à un autre.

J'avais ambitieusement demandé pour mes feuilletons, et pour la propriété de cinq ans qui en était la suite, cinq mille francs par volume, et l'on avait trouvé que c'était beaucoup.

Mon confrère Scribe demanda modestement sept mille francs, et l'on trouva que ce n'était point assez ; car on lui fit cadeau, à titre de prime, d'un encrier en vermeil et d'une plume d'or.

De cette plume d'or et de cet encrier en vermeil sortit *Piquillo Alliaga*.

Je me consolai en allant faire *la Reine Margot* à *la Presse*, *la Dame de Monsoreau* au *Constitutionnel*, et *le Chevalier de Maison-Rouge* à *la Démocratie pacifique*.

Étrange destinée du *Chevalier de Maison-Rouge*, qui, donné à un journal républicain, devait si fort contribuer à la République, que, sous la République, le directeur des beaux-arts le défendait, de peur qu'après avoir contribué à la faire, il ne contribuât à la maintenir.

Donc, pour en venir à la colère de messieurs de la Chambre, elle éclata un matin; la foudre tomba, non pas sur un paratonnerre, non pas sur un chêne, mais sur moi, faible roseau.

Un beau jour, on chercha chicane à M. de Salvandy pour les dix mille francs qu'il avait ajoutés à mes quarante mille, au roi pour les douze mille francs de charbon qu'il avait brûlé pour moi, et on l'accusa de partialité pour les hommes de lettres.

Pauvre Louis-Philippe! il avait été accusé bien souvent, et bien injustement, mais jamais plus injustement que cette fois-là.

Nous ne sommes pas au bout. Un député très-sérieux, si sérieux qu'il pouvait se regarder sans rire, déclara que le pavillon français *s'était abaissé* en nous protégeant de son ombre.

Deux autres députés firent chorus; toute l'opposition battit des mains.

Le soir même, les trois orateurs reçurent chacun une carte :

M*, une lettre signée de moi ;

M**, une lettre signée de Maquet ;

M***, une lettre signée de Desbarrolles.

Puis, comme nous ne nous en rapportions pas à la fidélité de la poste, et que nous tenions essentiellement à ce que ces lettres fussent remises, nous envoyâmes chacune d'elles par deux amis, chargés de remettre chacune d'elles à chacun de ces messieurs.

Mes deux amis à moi étaient Frédéric Soulié et Guyet-Desfontaines.

J'avais choisi M. Guyet-Desfontaines, non-seulement parce qu'il était mon voisin de campagne à Marly, mais encore parce qu'il était le voisin de chambre de M* au palais Bourbon.

De cette façon, j'étais sûr que M* recevrait ma lettre.

Cette lettre était bien simple; il n'y avait pas à s'y tromper.

La voici :

« Monsieur,

» La députation a ses priviléges, la tribune a ses droits; mais à tout privilége et à tout droit, il y a des limites.

» Ces limites, vous les avez dépassées à mon égard.

» J'ai l'honneur de vous demander réparation.

» Alex. Dumas. »

Si je faisais une petite erreur, comme M* vit encore, il pourrait la rectifier.

Les deux autres lettres furent rédigées à peu près dans le même style.

C'était laconique, c'était clair.

Les trois réponses furent non moins claires, quoique encore plus laconiques :

« Nous nous retranchons derrière l'inviolabilité de la tribune. »

Nous n'avions plus rien à dire.

Il est vrai que chacun de nous avait huit ou dix amis dans la presse, chacun armé d'une plume dont, de temps en temps, nous sentions la pointe comme on sent la piqûre d'une guêpe.

Pas un ne bougea.

Mais j'avais une amie, moi.

Chers lecteurs, du moment que vous toucherez une plume pour écrire autre chose que les comptes de votre cuisinière, ayez des amies, jamais des amis.

J'avais donc une amie.

Cette amie s'appelait madame Émile de Girardin.

Il n'y a pas si longtemps que l'adorable créature est dans la tombe, que vous l'ayez déjà oubliée.

Oh! non, vous vous rappelez cet esprit charmant et, en même temps, presque viril, qui parcourait la triple octave de la grâce, de l'esprit et de la force.

Eh bien, femme, elle fit ce qu'aucun homme n'avait osé, ou plutôt n'avait voulu faire.

Pendant toute la discussion parlementaire dont je venais d'être, sinon le héros, du moins l'objet, pas une seule fois mon nom n'avait été prononcé.

On m'avait appelé, non pas même M*, M** ou M***, comme j'ai appelé les trois députés qui s'étaient plus particulièrement occupés de moi dans cette mémorable séance, — mais *monsieur* tout court, et parfois, en manière de variante, *le monsieur* ou *ce monsieur*.

Du moment que l'inviolabilité de la tribune était décrétée, on pouvait m'appeler comme on voulait.

Madame de Girardin prit au collet le plus *monsieur* de ces trois *messieurs*, et, avec sa charmante main blanche, potelée et aux ongles roses, elle le secoua.

ellé le secoua... Au fait, pourquoi ne me donnerais-
je pas le petit plaisir de vous montrer comment elle
le secoua?

Voyez; c'est de la prose de femme; mais madame de Girardin et madame Sand nous ont habitués
à ces sortes de miracles-là:

«... Toutefois, nous sommes juste, et nous recon-
naissons que, dans ses erreurs, M. Dumas a plus
d'une bonne et belle excuse. Il a d'abord la fougue
de son imagination, la fièvre de son sang naguère
africain; et puis il a une excuse que tout le monde
n'a pas, il a le vertige de sa gloire. Nous voudrions
bien vous voir, vous autres, gens raisonnables, au
milieu du tourbillon qui l'emporte; nous voudrions
bien savoir quelle figure vous feriez si l'on venait
tout à coup vous offrir trois francs la ligne de vos
pattes de mouche ennuyeuses; oh! que vous seriez
insolents! quels airs superbes vous prendriez! quel
délire serait le vôtre! soyez donc plus indulgents
pour des égarements d'esprit, pour des transports
d'orgueil que vous ne connaissez pas et que vous ne
pouvez pas comprendre.

» Mais, si nous trouvons des excuses aux étour-
deries d'Alexandre Dumas, nous n'en trouvons pas,
nous, à l'attaque faite contre lui, à la chambre des
députés, par M. ***. En effet, ni la fougue de l'imagination, ni la fièvre du sang africain, ni le vertige de
la gloire, ne peuvent expliquer cet étrange oubli des
convenances chez un homme si bien né, si bien élevé,
et qui appartient au monde le plus distingué de Paris.

» *Entrepreneur de feuilletons!*

» Que le vulgaire dise cela, c'est possible; le vul-

gaire croit que celui qui écrit beaucoup écrit mal ;
le vulgaire, à qui tout est difficile, a horreur de toutes
les facilités. Les ouvrages nombreux lui semblent
toujours des œuvres de pacotille, et, comme il n'a
pas le temps de lire tous les romans nouveaux qu'A-
lexandre Dumas trouve le temps de publier, il croit
que ceux qu'il a lus sont les seuls ravissants, que
tous les autres sont détestables, et il s'explique sa
merveilleuse fécondité par une imaginaire médio-
crité. Que le vulgaire ne comprenne pas les facultés
surprenantes de l'intelligence, c'est tout simple,
c'est dans l'ordre ; mais qu'un jeune député, qui
passe pour être un homme d'esprit, se mette sans
réfléchir du parti du vulgaire, et s'en vienne
inutilement attaquer à la tribune un homme d'un
talent incontestable, d'une célébrité européenne, sans
s'être rendu compte de la valeur de cet homme si
extraordinaire, sans avoir étudié la nature de son
talent, sans savoir s'il méritait littéralement le sur-
nom cruel qu'il lui plaisait, dans son ironie, de
lui octroyer, c'est une imprudence dont nous sommes encore étonné ; — c'est ému que nous devrions
dire.

» Depuis quand fait-on un crime au talent de sa
facilité, si cette facilité ne nuit en rien à la perfec-
tion de l'œuvre ? quel cultivateur a jamais reproché
à la belle Égypte sa fécondité ? qui donc a jamais
critiqué ses moissons pour leur maturité précoce, et
refusé ses blés superbes sous prétexte qu'ils avaient
germé, poussé, verdi, grandi, mûri en quelques heures ? De même qu'il y a des terres favorisées, il y a
des natures privilégiées ; on n'est pas coupable parce

qu'on est doué injustement; le tort, ce n'est pas de posséder ces dons précieux, c'est d'en abuser; et, d'ailleurs, pour les artistes sincères qui commentent Alexandre Dumas, et qui ont étudié son merveilleux talent avec l'intérêt que tout savant physiologiste doit à tout phénomène, cette étourdissante facilité n'est plus un mystère inexplicable.

» Cette rapidité de composition ressemble à la rapidité de locomotion des chemins de fer; toutes deux ont les mêmes principes, les mêmes causes : une extrême facilité obtenue par d'immenses difficultés vaincues. Vous faites soixante lieues en trois heures, ce n'est rien, et vous riez d'un si prompt voyage. Mais à quoi devez-vous cette rapidité du voyage, cette facilité du transport? A des années de travaux formidables, à des millions dépensés à profusion et semés tout le long de la route aplanie, à des milliers de bras employés pendant des milliers de jours à déblayer pour vous la voie. Vous passez, on n'a pas le temps de vous voir; mais, pour que vous puissiez passer un jour si vite, que de gens ont veillé, surveillé, pioché, bêché! que de plans faits et défaits! que de peines, que de soucis a coûtés ce trajet si facile, que vous parcourez, vous, en quelques moments, sans souci et sans peine!... Eh bien, il en est ainsi du talent d'Alexandre Dumas. Chaque volume écrit par lui représente des travaux immenses, des études infinies, une instruction universelle. Alexandre Dumas n'avait pas cette facilité-là il y a vingt ans; c'est qu'il ne savait pas ce qu'il sait. Mais, depuis ce temps, il a tout appris, et il n'a rien oublié; sa mémoire est effrayante, son coup d'œil in-

faillible; il a, pour deviner, l'instinct, l'expérience, le
ouvenir; il regarde bien, il compare vite, il com-
rend involontairement; il sait par cœur tout ce
qu'il a lu, il a gardé dans ses yeux toutes les images
que sa prunelle a réfléchies; les choses les plus sé-
rieuses de l'histoire, les plus futiles des mémoires
les plus anciens, il les a retenues; il parle familièrement des mœurs de tous les âges et de tous les pays;
il sait les noms de toutes les armes, de tous les vête-
ments, de tous les meubles que l'on a faits depuis la
création du monde, de tous les plats que l'on a mangés, depuis le stoïque brouet de Sparte jusqu'au dernier mets inventé par Carême; faut-il raconter une
chasse, il connaît tous les mots du *Dictionnaire des
chasseurs* mieux qu'un grand veneur; un duel, il est
plus savant que Grisier; un accident de voiture, il
saura tous les termes du métier, comme Binder ou
comme Baptiste.

» Quand les autres auteurs écrivent, ils sont arrê-
tés à chaque instant par un renseignement à chercher, une indication à demander, un doute, une absence de mémoire, un obstacle quelconque; lui n'est
jamais arrêté par rien; de plus, l'habitude d'écrire
pour la scène lui donne une grande agilité de composition. Il dessine une scène aussi vite que Scribe
chiffonne une pièce. Joignez à cela un esprit étincelant, une gaieté, une verve intarissables, et vous
comprendrez à merveille comment, avec de sembla-
bles ressources, un homme peut obtenir dans son
travail une incroyable rapidité, sans jamais sacrifier
l'habileté de sa construction, sans jamais nuire à la
qualité et à la solidité de son œuvre.

» Et c'est un pareil homme qu'on appelle *un monsieur!* Mais un monsieur, c'est un inconnu, un homme qui n'a jamais écrit un bon livre, qui n'a jamais fait une belle action ni un beau discours, un homme que la France ignore, dont l'Europe n'a jamais entendu parler. Certes, M. Dumas est beaucoup moins un marquis que M***; mais M*** est beaucoup plus un monsieur qu'Alexandre Dumas! »

Quand je vous disais, chers lecteurs, qu'en littérature, mieux valait avoir des amies que des amis!

XLII

OU IL EST TRAITÉ DE LA RÉVOLUTION DE FÉVRIER
ET DE L'INFLUENCE QUE CETTE RÉVOLUTION
EUT SUR LES BÊTES ET SUR LES GENS

Après la digression politique que nous avons faite, à propos de mon voyage d'Afrique, revenons, s'il vous plaît, à nos bêtes, qui, pendant ce temps, Dieu merci! pensaient à toute autre chose que les Chambres, dont elles n'avaient jamais entendu parler.

Honnêtes bêtes!

Par bonheur, les Chambres, de leur côté, ne pensaient point à mes bêtes; car, à coup sûr, après m'avoir fait l'honneur de s'occuper de moi, elles m'eussent fait l'honneur de s'occuper d'elles.

Dieu me garde de dire du mal d'un homme tombé ou d'une forme de gouvernement qui n'existe plus,

mais c'était une singulière machine que cette mécanique à trois rouages dont l'un s'appelait Molé,
l'autre Guizot, l'autre Thiers, qui ne marchait qu'à
l'aide d'un de ces rouages, lequel, aussitôt qu'il marchait, se trouvait entravé par les deux autres.

On se rappelle cette fameuse carte de taverne que
le prince de Galles trouve dans la poche de Falstaff
ivre :

« Une dinde, — trois schellings.
» Une oie, — deux schellings.
» Jambon, — un schelling.
» Bière, — six schellings.
» *Pain, — un penny.* »

Eh bien, pendant dix-huit ans, notre politique
constitutionnelle ressemble quelque peu à la carte de
Falstaff :

Affaires Molé, — six ans.
Affaires Guizot, — six ans.
Affaires Thiers, — cinq ans, neuf mois et trois
semaines.
Affaires de la France, — huit jours.

Dont il faut ôter les trois jours de février, pendant
lesquels la France a fait ses affaires elle-même.

Un jour, je raconterai la révolution de février,
comme j'ai raconté celle de juillet ; car, pour n'y
avoir pas pris une part aussi active, peut-être ne l'en
ai-je que mieux vue.

Mais, pour le moment, je l'ai dit, il s'agit de personnages innocents, qui n'ont à se reprocher aucune
chute de ministère, aucun renversement de trône ;

il s'agit de revenir à Pritchard, qui n'avait plus que trois pattes, qui était à moitié eunuque, et qui venait de perdre un œil à la révolution de février.

Comment Pritchard, dont il n'a été aucunement question, ni dans les deux volumes de Lamartine, ni dans la *Revue rétrospective* de M. Taschereau, avait-il perdu un œil à la révolution de février ?

Était-ce au boulevard des Capucines ? était-ce à l'attaque du pont Tournant ?

Pritchard avait perdu un œil parce que, la curiosité m'ayant poussé à voir ce qui se passait à Paris, et ayant poussé Michel à voir ce qui se passait à Saint-Germain, on avait oublié de lui faire sa pâtée accoutumée et de lui donner ses os quotidiens; il en était résulté que, ayant voulu partager la pitance du vautour, le vautour, qui, pas plus que celui de Prométhée, n'entendait plaisanterie à propos de son cœur, de son foie ou de son mou, avait allongé à Pritchard un magistral coup de bec qui l'avait déferré d'un œil.

Il était — à moins d'une grande philosophie à l'endroit des plaisanteries cynégétiques — il était difficile d'utiliser un chien en pareil état.

Par bonheur pour Pritchard, je n'étais pas de l'avis de Caton l'Ancien, pour la morale duquel, je l'avoue, je ne professe qu'une médiocre admiration, et qui dit : «Vendez votre cheval lorsqu'il est vieux, et votre esclave lorsqu'il est infirme; car plus vous attendrez, plus vous perdrez sur l'un et sur l'autre. »

Je n'eusse pas trouvé acquéreur si j'eusse voulu vendre Pritchard, je n'eusse pas trouvé amateur si

j'eusse voulu donner Pritchard; il me restait donc à
faire tout simplement, de ce vieux serviteur, si mauvais serviteur qu'il ait été, à mon avis, un commensal de la maison, un invalide de mon service,
un ami enfin.

D'aucuns me dirent que, puisque je n'étais qu'à
quelques pas de la rivière, il me restait à lui mettre
une pierre au cou et à le jeter à l'eau.

C'est ce que Caton eût probablement fait. Mais,
que voulez-vous ! je ne suis pas un vieux Romain,
moi ; et le Plutarque qui racontera ma vie ne man-
quera pas de dire, en style moderne, que j'étais un
panier percé, en oubliant d'ajouter, bien entendu,
que ce n'était pas toujours moi qui faisais les trous
au panier.

Vous me direz bien encore que rien n'était plus
facile que de remplacer Pritchard; que je n'avais
qu'à descendre la rampe de la montagne, traverser
le pont du Pecq, gagner la forêt du Vésinet, entrer
chez Vatrin et lui acheter un beau et bon chien d'arrêt braque, comme nous avons l'habitude d'en avoir,
nous autres chasseurs français, au lieu d'un pointer
anglais.

Mais je vous répondrai — car j'ai réponse à tout
— que, tout en n'étant pas assez pauvre pour noyer
Pritchard, je n'étais plus assez riche pour acheter un
autre chien.

Il va sans dire qu'au bruit de journaux intitulés
le Père Duchesne, la Guillotine, la République rouge,
la littérature purement historique ou pittoresque
était tombée aussi bas qu'elle pouvait tomber.

Or, au lieu de faire de la littérature, j'avais fondé

un journal appelé *le Mois*, et collaboré à un autre journal intitulé *la Liberté*.

Tout cela rapportait trente et un francs par jour. Puis restait le Théâtre-Historique; mais celui-là en coûtait cent, deux cents et quelquefois cinq cents.

Il est vrai que j'avais une chance : c'est que, faisant, dans mes deux journaux, une guerre acharnée à MM. Barbès, Blanqui et Ledru-Rollin, j'avais la chance d'être assommé, un jour ou l'autre, par les partisans de ces messieurs.

Il s'agissait de faire une grande réforme dans la maison.

Je vendis mes trois chevaux et mes deux voitures pour le quart de ce qu'ils m'avaient coûté.

Je fis don au Jardin des Plantes du dernier des Laidmanoir, de Potich et de mademoiselle Desgarcins. Je perdais une maison, mais mes singes gagnaient un palais.

Après les révolutions, il arrive parfois que les singes sont logés comme des princes, et que les princes sont logés comme des singes.

A moins que les princes n'aient-épouvanté l'Europe; alors, on leur fait l'honneur de les loger comme des lions.

Il vous faut donc, à partir de ce moment, chers lecteurs, dire adieu aux colères du dernier des Laidmanoir, aux mélancolies de Potich, et aux caprices de mademoiselle Desgarcins, à qui je n'avais plus de bouteilles d'eau de Seltz à donner à déboucher, bienheureux qu'il me restât de l'eau pure à boire, lorsque tant de gens qui avaient gagné, au lieu de perdre, à ce changement, étaient forcés de boire de l'eau trouble.

Quant à Misouff, il fut traité comme détenu politique; quoique sa détention, on se le rappelle, eût une source beaucoup moins honorable, il y gagna sa liberté.

Restait Diogène. — On se rappelle que c'était le nom donné par Michel au vautour, à cause du tonneau dans lequel il faisait sa résidence. — Il fut acheminé vers le restaurant *Henri IV*, chez mon voisin et ami Collinet, mon compère en art culinaire, et le propagateur, sinon l'inventeur, des côtelettes à la béarnaise.

Allez en manger chez lui, arrosez les susdites côtelettes avec du vin de Champagne, et vous verrez quel déjeuner vous ferez!

Sans compter qu'en entrant et en sortant, vous pourrez voir Diogène, non plus dans son tonneau, mais sur son bâton.

Chez Collinet, Diogène avait une grande chance de ne pas mourir de faim; aussi Diogène a-t-il prospéré en santé et en beauté, et, pour témoigner à Collinet sa reconnaissance, lui pond-il, tous les ans, un œuf; ce qu'il n'avait jamais eu l'idée de faire tandis qu'il était chez moi.

Cette année-là, il fallut renoncer à la chasse. Les maisons, les terres, les carrosses, les chevaux étaient tombés à rien; mais les ports d'armes étaient restés au même prix, c'est-à-dire à vingt-cinq francs.

Si je m'étais donné un port d'armes en l'an de grâce 1848, il ne me fût resté, ce jour-là, que six francs ce qui n'eût point été assez pour ce qu'il y avait de gens et ce qu'il restait de bêtes à la maison.

Aussi Pritchard fut-il prié de cesser les invitations à dîner qu'en des temps plus heureux, il faisait sur le chemin vicinal de Saint-Germain à Marly.

Au reste, la recommandation était inutile; les convives de Pritchard, pris une fois au brouet noir, ne fussent pas revenus une seconde fois.

XLIII

MON MEILLEUR DRAME ET MON MEILLEUR AMI

Ce fut cette année-là que je partis pour le département de l'Yonne et que je fis connaissance avec mes deux excellents compagnons de chasse Gaignez et Charpillon. Mais, cette année, je l'ai dit, il ne fallait pas songer à la chasse.

Je me trompe. Je fis, au contraire, la plus rude chasse que j'eusse jamais faite : la chasse aux électeurs.

J'ai déjà raconté, je ne sais où, que, neuf cents individus s'étant trouvés en France plus intelligents que moi, j'étais revenu bredouille.

Faites-vous expliquer, chères lectrices, par le premier venu de mes confrères en saint Hubert, ce que veulent dire ces deux mots : revenir *bredouille.*

Et cependant, en me présentant aux électeurs comme député, je faisais un sacrifice à la patrie.

Comme député, je ne touchais plus que vingt-cinq

francs par jour, tandis que, comme journaliste, je continuais d'en gagner trente et un.

La situation dura un an.

Je parle de ma situation, et non de celle de la France.

Pendant cette année, je vis s'accomplir le quinzième changement de gouvernement auquel j'aie assisté depuis le jour de ma naissance.

Vers le 25 août 1849, je me trouvais avoir devant moi une somme de trois cents francs.

Comme la chose peut paraître extraordinaire en ces jours de disette, hâtons-nous de dire que je ne l'avais ni empruntée ni volée.

Non. Mais j'avais fait un drame intitulé *le Comte Hermann.*

Il pousse autour de chacun de mes drames qui vient au monde tant d'histoires incroyables que chacun fait semblant de croire, que je ne suis pas fâché de raconter un peu en détail la naissance de celui-ci.

Un jour, un de mes confrères, nommé Lefebvre, vient m'apporter une comédie reçue au Vaudeville et ayant pour titre : *une Vieille Jeunesse.*

Malgré mes instances pour ne pas l'entendre, il me la lut en me priant de refaire la pièce, et de devenir son collaborateur.

J'ai toujours eu la terreur de la collaboration, et, par facilité de caractère, je m'y suis cependant toujours laissé entraîner.

Cette fois, je résistai, et, quoique j'entrevisse à travers un brouillard les cinq actes d'un grand et beau drame qui n'aurait aucun rapport avec la petite comédie en trois actes que me lisait Lefebvre, je lui répondis :

— Je ne veux pas travailler à votre pièce. Faites-la jouer, puisqu'elle est reçue; tirez-en le plus d'argent possible, et, quand le théâtre l'aura abandonnée, moi, je vous donnerai mille francs de votre sujet.

Lefebvre entrevoyait un moyen de tirer plus d'argent de sa pièce morte qu'il n'en espérait de sa pièce vivante; aussi me fit-il répéter, ne comprenant rien à ma proposition.

Je la lui répétai; il la comprit, et l'accepta.

Six mois après, la pièce était jouée, elle était tombée, morte de la chute, et son auteur m'apportait le cadavre.

La pièce n'avait pas même été imprimée.

Comme toujours, je laissai reposer le sujet, jusqu'à ce que le désir m'en prît. Un beau matin, *le Comte Hermann* se trouva fait dans ma tête; huit jours après, il était couché sur le papier. Un mois après, il se relevait sur les planches du Théâtre-Historique, sous les traits de Mélingue, appuyé au bras de madame Person et de Laferrière.

C'était un de mes meilleurs drames, ce fut un de mes plus beaux succès.

En somme, grâce à ce succès, je me trouvai, comme je l'ai dit, vers le 25 août, possesseur d'une somme de trois cents francs.

J'entendis parler alors d'un certain M. Bertram ayant une chasse à louer aux environs de Melun. Je courus chez lui : il demeurait rue des Marais-Saint-Germain, à un quatrième étage.

La chasse n'était point à lui; elle appartenait à M. de Montesquieu.

Son prix était de huit cents francs.

Nous débattîmes un instant la somme, et il me laissa le loyer de la chasse pour six cents francs, sauf une condition.

Je partirais le lendemain avec un mot de lui, je ferais le tour du terroir, accompagné du garde, auquel ce mot était adressé, je m'assurerais de la quantité de gibier que la chasse contenait, et, si j'étais content, nous signerions au prix susindiqué.

Le lendemain, en effet, je pris avec moi Pritchard, j'emportai mon fusil, une douzaine de cartouches et je partis par le chemin de fer de Melun.

A Melun, je m'enquis du lieu où ma chasse était située, et, moyennant cinq francs, une voiture se chargea de me conduire et de me ramener.

La moisson avait été très-précoce cette année, de sorte que, dans le département de la Seine et dans les départements environnants, la chasse s'était ouverte la veille, 25 août.

Je trouvai le garde; il prit connaissance du billet de M. Bertram, qui m'autorisait en même temps à tirer quelques coups de fusil, et, comme son désir le plus vif était que la chasse fût louée, — ce qui n'était pas arrivé, l'année précédente, — le garde, après avoir jeté un coup d'œil assez méprisant sur Pritchard, se mit en route, me montrant le chemin.

En sortant de sa maison, on entrait en chasse.

Pritchard monta sur un petit tertre et aperçut au loin une pièce de betteraves qui verdoyait.

Il traversa rigidement et en droite ligne une

pièce de terre labourée, se dirigeant vers les betteraves.

Je le laissai faire insoucieusement.

— Monsieur, me dit le garde, je vous ferai observer que votre chasse n'a que cinq cents arpents de terre; qu'il y a, sur ces cinq cents arpents de terre, huit ou dix compagnies de perdreaux et trois ou quatre cents lièvres; si vous ne retenez pas votre chien, il va attaquer la meilleure de nos pièces, et en faire partir cinq ou six lièvres et deux ou trois compagnies de perdreaux avant que nous l'ayons atteinte.

— Ne vous inquiétez pas de Pritchard, lui dis-je. Il a sa manière de chasser à lui, manière à laquelle je suis accoutumé. Laissons-le dans sa pièce de betteraves, et voyons ce qu'il y a dans ce champ labouré qui nous sépare d'elle.

— Il doit y avoir deux ou trois lièvres, monsieur. Eh! tenez, tenez!... en voilà un qui part devant vous.

Avant que le garde eût achevé, le lièvre était mort.

Pritchard ne s'inquiéta pas du coup de fusil, et fît le tour de la pièce pour prendre le vent.

Pendant ce temps, un second lièvre me partait; je lui envoyai un second coup de fusil.

Il était si grièvement blessé, qu'au bout de cent pas, il fut obligé de s'arrêter, puis s'étendit; il était mort, comme le premier.

Pritchard, qui était tombé en arrêt, ne s'inquiéta ni du coup de fusil, ni du lièvre, qui était allé mourir à vingt pas de lui.

Le garde se chargea des deux lièvres, en me faisant observer que le billet de M. Bertram m'autorisait bien à tirer quelques coups de fusil, mais que lui croyait devoir me prier de ne plus tirer sur les lièvres, de chasser les perdrix seulement.

— En ce cas, lui dis-je, faisons un détour, et prenons le vent comme a fait Pritchard.

— Ah! monsieur, me dit le garde, votre chien ne vous attendra pas!

— Soyez tranquille, lui dis-je. Vous allez le voir travailler. Seulement, si vous avez quelque chose à faire, votre pipe à allumer, par exemple, allumez-la.

— Merci, je viens de la remettre dans ma poche.

— Eh bien, alors, dis-je en tirant une gourde de ma poche, buvez une goutte de cette eau-de-vie; c'est d'excellente fine champagne.

— Ah! une goutte d'eau-de-vie, monsieur, ça ne se refuse pas, dit le garde. Mais votre chien?...

— Oh! mon chien, je vous ai dit que nous avions le temps, prenons-le.

— Savez-vous qu'il y a déjà cinq minutes qu'il est en arrêt?

— Combien nous faut-il pour le rejoindre?

— Cinq autres minutes, à peu près.

— Et cinq minutes pour nous reposer. Quand nous l'aurons rejoint, ça nous fera un quart d'heure.

— Voilà un crâne chien, tout de même! dit le garde. C'est malheureux qu'il lui manque un œil et une patte.

—Regardez-le bien quand nous l'aurons rejoint, lui dis-je en riant, et vous verrez qu'il lui manque encore autre chose.

Non rejoignîmes Pritchard au bout de cinq minutes.

— Dans cinq minutes, dis-je au garde, nous allons essayer de lui tuer deux perdrix devant le nez, et, si nous réussissons, vous verrez qu'il ne bougera pas de son arrêt, que je n'aie eu le temps de recharger mon fusil.

— S'il le fait comme vous le dites, répliqua le garde, c'est un chien qui vaut cinq cents francs comme un liard.

— Oui, répondis-je, pendant les huit premiers jours, c'est-à-dire tant que le gibier tient. Maintenant, ajoutai-je, nous allons essayer une chose. D'après le rayon visuel de Pritchard, il me paraît arrêter à dix pas à peu près devant lui. Eh bien, je vais reculer de quinze pas ; j'enverrai mon coup de fusil où il regarde, probablement au milieu d'une bande de perdrix ; si je n'en tue pas, et que les perdrix restent, Pritchard ne bougera pas ; si j'en tue une ou deux, et que les autres ne s'envolent pas, Pritchard ne bougera pas davantage ; si toute la bande s'envole, et que, parmi la bande, il y en ait une blessée, Pritchard la suivra jusqu'à ce qu'elle tombe.

Le garde fit un signe des épaules et de la tête, qui signifiait : « Dame, s'il fait cela, je n'ai rien à dire. »

Je reculai de quinze pas, je m'agenouillai, et, dans la direction du nez de Pritchard, je lâchai mon coup de fusil.

Deux perdrix firent la culbute, montrant leur ventre blanc et se débattant, tandis qu'à quatre pas d'elles, un lièvre partait, détalant comme si le coup de fusil avait été tiré pour lui.

Pritchard ne bougea pas.

— Eh bien ? dis-je au garde.

— Ah ! fit-il, allons jusqu'au bout, monsieur ; c'est trop curieux.

Je rechargeai mon fusil et rejoignis Pritchard.

Pritchard me regarda comme pour me demander si j'étais prêt, et, sur ma permission, força l'arrêt.

Une bande de quinze ou seize perdrix partit.

J'en tuai une du premier coup ; du second, j'en blessai une dans les reins, et, selon l'habitude des perdrix blessées à cet endroit, elle s'éleva d'un vol presque vertical.

Ce que j'avais prédit arriva : Pritchard ne s'occupa que d'elle, la suivit à la fois de l'œil et de la course, et, quand au bout de son vol, elle tomba lourdement, ce fut presque dans sa gueule.

Il n'y avait pas besoin de pousser la chasse plus loin. Je savais ce que je voulais savoir : le terrain était giboyeux. Je revins à Paris. Je courus chez mon ami d'Orsay, je lui fis part de ma bonne fortune.

Je le trouvai occupé à faire un buste de Lamartine.

D'Orsay, le comte d'Orsay, frère de la belle madame de Grammont, est un de ces hommes dont j'aime à retrouver de temps en temps le nom sous ma plume. J'ai toujours quelque chose à en dire de nouveau ; et non-seulement de nouveau, mais encore de bon.

D'Orsay faisait donc le buste de Lamartine ; car, en même temps qu'il était un grand seigneur, d'Orsay était un grand artiste : il dessinait et sculptait avec une élégance parfaite. Peut-être la science avait-elle quelque chose à reprendre à ses dessins et à sa sculpture ; mais nul n'avait comme lui le sentiment de l'idéal.

Le seul portrait qui nous soit resté de Byron, celui que le poète a exigé que l'on mit à la tête de ses œuvres, était de d'Orsay.

Ce goût extrême l'accompagnait dans tout ; médiocrement riche et forcé, vers la fin de sa vie, de regarder à ses dépenses après avoir été l'homme le plus fashionable de France et d'Angleterre, il avait loué je ne me rappelle plus dans quelle rue, pour huit cents francs, une espèce de grenier dont il avait fait l'atelier le plus élégant de tout Paris.

Pendant dix ans, il avait donné le ton à la France et à l'Angleterre ; son tailleur, dont il fit la fortune, était renommé pour son habileté à habiller les gens selon la classe à laquelle ils appartenaient, faisant des distinctions d'une subtilité incroyable.

Un jour, un gentilhomme campagnard, ami de d'Orsay, vient passer un mois à Londres ; il va faire une visite au comte, et lui dit :

— Cher ami, me voici ; mais ce n'est pas le tout, je viens passer un certain temps à Londres ; je voudrais ne pas être ridicule, je ne suis ni un dandy, ni un marchand de la Cité, je suis un gentilhomme campagnard ; regardez-moi bien, et dites à votre tailleur comment il doit m'habiller.

D'Orsay le regarde, va à la collection de ses cannes, — d'Orsay avait cinquante ou soixante cannes, — en choisit une dont la poignée était une patte de chevreuil recourbée et ferrée d'argent.

— Tenez, dit-il à son ami, allez trouver Blindem, et dites-lui de vous habiller pour cette canne-là.

17.

Et Blindem habilla le gentilhomme pour cette canne et sur la seule vue de cette canne, et jamais le gentilhomme, il l'avoua lui-même, ne fut mieux habillé.

C'étaient des merveilles que les dessins de d'Orsay.

Je me rappelle un soir où, chez Masnef, jeune Russe de mes amis, il passa la soirée à faire, de nous tous, des dessins à la mine de plomb.

Jamais je n'ai vu collection plus curieuse que cette collection, au milieu de laquelle se trouvait le portrait d'une jeune fille, charmante incontestablement, mais qu'il avait fait, chose rare, je ne dirai pas plus jolie, mais plus angélique qu'elle n'était.

Qu'est devenu ce portrait, auquel il n'y avait qu'à mettre des ailes, pour qu'on le crût de Beato Angelico?

D'Orsay était non-seulement élégant, mais encore d'une beauté parfaite; non-seulement d'une beauté parfaite, mais encore d'un esprit charmant. Il fut ainsi jusqu'à la fin de sa vie.

Je venais lui proposer de prendre la chasse à nous deux.

Il y consentit, mais à la condition que nous nous adjoindrions le duc de Guiche, son neveu, aujourd'hui duc de Grammont, ambassadeur à Vienne.

Je ne pouvais rien désirer de mieux : j'aimais Guiche autant que j'aimais d'Orsay, c'est-à-dire de tout mon cœur.

Nous prîmes donc la chasse à nous trois.

Comme il n'y avait pas de temps à perdre, nous résolûmes d'en faire l'ouverture dès le surlendemain.

Nous allâmes signer le bail, le même jour, chez

naître Bertram, qui nous fit une petite restriction :
c'est que, pour nos six cents francs, nous ne pour-
rions tuer que cent lièvres, ce qui nous faisait trente-
trois lièvres chacun ; les perdrix était par-dessus
le marché.

Celui qui tuait un lièvre de plus que son compte
était quitte pour repayer cinq francs au garde.

A midi, le jour de l'ouverture, j'avais tué onze
lièvres.

Inutile de dire que Pritchard avait été, de la part
de mes deux aristocrates amis, l'objet d'une rail-
lerie dont, selon son habitude, il se tira à son honneur.

XLIV

CASTOR ET POLLUX

L'année suivante, j'allai retrouver M. Bertram,
comptant bien, vu les bonnes relations qui avaient
existé entre nous, et les quelques pièces de gibier
que je lui avais envoyées pendant le cours de la
chasse, obtenir de lui les mêmes conditions que
l'année précédente.

Je me trompais du tout au tout.

Le prix de la chasse était doublé. Mes moyens ne
me permettant pas d'atteindre à une si forte somme,
je me décidai à aller chasser chez un de mes amis
qui habite la Normandie.

Son château était à quelques lieues de Bernay.

Il vint au-devant de nous à cheval, accompagné de deux grands lévriers blancs que je lui avais donnés.

— Ah! voyez donc M. Ernest, monsieur! s'écria Michel en l'apercevant; il a l'air de la reine d'Angleterre ;

Et, en effet, Michel avait, dans sa chambre, une gravure d'après un tableau de Dedreux, représentant la reine d'Angleterre montée sur un cheval noir, et accompagnée de deux lévriers blancs.

Je fis part à Ernest de la similitude que lui trouvait Michel avec la reine de la Grande-Bretagne, ce qui le flatta beaucoup.

Ces deux lévriers, dont l'éducation avait coûté beaucoup de soins à Ernest, et qui étaient très-soignés, au reste, comme on va le voir, avaient été, la veille, l'objet d'un grand étonnement de la part d'un de ses amis venu de Caen pour faire l'ouverture de la chasse avec nous.

Arrivé droit au château, pendant qu'Ernest était à visiter le terroir avec son garde champêtre, le survenant avait été reconnu du valet de chambre pour un ami de son maître, et le domestique l'avait invité, en attendant monsieur, à entrer dans son cabinet de travail, qui était en même temps la bibliothèque.

Le cabinet de travail donnait sur le parc, où l'on descendait par la fenêtre du milieu faisant porte.

De chaque côté de cette fenêtre-porte, était une autre fenêtre élevée de six à huit pieds au-dessus du niveau du jardin.

Le nouvel arrivant s'était d'abord promené de long en large, regardant la vue que l'on avait de la fenêtre de droite, puis celle que l'on avait de la fenêtre de gauche; après quoi, il était passé aux tableaux, avait admiré *Hippocrate refusant les présents d'Artaxercès*, avait soupiré à la vue de *Napoléon faisant ses adieux à l'armée, dans la cour du château de Fontainebleau;* il avait ensuite jeté un coup d'œil distrait sur les deux chiens couchés l'un à côté de l'autre, comme deux sphinx, sous le bureau de leur maître; puis, se sentant atteint d'une petite colique et voyant qu'il était absolument seul, il n'avait pas cru avoir besoin de se gêner pour Castor et Pollux, et avait laissé échapper ce bruit qui mit mademoiselle de Rohan si fort en peine, tant que M. de Chabot ne l'eut pas pris sur son compte.

Mais sa stupéfaction fut grande, quand, à ce bruit, qui cependant avait été modéré, les deux chiens parurent atteints d'une terreur subite, et, s'écartant l'un de l'autre, autant qu'il leur était possible s'élancèrent chacun par une des fenêtres de la bibliothèque ouverte sur le parc, et disparurent à ses regards.

Le visiteur resta une jambe en l'air. Il savait bien qu'il venait de commettre une inconvenance; mais c'était la première fois qu'il rencontrait des chiens si susceptibles.

Il les rappela par leurs noms, cria : « Castor! » cria : « Pollux! » mais pas un des deux ne reparut.

Sur ces entrefaites, Ernest rentra. — Il avait entendu les cris de son ami, il le trouvait un peu troublé, et, après les compliments d'usage, il ne put s'empêcher de lui demander :

— Mais qu'avais-tu donc, quand je suis arrivé?

— Ma foi, lui répondit son ami, j'avais que j'étais très-étonné.

— De quoi?

— Imagine-toi que j'étais là, bien tranquille avec tes chiens, quand tout à coup, comme si un serpent les eût piqués, les voilà qui s'élancent en poussant une plainte, et qui disparaissent dans le jardin, comme si le diable les y eût emportés!

— Tu auras....., dit Ernest.

— Ma foi, oui, répondit le visiteur. Je l'avoue; j'étais seul, il n'y avait là que tes deux chiens; je n'ai pas cru devoir observer devant eux toutes les règles de la civilité puérile et honnête.

— C'est cela! dit Ernest. Ne t'inquiète pas d eux, ils reviendront, va.

— Je ne m'inquiète pas d'eux; mais je voudrais savoir d'où leur vient une pareille susceptibilité.

— Ah! cela n'est pas difficile, je vais te le dire. J'aime beaucoup ces chiens, qui me viennent de Dumas, je les ai refusés à ma femme, qui voulait les avoir, et je les ai gardés pour moi afin de me les attacher; je les ai conservés toujours, soit dans ma chambre, soit dans mon cabinet. Mais ces diables de chiens, ce qui n'est chez toi qu'un accident était chez eux une habitude; de sorte que, comme ils ne choisissaient pas le moment, c'était tantôt couchés sous mon bureau, tantôt couchés sur le pied de mon lit, qu'ils se laissaient aller à ces incongruités. Pour les en guérir, j'ai acheté une jolie cravache, et, quand l'un d'eux avait fait ce que tu viens de faire, je le rossais d'importance, le bruit me désignait le coupable. De quoi se sont alors avisés mes drôles? Ils ont fait tout bas ce qu'ils faisaient tout haut. Alors, comme je ne pouvais pas deviner lequel des deux était le coupable, je les fouaillais vigoureusement tous les deux; si bien que tout à l'heure, quand ils t'ont entendu, ne pouvant pas croire que ce fût toi, et n'ayant pas la moindre confiance l'un dans l'autre, chacun des deux a cru que c'était son camarade... Alors, pour éviter la schlague qu'ils avaient cru mériter, ils se sont élancés, comme tu les as vus, pleins d'inquiétude, sinon de remords.

Michel, qui avait des remèdes pour tout, avoua n'en avoir point pour cette sorte d'inconvénients; de sorte qu'Ernest fut obligé de s'en tenir à son remède qui avait produit de si heureux résultats.

Il y avait malheureusement très-peu de couvert dans les environs de Bernay, et le talent de Pritchard ne trouva point à s'exercer.

Je fis une assez mauvaise chasse, quoique je me fusse dérobé, comme on dit en termes de turf, craignant les tours habituels de Pritchard à l'endroit de mes compagnons.

Je revenais donc avec quelques perdrix et un lièvre seulement dans le carnier de Michel, lorsque je rencontrai un paysan tenant en laisse une belle chienne marron, qui paraissait avoir trois ou quatre ans.

— Pardieu! dis-je à Michel, si ce brave homme voulait se défaire de sa chienne à un prix raisonnable, voilà une bête qui ferait bien mon affaire.

— Mais, répondit Michel, monsieur sait qu'il a chargé son ami Devisme de lui acheter un chien et

qu'il lui a ouvert à cet effet un crédit de cent cinquante francs.

— Bah ! dis-je à Michel, Devisme m'aura oublié.
S'il m'avait acheté un chien, il me l'eût acheté pour
l'ouverture ; la veille de l'ouverture, tous les chiens
sont à acheter ; quinze jours après, tous les chiens
sont à vendre. Voyez ce brave homme, insistai-je
et parlez-lui.

Michel s'approcha du paysan.

— Morgué ! dit celui-ci à Michel, voilà un monsieur qui devrait bien m'envoyer noyer son chien
qui n'a plus que trois pattes et un œil (il ne voyait
pas ce qui manquait encore à Pritchard), au lieu de
ma chienne, et prendre ma chienne à sa place.

— Est-ce que vous allez *neyer* votre chienne, mon
brave homme ? lui demanda Michel.

— Ah ! monsieur, si ce n'est pas aujourd'hui, il
faudra bien que ce soit demain. Ils ne savent de
quoi s'aviser ! est-ce qu'il ne viennent pas de mettre
un impôt de dix francs par tête de chien ; tandis
que, nous autres, nous ne payons que deux francs !
Est-ce que ce n'est pas humiliant qu'une bête qui
n'a pas la parole paye cinq fois plus qu'un homme ?
Eh bien, non, quoi ! on n'est pas assez riche par le
temps qui court, quand on nourrit deux enfants,
pour nourrir encore un chien par-dessus le marché,
surtout quand ce chien paye dix francs d'imposition.

— De sorte, dit Michel, que vous offrez votre
chienne à monsieur ?

— Oh ! de grand cœur ! dit le paysan ; car je suis
sûr qu'elle sera bien avec lui.

— Comme une princesse ! dit Michel.

Michel, en homme prudent, ne s'engageait pas trop, comme vous le voyez.

— Eh bien, donc, dit le paysan avec un soupir offrez Flore au monsieur.

Michel revint à moi.

— Avez-vous été heureux dans votre négociation, Michel, demandai-je, et le maître de la chienne est-il raisonnable?

— Vous allez en juger, monsieur, répondit Michel: il vous l'offre pour rien.

— Comment, pour rien?

— Oui, imaginez-vous qu'il allait justement la *neyer*.

Michel n'a jamais reconnu pour français le verbe *noyer*; il s'appuyait sur ce dilemne, au moins spécieux, qu'il était impossible qu'une langue aussi riche que la langue française n'eût qu'un même mot pour un substantif qui porte des noix, et pour un verbe qui donne la mort.

Il avait donc enrichi la langue française du mot *neyĕr*, comme M. de Jouy avait enrichi la langue latine du mot *agreabilis*.

— Et pourquoi cet homme noyait-il sa chienne? demandai-je à Michel. Est-ce qu'elle est enragée?

— Non, monsieur, douce comme un mouton, au contraire! mais, que voulez-vous! il la *neye*, cet homme parce qu'il n'a pas de pain de trop à la maison pour lui, sa femme et ses deux enfants.

— Tenez, Michel, voilà dix francs; portez-les-lui, et ramenez-moi la pauvre bête.

— C'est que,... dit Michel embarrassé, je dois avouer à monsieur une chose.

— Laquelle?

— C'est que la chienne s'appelle Flore.

— Dame! Michel, le nom est prétentieux; mais, que voulez-vous! une chienne ne mérite pas d'être jetée à l'eau parce qu'elle s'appelle comme la déesse du printemps.

En sa qualité de jardinier, Michel réclama.

— Je croyais, monsieur, dit-il, que c'était la déesse des jardins.

— Michel, sans faire tort à vos connaissances mythologiques, les jardins ont pour divinité protectrice non pas une déesse, mais un dieu que l'on appelle Vertumne.

— Tiens, fit Michel, comme M. Vertumne du Théâtre-Français, à qui je demandais des billets.

— Verteuil, vous voulez dire, Michel? Un charmant garçon!

— Il a ses jours... Eh bien, moi, je l'ai toujours appelé Vertumne.

— Les jours où vous l'appeliez Vertumne étaient probablement ses mauvais jours; mais, moi, comme je l'ai toujours appelé Verteuil, je ne me suis jamais aperçu de ce que vous dites.

— C'est égal, il devrait se marier.

— Qui? Verteuil?

— Non, votre Vertumne; il devrait épouser Flore.

— Vous vous y prenez trop tard pour faire la demande, Michel : il a épousé, voici tantôt deux mille huit cents ans, une nymphe de fort bonne maison, nommée Pomone.

— Ah! fit Michel visiblement contrarié.

Puis, revenant au premier sujet de notre conversation.

— Ainsi, reprit-il, ça vous est égal que la chienne s'appelle Flore?

— Le nom, comme je vous l'ai déjà dit, est un peu prétentieux; mais bah! je m'y habituerai.

Michel fit quelques pas vers le paysan; puis il revint presque aussitôt en se grattant le bout du nez, — habitude qu'il avait prise depuis le jour où Turc, chien idiot dont nous avons dit peu de choses parce qu'il y avait peu de choses à en dire, — avait failli, d'un coup de dents, séparer le bout du nez de Michel de sa base.

— Que voulez-vous, Michel?

— Je réfléchis, monsieur, que, du moment où je lui donne dix francs, à cet homme, et cela pour une chienne qu'il allait *neyer*, j'ai bien le droit de lui demander si elle rapporte et si elle arrête.

— Michel, ce sont bien des choses pour dix francs! On n'en demande pas davantage à un chien qui coûte cent écus. Michel, donnez dix francs à l'homme, prenez Flore, et... à la grâce de Dieu!

Michel donna les dix francs au paysan et ramena Flore. Dieu nous fit la grâce qu'elle arrêtât et qu'elle rapportât comme un chien de cent écus.

Seulement, son nom mythologique lui porta malheur : Flore mourut comme Eurydice.

XLV

RECHERCHES HISTORIQUES SUR LA MANIÈRE
DONT LES CHIENS SE DISENT BONJOUR

— Monsieur, me dit Michel après que Flore et
Pritchard eurent fait connaissance à la manière accoutumée, c'est-à-dire en se regardant sous la queue,
monsieur, vous qui savez tant de choses, pourriez-
vous me dire d'où vient que les chiens se disent
bonjour d'une si drôle de façon?

Michel me dit ces mots en homme qui espérait
une réponse négative pour faire preuve de sa
science.

— Non, Michel, lui répondis-je.

—Eh bien, monsieur, un jour, les chiens ont eu envie de faire ce que nous venons de faire en 1848: ils ont
eu envie de se mettre en république. Mais les vieux
chiens consultés firent observer aux nouveaux qu'il
fallait, quand on changeait la forme du gouvernement, en demander la permission à qui de droit; et
que c'était probablement parce que les hommes ne
demandaient pas la permission au bon Dieu, qu'il
arrivait tant de changements de gouvernement sur
la terre.

» Les chiens d'un âge mûr, et même les chiens
les plus jeunes, trouvèrent l'avis des vieux chiens
excellent. Ils résolurent donc d'adresser une suppli-

que à Jupiter et de la lui envoyer par un lévrier qui venait de gagner le prix de la course aux dernières fêtes de la Laconie.

» On fit venir le lévrier, qui ne pouvait qu'être flatté de se voir choisi pour une pareille ambassade et qui répondit qu'il y avait certainement loin jusqu'au sommet de l'Olympe, mais qu'il ne demandait que trois mois pour être de retour.

» Il paraît monsieur, que l'Olympe est une montagne de la Grèce.

— Oui, Michel, elle est même située entre la Thessalie et la Macédoine.

— Eh bien donc, reprit Michel, on chercha un chien savant pour rédiger et écrire la pétition. La pétition rédigée et écrite, les principaux chiens la signèrent, et on la remit au lévrier.

» Puis il fut décidé qu'on lui ferait la conduite pendant un certain temps, pour se séparer de lui, le plus tard possible, et pour lui faire toutes les recommandations que l'on croirait nécessaires à la réussite de son ambassade.

» On n'avait pas fait trois ou quatre lieues, qu'on rencontra un fleuve.

— L'Eurotas, Michel.

— Oui, c'est cela, monsieur, l'Eurotas, je l'avais oublié.

Il paraît que, dans les temps ordinaires, l'Eurotas n'a pas plus d'eau que l'Arno, dont je vous ai entendu parler, et que le Mançanarès, dont j'ai entendu parler à votre fils.

— Encore moins, Michel. Je l'ai traversé sans ôter mes bottes en sautant de pierre en pierre.

— Eh bien, monsieur, c’était comme un fait exprès. — Il paraît qu’il y avait eu un grand orage la veille, de sorte que l’Eurotas était large comme la Seine.

— Eh bien, Michel, un chien peut, il me semble, traverser la Seine à la nage.

— Ah! oui, monsieur; mais la pétition! qu’est-ce qu’elle deviendra?

— Vous avez raison, Michel; j’avais oublié la pétition.

— Où monsieur l’aurait-il mise? Voyons!

— Ma foi, je vous avoue, Michel, que je n’en sais absolument rien.

— Eh bien, les chiens ne furent pas si embarrassés que monsieur l’aurait été. Ils prirent le papier, le plièrent en quatre, puis en huit, le roulèrent comme une cigarette et le lui fourrèrent...

— Ils étaient pleins d’esprit, vos chiens, Michel!

— Le lévrier, tranquillisé sur sa pétition, se jeta à l’eau, traversa la rivière, fit, arrivé de l’autre côté, un signe de la patte à ses camarades et disparut...

« Jamais on ne l’a revu depuis, monsieur; de sorte que, lorsqu’un chien en rencontre un autre, il regarde s’il n’apporte pas la réponse de Jupiter.

— J’avais déjà entendu raconter cette histoire, Michel; mais vous y ajoutez un nouveau charme. Faites seulement attention que Pritchard me paraît un peu trop curieux de savoir si Flore n’est pas chargée de cette réponse.

Et, en effet, Pritchard, qui n’avait pas une juste idée de ses infirmités, ou qui avait remarqué que, chez les animaux comme chez les hommes, les femelles ont souvent de singuliers caprices, Pritchard faisait le beau, sur ses trois pattes, lorgnant Flore du seul œil qui lui restât, et agitant triomphalement le plumet qui lui servait de queue.

— Monsieur ne le croit pas? me dit Michel.

— Qu'est-ce que je ne crois pas, Michel? Il me semble que vous n'avez rien avancé.

— Eh bien, je dis qu'avec une chienne raisonnable comme Flore paraît l'être, chassant sous le fusil, comme elle doit chasser, je parie que Pritchard et elle, ça ferait de fameux chiens.

— Croyez-vous que Charpillon n'y ait pas mis bon ordre, Michel?

— Ah bien, oui, monsieur! ça n'a fait que l'exciter.

— Michel, Michel...

— D'ailleurs, il n'y a qu'à les laisser ensemble; monsieur verra bien.

— Faites comme vous voudrez Michel. Je ne serais pas fâché, je vous l'avoue, d'avoir de la descendance de Pritchard.

Michel parut tellement satisfait de la concession, qu'il n'en demanda pas davantage, et, comme nous n'étions qu'à une centaine de pas du château, il ne revint point sur ce qu'il regardait comme une chose arrêtée.

En arrivant au château, je trouvai une lettre de ma fille, qui m'annonçait que Devisme m'avait trouvé pour cent vingt francs un chien magnifique, nommé Catinat; elle me demandait si elle devait me l'envoyer, ou bien, jusqu'à mon retour, le laisser dans l'écurie, où elle l'avait mis.

Je lui répondis de laisser Catinat où il était, c'est-à-dire dans l'écurie, vu que, le surlendemain, je comptais être de retour à Paris.

Le lendemain, à mon réveil, Michel m'annonça que, selon toute probabilité, nos désirs seraient comblés relativement à la descendance de Pritchard. Il me donnait, en conséquence, le conseil, afin que Flore ne fût pas distraite par les caresses de son époux, de l'emmener seule en laissant Pritchard à la niche. Nous jugerions en même temps de ce qu'elle pourrait faire.

L'avis était bon. Nous nous mîmes en chasse avec Flore, malgré les cris désespérés de Pritchard.

Flore était une honnête chienne, n'ayant ni grands défauts, ni grandes qualités; bien certainement, sans le hasard qui fit qu'elle me rencontra sur son chemin, sa vie serait restée dans l'obscurité la plus complète, dont sa mort, quelle qu'elle fût, n'aurait pu la tirer.

Une de ses qualités était, par bonheur, de chasser sous le canon du fusil.

En somme, je fus fort content de l'acquisition. Flore était une de ces chiennes qu'on vend cent vingt francs la veille de l'ouverture de la chasse et quarante francs le lendemain du jour où elle est fermée. Pritchard fit grande fête à Flore au retour de la chasse.

C'était un chien de race qui voulait, à force de bonnes façons, faire oublier ses infirmités et ses blessures.

Nous prîmes congé de nos amis de Bernay et nous repartîmes pour Paris le 3 septembre 1850.

Cette fois, l'année était en retard, de sorte que le département de l'Yonne n'ouvrait que le 5.

Une lettre de mes amis d'Auxerre m'annonçait que, si je m'engageais à venir pour l'ouverture, comme j'avais affaire à des maires et à des adjoints, ils retarderaient la chasse jusqu'au 10.

Cette lettre fut pour beaucoup dans mon départ précipité de Bernay.

En rentrant à la maison, mon premier soin fut de demander à voir Catinat.

On commença par enfermer en conséquence Pritchard et Flore dans la salle à manger, et on fit monter Catinat à mon atelier.

Je demeurais alors dans un petit hôtel que j'occupais seul avec mes onze poules, mon héron, Pritchard et Michel, et qui allait s'augmenter, je le croyais du moins, de deux nouveaux locataires, Flore et Catinat.

Catinat était un vigoureux braque de trois ou quatre ans, étourdi, violent et querelleur.

Il bondit plutôt qu'il ne monta jusqu'à moi, sauta à mon cou, comme s'il voulait m'étrangler, renversa les chevalets de ma fille, sauta sur la table où étaient mes armes et mes potiches de Chine, m'indiquant, du premier coup, qu'il serait plus qu'imprudent à moi de l'admettre dans ma familiarité.

J'appelai Michel, lui annonçant que cette connaissance superficielle me suffisait pour le moment, et que je remettais, jusqu'à l'ouverture de la chasse à Auxerre, le plaisir de faire avec lui une connaissance plus approfondie.

Michel était, en conséquence, invité à reconduire Catinat à l'écurie.

Je dois dire que le pauvre Michel fut atteint d'un pressentiment à la vue de Catinat.

— Monsieur, dit-il, voilà un chien qui nous fera quelque malheur, je ne sais pas encore lequel, mais il nous en fera, il nous en fera!

— En attendant Michel, dis-je, remettez Catinat chez lui.

Mais Catinat, qui jugeait sans doute lui-même qu'un atelier n'était pas son fait, était redescendu de son propre mouvement; seulement, en descendant, il avait trouvé la porte de la salle à manger ouverte, et il était entré.

Pritchard et lui ne prîrent pas même la peine de se demander l'un à l'autre s'ils étaient porteurs de la réponse de Jupiter; jamais Hector et Achille ne se sentirent, à première vue, pris d'un haine plus subite.

Ils se jetèrent l'un sur l'autre, d'instinct et de haine, avec un acharnement tel, que Michel fut obligé de m'appeler à son secours pour les séparer.

Soit caractère apathique, soit cette coquetterie cruelle qui, chez la femelle du lion et chez la femelle de l'homme, fait qu'elle ne déteste pas de voir deux rivaux s'entre-déchirer pour elle, Flore était restée indifférente pendant ce combat, qui ne fut qu'une rixe violente, grâce aux secours que nous y apportâmes, Michel et moi.

Il nous parut cependant que Catinat saignait du cou, cela se voyait facilement sur son poil blanc.

Quant à Pritchard, son poil bariolé ne permettait pas qu'on vît ses blessures, s'il en avait reçu.

Pour l'intelligence des événements qui vont suivre, il est indispensable que je donne une idée topographique de ce que l'on pouvait appeler les *communs* du petit hôtel de la rue d'Amsterdam.

La grande porte, qui donnait d'un côté sur la rue, donnait de l'autre côté sur une espèce de jardin plus long que large, au fond duquel j'avais trouvé des remises, une écurie et une seconde cour à fumier. Comme, depuis la révolution de 1848, je n'avais plus ni chevaux ni voitures, j'avais converti les remises en un grand bureau, l'écurie en une espèce de magasin dans lequel on mettait tous les débarras, et la seconde cour au fumier en une cour à poules où perchaient, caquetaient, pondaient, mes onze poules et mon coq César, et où, dans une immense niche, véritable palais, avait jusque-là trôné Pritchard.

La familiarité de Pritchard avec les poules ne s'était jamais démentie. — On a vu, du reste, dans le coup d'œil jeté sur le poulailler de Charpillon, le profit qu'il en tirait ; à partir de ce jour, la stérilité de mes poules m'était expliquée.

Pritchard reprit sa place dans la cour aux poules, et, comme la niche était assez grande pour lui et pour Flore, Flore, en sa qualité d'épouse, partagea sa niche.

Catinat fut réintégré dans l'écurie, où il avait été installé d'abord, et de laquelle mon arrivée l'avait fait sortir.

Michel, comme toujours, fut chargé du soin des quadrupèdes et des bipèdes.

Le soir, pendant que ma fille et moi prenions le frais dans le jardin, il vint me trouver, tournant sa casquette entre ses doigts, ce qui était le signe évident qu'il avait quelque chose d'important à me dire.

— Qu'y a-t-il Michel? lui demandai-je.

— Monsieur, me dit-il, il m'est venu une idée en conduisant Pritchard et Flore dans la cour aux poules : c'est que nous n'avons pas d'œufs, parce que Pritchard les mange, comme monsieur a pu le voir à Saint-Bris! et Pritchard les mange parce qu'il est en communication directe avec les poules.

— Il est évident, Michel, que, si Pritchard ne pouvait pas entrer dans le poulailler, il ne mangerait pas les œufs.

— Eh bien, il me semble à moi, continua Michel, que, si on mettait Catinat, — qui est un animal sans éducation, à ce que je crois, mais qui n'est pas un filou comme cette canaille de Pritchard, — il me semble que, si on mettait Pritchard et Flore dans l'écurie, et que l'on mît Catinat dans la cour aux poules, tout irait mieux.

— Savez-vous ce qui arriverait, Michel? dis-je. C'est que Catinat pourrait peut-être ne pas manger les œufs, mais qu'il pourrait bien manger les poules.

— Si un malheur comme ça lui arrivait, j'ai un moyen de le guérir pour toute son existence de l'envie de manger des poules.

— Oui, Michel; mais, en attendant, les poules seraient mangées.

Je n'avais pas achevé ces mots, qu'il se fît dans l'intérieur des communs, un vacarme à faire croire que toute une meute était en train de faire curée, des cris de rage, des abois de douleur indiquaient un combat à outrance.

— Eh! mon Dieu! Michel, dis-je, entendez-vous?

— Oui, j'entends bien, répondit-il; mais ce sont les chiens de M. Pigeory.

— Michel, c'est Catinat et Pritchard qui se dévorent tout simplement.

— Monsieur, ça ne se peut pas, je les ai séparés.

— Eh bien, Michel, il se sont réunis.

— Ce n'est pas l'embarras, les *guerdins* en sont bien capables; avec ça que cette canaille de Pritchard ouvrait la porte de l'écurie comme un serrurier.

— Eh bien, comme Pritchard est un chien plein de courage, il aura ouvert la porte de l'écurie pour aller défier Catinat. Et, tenez, ma foi, j'ai bien peur qu'il n'y en ait un des deux d'étranglé.

Michel se précipita dans l'allée qui conduisait à l'écurie, et, bientôt après l'avoir perdu de vue, j'entendis des lamentations indiquant qu'un grand malheur était arrivé.

Au bout d'un instant, je vis reparaître Michel, sanglotant et tenant Pritchard entre ses bras.

— Tenez, monsieur, me dit-il, il n'y a plus de Pritchard! voilà l'état où il l'a mis, votre beau chien de M. Devisme! Ce n'est pas Catinat qu'il faut l'appeler, c'est Catilina.

Je m'élançai vers Michel; malgré les rages où il m'avait fait mettre quelquefois, j'avais une grande amitié pour Pritchard. C'était le seul chien chez

18.

lequel j'eusse trouvé l'originalité et l'inattendu qu'on trouve dans un homme d'esprit et de caprice.

— Enfin, dis-je à Michel, qu'a-t-il?

— Il a qu'il est mort...

— Mais non, Michel, pas encore.

— Dans tous les cas, il n'en vaut guère mieux.

Et il posa le pauvre animal à terre.

La chemise de Michel était toute couverte de sang.

— Pritchard! mon pauvre Pritchard! criai-je.

Comme l'Argien mourant de Virgile, Pritchard rouvrit son œil moutarde, me regarda tristement et tendrement à la fois, allongea les quatre pattes, roidit son corps, poussa un soupir et expira.

Catilina lui avait, d'un coup de dent, ouvert la carotide, et la mort avait été, comme on l'a vu, presque instantanée.

— Que voulez-vous, Michel! repris-je, ce n'est pas un bon serviteur, mais c'est un bon ami que nous perdons... Vous allez le laver avec soin, pauvre bête! on vous donnera un torchon pour l'envelopper; vous lui creuserez sa fosse dans le jardin, et nous lui ferons faire un tombeau sur lequel nous mettrons cette épitaphe :

Comme le grand Rantzau, d'immortelle mémoire,
Il perdit, mutilé, quoique toujours vainqueur,
La moitié de son corps dans les champs de la gloire,
Et Mars ne lui laissa rien d'entier que le cœur!

Comme toujours, je cherchai dans le travail une distraction à ma tristesse.

Cependant, désirant savoir vers minuit si mes désirs à l'endroit des obsèques de Pritchard avaient été accompli, je descendis doucement, et trouvai Michel assis sur les marches de la salle à manger, avec le cadavre de Pritchard à ses pieds.

La douleur de Michel n'avait point subi d'adoucissement, il gémissait et sanglotait comme au moment où il m'avait apporté Pritchard entre ses bras.

Seulement, deux bouteilles de vin, que je jugeai vides parce que toutes deux étaient couchées à terre, m'indiquèrent que, comme dans les funérailles antiques, Michel n'avait pas négligé les toasts au défunt, et je me retirai convaincu que, si Michel ne pleurait pas du vin pur, il pleurait au moins de l'eau rougie.

Quant à lui, il était tellement absorbé dans sa douleur, qu'il ne me vit ni ne m'entendit.

XLVI

LE MOYEN QU'AVAIT MICHEL DE GUÉRIR LES CHIENS QUI ONT L'HABITUDE DE MANGER DES POULES.

Le lendemain, je fus réveillé au point du jour, par Michel, qui ne s'était pas couché.

On a beaucoup parlé de l'entrée en scène de Talma dans la tragédie d'*Hamlet* de Ducis. Je puis juger de son effet, je l'ai vue deux ou trois fois.

Je n'ai vu qu'une fois celle de Michel dans ma chambre ; mais cette seule entrée a effacé, dans mes souvenirs, la triple entrée de Talma.

Jamais Talma, épouvanté à la vue du spectre de son père, n'a poussé ce terrible cri de *Spectre épouvantable !* d'une façon aussi terrifiante que Michel, en entrant dans ma chambre, cria ces simples mots, mais trois fois répétés :

— Ah! monsieur! ah! monsieur! ah! monsieur!

J'ouvris les yeux, et, aux premières lueurs du jour naissant, c'est-à-dire à travers la teinte cendrée de cette heure où le soleil lutte encore contre les ténèbres, je vis Michel pâle, les cheveux hérissés, les bras au ciel.

— Qu'y a-t-il encore, Michel? lui demandai-je, moitié inquiet, moitié de mauvaise humeur d'avoir été éveillé de si grand matin.

— Ah! monsieur, vous ne savez pas ce qu'il a fait, ce brigand de Catilina?

— Si, Michel, il a tué Pritchard, je le sais...

— Ah oui! monsieur, s'il n'avait fait que cela...

— Comment, s'il n'avait fait que cela? Mais je trouve que c'est bien assez, moi!

— Si monsieur veut descendre dans le poulailler, il va voir.

— Que verrai-je? Achevez...

— Un massacre général, quoi! une Saint-Barthélemy!

— Nos poules, Michel?

— Oui, monsieur, des poules qui valaient cent francs la pièce, sans compter le coq, qui n'avait pas de prix.

— Cent francs, Michel?

— Oui, oui, monsieur, cent francs. Il y en avait même une qui n'avait pas de plumes du tout, qui

n'avait que du poil, monsieur se rappelle, et du poil
en soie. Celle-là valait cent cinquante francs.

— Et il les a étranglées toutes?...

— Oui, monsieur, depuis la première jusqu'à la
dernière !

— Eh bien, Michel, hier, vous disiez que, si Catilina étranglait les poules, vous aviez un moyen de le
guérir de ce défaut...

— Certainement, monsieur.

— Eh bien, avez-vous fini avec Pritchard?

— Oui, monsieur, il est enterré sous les lilas.

Et Michel essuya une larme avec sa manche.

— Pauvre Pritchard, c'est pas lui qui aurait fait
une chose pareille !

— Eh bien, voyons, Michel, que décidez-vous
dans une circonstance aussi terrible?:..

— Moi, monsieur, je vous avoue que, ce matin,
j'ai été sur le point de prendre le fusil de monsieur
et d'en finir avec ce gueux de Catilina.

— Michel, Michel, de pareilles extrémités sont
bonnes pour Cicéron, qui était un avocat, qui avait
peur, et qui voulait assurer le triomphe de la toge
sur les armes; mais, nous autres qui sommes des
chrétiens, nous savons que Dieu veut le repentir et
non la mort du pécheur.

— Vous croyez que Catilina se repentira jamais,
monsieur? Ah bien, oui! il est prêt à recommencer.
Hier, Pritchard; aujourd'hui, les poules; rien ne
l'arrêtera plus, monsieur!... Demain, ce sera moi;
après-demain, ce sera vous.

— Mais enfin, Michel, puisque vous avez un moyen
de guérir les chiens de la manie de manger les pou-

les, essayons d'abord de ce moyen-là. Si Catilina persiste, il sera toujours temps d'en venir aux extrémités.

— C'est le dernier mot de monsieur?

— Oui, Michel.

— Eh bien, alors, quand ce sera prêt, je préviendrai monsieur.

Michel descendit.

Une demi-heure après, je sentis que l'on me secouait rudement par l'épaule.

C'était Michel qui me réveillait, car je dois avouer que, malgré le meurtre de la veille et le massacre du matin, je m'étais rendormi.

— C'est prêt, monsieur, me dit-il.

— Ah diable! fis-je, il faut que je me lève, alors?

— Oui, monsieur; à moins que monsieur ne désire voir la chose de sa fenêtre. Mais monsieur verra mal.

— Où l'exécution se passe-t-elle, Michel? car je présume qu'il y a exécution.

— Dans le chantier à côté.

— Eh bien, Michel, descendez; je vous suis.

Je passai un pantalon à pieds et une veste, je mis mes pantoufles et je descendis.

Je n'avais qu'à sortir de ma porte et à entrer dans le chantier voisin.

Je trouvai Michel traînant d'une main, par sa chaîne, Catilina, et tenant de l'autre, un instrument dont j'eus d'abord toutes les peines du monde à me rendre compte.

C'était une traverse de bois vert, fendue par le milieu, et à laquelle par le col était attachée une poule noire, la seule de mes onze poules qui fût de cette couleur.

— Si monsieur veut voir les victimes, dit Michel, elles sont rangées sur la table de la salle à manger.

Je jetai un coup d'œil sur la table, et, en effet, je vis toute ma pauvre famille emplumée, sanglante, mutilée, tachée de boue.

Mon regard se reporta de la table sur Catilina, que ce spectacle douloureux paraissait laisser complétement indifférent.

Ce manque de cœur me détermina.

— Allons, Michel, dis-je, allons!

Nous sortîmes.

C'était l'heure des exécutions, quatre heures du matin.

Nous entrâmes dans le chantier désert et nous en fermâmes la porte.

—Là!... Maintenant, dit Michel en tirant la laisse en fer de Catilina, si monsieur veut le tenir par le collier, il va voir.

Je maintins un instant Catilina par le collier; Michel s'empara de sa queue, et, malgré ses grognements, faisant une pesée avec son couteau, il entrebâilla le morceau de bois, et, dans l'entre-bâillement, passa dix centimètres de la queue de Catilina.

— Lâchez, monsieur, me dit-il.

Et, tandis que je lâchais le collier, il lâcha lui-même le morceau de bois, qui, en tendant à se rejoindre, pinça violemment la queue du coupable.

Catilina s'élança en avant, en jetant un cri.

Mais il était pris.

Le bâton lui serrait la queue trop étroitementpocoqu'un obstacle quelconque pût le débarrasser de cette *drogue* d'un nouveau genre.

En même temps, secouée par les bonds qu'il faisait, la poule, solidement attachée à la traverse, lui sautait sur le dos, retombait à terre, lui ressautait encore sur les épaules, et, trompé par cette vie factice, Catilina croyait que c'était d'elle et de ses coups de bec que lui venait la douleur qu'il éprouvait.

Cette douleur allait s'augmentant de la rapidité de la course ; la rapidité de la course affolait de plus en plus Catilina. Il s'arrêtait, se retournait, donnait un coup de dent furieux à la poule ; puis, la croyant morte, il se remettait à courir. Mais, à ce repos d'un instant, il n'avait gagné qu'une douleur plus intense. Il commença de pousser des cris, qui m'impressionnèrent, mais qui ne purent rien sur l'implacable Michel. Complétement fou, Catilina se jetait dans les piles de bois, dans les murailles, disparaissait, reparaissait, toujours courant d'une course plus effrénée jusqu'à ce qu'enfin, haletant, épuisé, vaincu, ne pouvant faire un pas de plus, il se couchât sur la terre avec un profond gémissement.

Michel alors s'approcha de lui, fit une nouvelle pesée avec son couteau sur le morceau de bois, qu'il tira de la queue sanglante de l'animal, sans que celui-ci parût éprouver une amélioration à la fin de son supplice.

Je crus Catilina mort.

Je m'approchai de lui ; ses membres étaient roides comme le sont ceux d'un lièvre forcé par les lévriers ; l'œil seul était ouvert, et conservait cette étincelle de vie qui indique plutôt la volonté que la puissance.

— Michel, dis-je, prenez un pot à l'eau, et videz-le-lui sur la tête.

Michel regarda autour de lui. Dans une espèce de bac, il vit de l'eau, en apporta ce que ses deux mains pouvaient en contenir, et la jeta sur la tête de Catilina.

Celui-ci éternua, secoua la tête, mais ce fut tout.

— Ah ! monsieur, dit Michel, voilà bien des façons pour un brigand comme celui-là. Emportons-le à la maison, et, s'il revient, il reviendra.

Et, sur ces mots, Michel prit Catilina par la peau du cou, et, le rapportant à la maison, le jeta sur la pelouse du jardin.

Le hasard nous servit à souhait ; pendant l'exécution de Catilina, le ciel s'était voilé, comme pendant le festin de Thyeste.

Mais, comme c'eût été trop d'un orage pour un fait aussi secondaire, et que les hommes ont l'orgueil de garder le tonnerre pour eux, la pluie commença de tomber, mais sans foudre ni éclairs.

Cette pluie pénétra peu à peu les membres roidis de Catilina ; il les retira à lui les uns après les autres, puis se souleva sur ses quatre pattes ; mais, ne pouvant se soutenir, il s'assit sur son derrière, et demeura immobile, l'œil éteint, et dans un état de profonde stupidité.

— Michel, dis-je, je crois que la leçon a été trop forte.

Michel s'approcha de Catilina, qui ne donna aucun signe d'épouvante à son aspect ; il lui releva les babines, il lui ouvrit et lui referma les yeux, il lui cria son nom aux oreilles.

Rien n'y fit.

— Monsieur, me dit-il, Catilina est devenu gâteux, il faut l'envoyer chez Sanfourche.

Sanfourche, comme on sait, est l'Esquirol des chiens. — Le jour même, Catilina fut conduit chez Sanfourche.

XLVII

OU EST JUSTIFIÉ CE QUE NOUS AVONS DiT DE LA RESSEMBLANCE DE LA MORT DE FLORE AVEC CELLE D'EURYDICE.

On se rappelle que mes amis d'Auxerre m'avaient offert de retarder la chasse jusqu'au 10 septembre.

Je leur avais écrit que j'y serais le 7 au soir, et que, par conséquent, l'ouverture pourrait avoir lieu le 8. Cette fois, je comptais faire un plus long séjour à Saint-Bris; j'emportai donc du travail pour deux ou trois semaines.

Nous avons tant parlé de chasse, que je ne fatiguerai pas mes lecteurs de détails cynégétiques. Je me contenterai de dire qu'ayant reconnu, au bout de trois semaines, une grossesse assez avancée chez Flore, je priai mon ami Charpillon de la garder à la campagne jusqu'à ce qu'elle eût mis bas.

Charpillon, qui savait que les enfants de Flore étaient fils de Pritchard et qui reconnaissait avoir eu des torts envers le père, me demanda, pour toute indemnité de logement et de nourriture, le droit de choisir dans la portée. Je mis à mon tour pour condition qu'aucun des petits ne serait jeté à l'eau, comme c'est l'habitude, sous le prétexte que la mère n'était pas assez forte pour les nourrir.

Me trouvant au quart du chemin, j'avais résolu de faire une visite à mes amis de Marseille, et, pour que cette visite eût une excuse à mes propres yeux, j'avais traité avec le directeur du théâtre du Gymnase marseillais d'une pièce intitulée *les Gardes forestiers*. Cette pièce devait être faite spécialement pour les artistes de Marseille, et n'avoir jamais été jouée sûr aucun théâtre.

Mon ami Bertheau m'offrait la splendide hospitalité de sa bastide la Blancarde.

Je restai près d'un mois à Marseille ; puis je revins chez Charpillon, qui m'avait fait promettre de m'arrêter chez lui en repassant ; j'arrivai juste pour assister aux couches de Flore.

Elle mit au jour cinq chiens, chez lesquels il était impossible de ne pas reconnaître la paternité de Pritchard. Chacun fit son choix parmi eux. En vingt-quatre heures, ils furent tous placés. Je me contentai de celui dont on ne voulut pas.

Tous les jours, le garde faisait, comme mesure d'hygiène, faire une petite promenade à Flore.

Le huitième jour, le garde nous raconta qu'il avait rencontré et tué une vipère. Les vipères ne sont pas chose très-rare dans les bois de Saint-Bris.

Nous le félicitâmes d'en avoir diminué le nombre.

Le lendemain, il emmena Flore comme de coutume, mais il revint sans Flore.

Le brave homme paraissait fort affecté. Il demanda à parler en particulier à Charpillon.

Voici ce qui était arrivé et ce qu'il n'osait dire tout haut :

Il avait fait la même promenade que la veille; en passant dans le sentier où il avait tué la vipère, Flore avait senti le cadavre, elle s'en était approchée et avait poussé un cri.

Puis, presque aussitôt, elle était entrée en convulsions et était morte comme foudroyée.

Notre garde savait qu'il n'y a pas d'effet sans cause: il chercha donc la cause de l'accident. Un frétillement dans l'herbe lui annonça la présence d'un animal rampant; il tira la baguette de fer de son fusil, écarta les herbes et vit une vipère essayant de fuir.

Un coup de sa baguette de fer l'arrêta court.

C'était non-seulement une vipère, mais deux vipères; il est vrai que l'une était morte, et l'autre vivante. La vipère tuée la veille était une vipère femelle; son mâle l'avait trouvée expirante, et, espérant sans doute la ranimer dans ses embrassements, il s'était attaché à elle comme c'est l'habitude de ces reptiles. Avec le corps vivant du reptile qui avait tué Flore, le garde avait amené le corps mort de la vipère qu'il avait tuée la veille.

C'était sans doute sous l'exaspération de la douleur morale qu'avait produit chez le mâle la mort de la femelle que le venin avait acquis une assez grande énergie pour tuer Flore en quelques secondes.

Les cavités dentaires des vipères contiennent huit milligrammes de venin; il faut ces huit milligrammes entiers pour tuer un chien, seize miligrammes pour tuer un homme. Or, il est rare que, dans la pression, la vipère fasse jaillir les huit milligrammes entiers de venin. Mais on a remarqué que sous l'empire de la colère, ou pendant les mois extrêmement chauds, que ce venin, qui n'est dangereux que lorsqu'il se mêle au sang, mais qu'on peut impunément avaler, redoublait d'intensité.

C'était à une de ces circonstances que Flore devait sa mort subite.

Comme de tous les accidents sans remède, il fallut se consoler de celui-là. — Je n'avais pas eu le temps de m'attacher immodérément à Flore; je lui donnai les regrets qu'elle méritait, et repartis pour Paris.

Ma première visite fut pour Sanfourche, et, par conséquent, pour Catilina.

Catilina avait retrouvé sa raison, mais il était affecté de la danse de Saint-Guy, et la vue d'une poule lui donnait des attaques de nerfs.

Je me trouvai donc avec un chien infirme et un chien au biberon !

Heureusement, les premiers jours de la chasse étaient passés, et j'avais le temps de me pourvoir jusqu'à l'ouverture prochaine.

TABLE

FIN DE LA TABLE

Coulommiers. — Typographie de A. Moussin.